Trump Party
Der weiße Wahn
Wie Amerikas Neue Rechte nach der Macht greift
Eva C. Schweitzer

Eva C. Schweitzer

Trump Party

Der weiße Wahn

Wie Amerikas Neue Rechte
nach der Macht greift

Aktualisierte Auflage von

Tea Party
Die weiße Wut
Was Amerikas Neue Rechte
so gefährlich macht

Manahatta.com

New York und Berlin, 2016

Trump Party
Der weiße Wahn
Wie Amerikas Neue Rechte nach der Macht greift
Eva C. Schweitzer

Cover Artwork: DonkeyHotey
Foto: Gage Skidmore / Creative
Commons Licensed Images

© 2016 Manahatta Publishing
255 West 43rd St., Suite 1012
New York, NY, 10036

Gedruckt in der EU

Alle Rechte vorbehalten.
Das Werk darf – auch in Auszügen – nur mit schriftlicher Genehmigung des Verlags wiedergegeben werden.

ISBN Print:
978-3-96026-004-2

ISBN Ebook:
978-3-96026-005-9
978-3-96026-006-6

www.manahatta.com

Manahatta ist ein Imprint von Berlinica Publishing

Inhalt

Vorwort · 9

**1) Schwarze Helikopter
Der Baulöwe, die Teekönigin
und die große Verschwörung** · 13
Celebrities und kleine Monster
Bauen mit der Mafia · 14
Die Bärentöterin von Alaska:
Der Aufstieg von Sarah Palin · 19
Think Tanks und die *New World Order*
Verschwörer und Theoretiker · 23
Ein verdammtes Genie auf der
härtesten Insel der Welt · 30

**2) Der Aufstieg der Rechtspopulisten
Von Michele Bachmann zu Donald Trump** · 47
Das All-American Girl:
Die Anfänge der Tea Party · 49
Religiöse Fundamentalisten
auf dem Weg zur Macht · 56
Teo-O-Cons und Astroturf:
Falsche Rechtspopulisten · 63
Lieber für Stalin stimmen als für Donald Trump · 69

**3) Durch die Wüste
Donald Trump und die Mauer zu Mexiko** · 73
Wetbacks und Pistolen: Im Wilden Westen · 75
Wie Amerika immer weißer wurde:
Einwanderung und Integration · 83
Die deutschen Wurzeln von Donald Drumpf · 90
Die dunkle Bedrohung:
Moslems sind die neuen Iren · 93

4) Das großartigste Land der Welt
Libertäre und Neue Rechte   99
Populisten in Phoenix: Patrioten unter sich   101
Ein Großvater als Revoluzzer
Rand Paul und Ron Paul   106
Lonesome Cowboys und bittere Südstaatler   113
Prostituierte und Familienwerte:
Die Tea Party ist für alle da   116

5) Fox & Frenemies
Rechtspopulisten und die »Lügenpresse«   119
Die rechte Echo-Chamber:
Medien in ihrer eigenen Blase   121
Der Tempel des Todes:
Rupert Murdochs News Corporation   128
Rechtsextreme Trendsetter verbreiten sich im Internet   137

6) Bankiers und Pleitiers
Die Wut um den verlorenen Groschen   147
Die Geburt der Tea Party:
Der Aufstand der Derivatehändler   150
»Redlining« und der Niedergang von Detroit   157
Und ewig grüßt das Murmeltier:
Der Contract from America   164
Revoluzzer von Rechts und Links:
Bernie Sanders lässt grüßen   168

7) Follow the Money
Wie zwei Milliardäre die Tea Party finanzieren   173
Libertäre Drahtzieher: Die Brüder Koch   175
Die American Liberty League
und die Black Legion gegen Roosevelt   184
Die Infiltration von Youtube,
Facebook und Wikipedia   189

8) Black & White
Die lange amerikanische Geschichte des Rassismus — 195
Vom »Marsch durch Georgia« zu segregierten Blutbanken — 196
»Alle sollen vor uns zittern«: Die Christliche Rechte — 205
Die Central Park Five: Ein Verbrechen erschüttert New York — 212
Kristallelefanten im »Big Easy« Der Aufmarsch der Kandidaten — 218

9) Vorwärts in die Vergangenheit
Bibeln und Gewehre: Texas will ins Weiße Haus — 225
Christliche Lobbys und apokalyptische Visionen — 229
Verschwörer in Texas von Waco bis Dallas — 234
Wenn Jesus Christus bei der Dissertation hilft — 241
Die Schlacht um die Vizepräsidentschaft — 246

10) Nashörner an der Westküste
Der Niedergang der Grand Old Party — 249
Mythos Kalifornien Goldrausch und Hollywood — 250
Mein Kampf auf dem Nachttisch und anti-semitische Tweets — 255
Marine, mon amour: Die Tea Party und die europäischen Rechtspopulisten — 259
Trump im Weißen Haus – Die Zukunft Amerikas? — 268

Fotos — 272
Literatur — 274
Namensregister — 279

Eva C. Schweitzer, Dr. phil, schreibt seit fünfzehn Jahren aus New York und den USA, vornehmlich für *Die ZEIT, Spiegel Online* und *Cicero*. Sie hat über den Times Square in New York promoviert. Zuvor war sie Lokalredakteurin beim *Tagesspiegel* und der *taz* in Berlin. Sie hat neun Bücher veröffentlicht, zuletzt *Schattenkrieger,* 2015 bei Piper, das von Propaganda und Spionage handelt.

Vorwort

Als Donald Trump ankündigte, er wolle Präsident der USA werden – natürlich im Trump Tower an New Yorks feiner Fifth Avenue – dachte jeder, das sei ein Scherz. Ein Gag, um in die Medien zu kommen, um seine Hochhäuser, seine Produkte, den »Brand« Trump zu promoten. Als er anfing, alle vors Schienbein zu treten – Mexikaner und Chinesen, Journalisten und Politiker, sogar Parteifreunde wie John McCain und Ted Cruz –, dachte jeder, es werde nur noch Wochen dauern, und The Donald, wie wir ihn in New York nennen, verschwände wieder in der Versenkung. Jeder, der ernsthaft prognostiziert hätte, dass Trump tatsächlich Chancen auf die Präsidentschaft hätte, wäre ausgelacht worden.

Ein Jahr später, im September 2017 steht Donald Trump, Präsidentschaftskandidat der Republikaner, auf der Bühne der Hofstra University im Staat New York und duelliert sich mit Hillary Clinton, der Demokratin. Nichts hat ihn aufgehalten; weder, dass er die Eltern eines gefallenen Soldaten beleidigt hat, noch Nacktbilder seiner Frau Melania, die in der ersten Reihe sitzt, nicht weit weg von Bill Clinton. Es geht um all die Streitpunkte, die Trumps steilen Aufstieg befördert haben: Ist Obama wirklich Amerikaner? Wie machen wir Amerika wieder großartig? Und wir halten wir uns all die Fremden und Ausländer vom Hals, die das verhindern?

Trump ist heute der Anführer der Tea Party, jener rechtspopulistischen Bewegung, deren Name der »Boston Tea Party« von 1773 entliehen ist, als Kolonisten Kisten mit Tee in den Hafen von Boston warfen; der Startschuss zum Unabhängigkeitskrieg. Die neue Tea Party, der auch Trumps Vize Mike Pence, der Gouverneur von Indiana nahesteht, entstand aus der Volkswut, die aufkochte, als mit Obama der erste schwarze Präsident gewählt wurde. Trump ist 2011 auf diesen Zug aufgesprungen, als er sich an die Spitze der »Birther« setzte, die glauben, Obama sei in Kenia geboren. Damit hat er die Wutbürger Amerikas hinter sich versammelt, die zornigen weißen Männer, die gegen Immigration sind und gegen die *Mainstream Media* – das US-Äquivalent zur »Lügenpresse«.

Trumps Erfolgsrezept ist, dass er sich als Außenseiter verkauft, der es »denen da oben« zeigen und für den Kleinen Mann sorgen wird, eine kuriose Position für einen Baulöwen, der im Luxus lebt. Natürlich passt nichts zusammen, und ohnehin verspricht er jeden Tag und jedem Wähler, den er trifft, etwas anderes. Das aber im Brustton der Überzeugung. Letztlich richtet sich die »Trump Party« gegen das konservative Establishment. Sie ist eine Revolution von rechts, um heute die Macht bei den Republikaner zu erringen und morgen das ganze Land. Dafür hasst ihn die republikanische Parteiführung, die lange vergebens versucht hat, einen Kandidaten zu krönen, der kein wandelndes Pulverfass ist. Und deshalb wendet sich das Establishment gegen ihn, auch die Wall Street. Der frühere New Yorker Bürgermeister Michael Bloomberg, ein echter Milliardär, nannte ihn einen Betrüger.

Als Obama 2008 antrat, erschütterte eine Bankenkrise die Welt. Und er sollte sich mit einem Ausmaß an Widerstand konfrontiert sehen, wie es selten ein Präsident erlebt hatte. Schon 2012 wollten die Rechtspopulisten Obama ablösen. Nun, da seine Amtszeit abläuft, wittern sie Morgenluft. Die meisten Rechtspopulisten sind älter, verdienen gut, und vor allem sind sie weiß. Sie sind nicht auf die Banker sauer, die Billionen von Dollar veruntreut haben, nicht auf die obersten 0,1 Prozent, die Milliardäre, zu denen Trump gehört, sondern auf die Regierung, die Afro-Amerikaner gerettet hat, die sich ihr Häuschen nicht mehr leisten konnten; auf Immigranten; auf Moslems, die an den teuren Kriegen im Mittleren Osten schuld seien; auf alles, was fremd, ausländisch und unamerikanisch ist. Sie wollen Trump, weil es sein Ziel ist, »Amerika wieder groß zu machen«. Das ist auch ihr Mantra.

Sie sind wütend auf den Präsidenten, den sie »Barack Hussein Hitler« nennen und den sie für einen Gangster und einen Muslim halten, für einen Kommunisten und einen afrikanischen Hexendoktor, einen, der sich dauernd bei Ausländern, und den verhassten Arabern auch noch, entschuldigt (und seine Frau Michelle nennen sie einen Gorilla). Hillary Clinton, die Kandidatin der Demokraten, ist für sie genauso ein rotes Tuch, eine Hexe, eine Lügnerin und Betrügerin, die Emails verschwinden lässt und Schuld ist an allen Kriegen und Unruhen im Mittleren Osten, von Irak bis Libyen. Und Bernie Sanders, Hillarys – gescheiterter – linker Gegenkandidat, ist für viele ein Kommunist. Aber Sanders hat auch durchaus Freunde unter Trump-Anhängern. Der, so glauben manche, sei wenigsten ehrlich. Denn Sanders ist genauso ein zorniger weißer Mann gegen das Establishment wie Trump. Nur in echt.

Die Tea Party redet viel von Freiheit und vom schlanken Staat, aber ihr Ziel ist, die Macht in Washington zu übernehmen, die Gewerkschaften auszuhebeln, die Rechte von Frauen, Schwulen und Minderheiten zu beschneiden, den Superreichen Steuern zu ersparen und die Berliner Mauer an der Grenze zu Mexiko nachzubauen. Also ganz und gar kein schlanker Staat.

Trotz eines theoretischen Gerüsts, das auf Intellektuelle wie Ayn Rand und Friedrich von Hayek zurückgeht, ist die Bewegung im Kern anti-intellektuell. Sie hat einen soliden Wählerstamm von Evangelikalen, Südstaatlern und Rednecks, weißen Arbeitern, die nicht wollen, dass Amerika immer bunter und weniger weiß wird und die sich vor der Verarmung fürchten. Auch deshalb fühlen sie sich europäischen Populisten von Geert Wilders bis Marine Le Pen verbunden. Aber die Rechtspopulisten sind nicht so machtlos, wie sie gerne tun. Sie haben TV-Moderatoren, Blogger, Verleger und Think Tanks auf ihrer Seite, sie bekommen Geld von Banken und der Pharma-, Chemie- und Ölindustrie, darunter David und Charles Koch, die Milliardärsbrüder.

Dieses Buch ist die Neuauflage von *Tea Party – Die weiße Wut*, das 2012 erschienen ist. Viele der Protagonisten von damals sind noch aktiv – natürlich Trump, aber auch Ted Cruz, Sarah Palin und Newt Gingrich –, neue haben sich hinzugesellt. In dem Buch geht es darum, wo die Rechtspopulisten herkommen und wo sie hin wollen, was ihre Ziele sind, ihre Geldgeber, und wie sie untereinander vernetzt sind. Die Tea Party beruft sich auf George Washington und Ronald Reagan, aber eigentlich geht sie auf rechtspopulistische Politiker des Südens und Südwestens zurück, wie Huey Long, George Wallace und Barry Goldwater, bis zurück zu Andrew Jackson, der siebte Präsident der USA und der erste Demokrat, und den »Know Nothings«, eine fremdenfeindliche Partei von 1855, die in den Republikanern aufgingen.

Dieses Buch führt den Leser auf eine Reise durch das konservative Amerika, durch das *Heartland*; von den Lonesome Cowboys des Wilden Westens bis zu den Dixiecrats des Südens, die noch heute die Flagge der Konföderierten von ihren Pickups wehen lassen; von den Puritanern und Christen des Bible Belts bis zu den Neue-Weltordnungs-Verschwörungstheoretikern der John-Birch-Society, von den einsamen Wüsten Arizonas zu den Bordellen von New Orleans, von den Sozialisten in Wisconsin zu den Amish in Iowa, von den Medientürmen und Wolkenkratzern von New York und Chicago zu den Slums von Detroit, von Kleinstädten in Tennessee zu Gated Communities in Kalifornien.

Für die Recherche habe ich mehr als 15 000 Meilen zurückgelegt, mit dem Flugzeug, der Bahn, dem Greyhound und dem Mietwagen. Ich habe in einer Villa mit Pool in Hollywood übernachtet, in einer Jugendherberge in Madison, Wisconsin, auf der Couch von Freunden in Texas, im alten Kinderzimmer einer Kollegin in Iowa City, deren – republikanische – Eltern sich rührend um mich kümmerten; auf einem Mississippi-Dampfer in Chattanooga und im Cadillac Hotel in Detroit. Ich habe Konventionen der Tea Party besucht und Parteitage der Republikaner, Bürgerkriegsspiele im Süden und Demonstrationen im Norden. Ich habe Sarah Palin die Hand geschüttelt, ein Bier mit Ron Paul getrunken, und beobachtet, wie sich Ted Cruz und Donald Trump im New Yorker Wahlkampf bekriegten.

An dieser neuen Auflage arbeite ich, seit Trump erklärt hat, er wolle kandidieren. Für die Neuauflage habe ich auch nachgefragt, was die Leute, die ich 2011 getroffen habe, heute denken und wen sie wählen. Das Ergebnis werden wir erst im November wissen, aber klar ist eines: Es geht um die Zukunft Amerikas.

1) Schwarze Helikopter

Der Baulöwe, die Teekönigin und die große Verschwörung

Der Trump Tower in New York ist ein Monument für Donald J. Trump, Baulöwe, Reality-TV-Star, Präsidentschaftskandidat der Republikaner und womöglich nächster Präsident der USA. Vor den Glastüren an der Fifth Avenue, wo die TV-Kameras lauern und die Security Besucher kontrolliert, grüßt die Trump-Uhr, der berühmten Uhr in der Grand Central Station nachgebildet. Die Lobby ist eine architektonische Orgie in rosa Marmor mit einem Wasserfall über vier Stockwerke und einem Skylight. Überall sind Vitrinen, die sowohl das Ego als auch das Geschäftsinteresse des Hausherrn spiegeln: Trump-Tassen, Trump-Krawatten, Trump-T-Shirts, Trump-Schokolade und die berühmten roten Basecaps »Make America Great Again«, die er bei seinen Wahlkampfauftritten trägt. Auch Trumps Bestseller stehen hier, von *The Art of the Deal* bis zum Golfratgeber. Im Tower befindet sich die Trump-Bar, das Trump-Café, und, im Untergeschoss, zwischen der Trump-Eiscremetheke und dem Trump-Grill, liegt der Trump-Geschenkeladen. Auch das Schmuckgeschäft seiner Tochter Ivanka ist hier. Auf der Rolltreppe des Tower schwebte Trump im Herbst 2015 herab, an seiner Seite seine dritte Frau Melania, und verkündete, er wolle Präsident der USA werden. Im Frühjahr 2016 feierte er im Trump Tower den Wahlsieg, als New York für ihn stimmte. Und hier triumphierte er, als die letzten beiden Rivalen, Ted Cruz und John Kasich, aufgaben.

Der Trump Tower, 1983 eröffnet, ist der erste Wolkenkratzer des Developers und war damals der größte der Stadt. 68 Stockwerke hat er nach Trump-Zählung, tatsächlich sind es nur 58. An dem Bau waren Anthony »Fat Tony« Salerno beteiligt, von der

Mafiafamilie Genovese und Paul »Big Paul« Castellano, von den Gambinos, ebenfalls eine Mafiafamilie. Das war damals in New York nicht unüblich, und Trump ist ein New Yorker aus der Zeit, als das Leben hier noch ein bisschen härter war, und gemeiner.

Im Trump Tower wohnen die Reichen, Schönen und Berühmten; arabische Scheichs, chinesische Banker, haitianische Diktatoren, europäische Steuerflüchtlinge, Celebrities wie Bruce Willis, Andrew Lloyd Webber und Johnny Carson. *The Apprentice* wurde hier, in der Vorstandsetage der Trump Organization gedreht, die Reality-TV-Serie, in der Trump in jeder Folge einen Möchtegern-Karrieristen feuert, mit den berühmten Worten: »You're fired!« Eine seltsame Visitenkarte für einen Mann, der Jobs retten will. Und hier leben die Trumps auch, Donald, seine dritte Frau Melania – eine Immigrantin – und ihr gemeinsamer, zehnjähriger Sohn Barron. Das dreistöckige Apartment bietet einen weitem Blick über den Central Park. Es hat einen offenen Kamin aus weißem Marmor, neogriechische Säulen, Deckengemälde, Kristallleuchter, antike Möbel, vergoldete Lampen und vergoldete Vasen; Brannons Spielzeugmercedes ist in einer Ecke geparkt. Auf einem Kaffeetisch steht ein Portrait des Vaters, Fred Trump, vor dem der Developer zeitlebens ein bisschen Angst hatte, erzählt Barbara Res, die Ingenieurin, die den Trump Tower baute. »Trump ist ein brillanter Verkäufer, der beste, den ich je gesehen habe«, sagt sie.

Celebrities und kleine Monster
Bauen mit der Mafia

Res wohnt in einem Landhaus am See in New Jersey, mit einem offenen Kamin und einem roten Kater, der es sich auf der Couch gemütlich macht; im Arbeitszimmer hängt ein Bild von ihr, neben Hillary Clinton. Sie denkt mit durchaus positiven Gefühlen an Trump zurück. »Donald war der am wenigsten sexistische Boss, für den ich jemals gearbeitet habe«, sagt sie. Damals war es ungewöhnlich, eine Frau als Bauleiterin zu engagieren. Er tat es, nachdem er einmal beobachtet hatte, wie sie auf einer Baustelle einen Architekten angeschrien hatte. »Der hatte versucht, uns für ein Problem verantwortlich zu machen, an dem er schuld war«, erzählt sie. »Donald hielt mich für taff«. Trump sei damals noch anders gewesen als heute. »Er hatte zwar schon diese Attitüde, alles ist das Beste oder das Schlechteste, entweder bist du großartig oder ein Versager. Aber er war noch normaler, nicht so bombastisch. Er ging zu Fuß vom Büro zur Baustelle. Und er hatte Sinn für Humor. Er machte Witze, auch über sich selber.« Trump trat auch einmal als er selber auf, in dem Woody-Allen-Film *Celebrity*. In dem satirischen Bilderbogen der New Yorker Gesellschaft erzählt er einer Reporterin, er habe die St. Patrick's Cathedral an der Fifth Avenue gekauft, um sie abzureißen und durch einen »wunderschönen Wolkenkratzer« zu ersetzen.

Der Filmemacher Steven Spielberg besitzt ebenfalls eine Wohnung im Trump Tower. Trump, erzählt Res, habe es arrangiert, dass Paul Goldberger, der Architekturkritiker der *New York Times*, Spielberg getroffen habe, als er den Wolkenkratzer besichtigte. »Diese Begegnung hat Goldberger so begeistert, dass er einen richtig freundlichen Artikel schrieb«, sagt Res.

Spielberg setzte dem Developer schon 1990 ein Denkmal, mit dem Film *Gremlin II*, in dem kleine Monster einen hyperintelligenten Wolkenkratzer in Manhattan (beinahe) zerlegen. Daniel Clamp, gespielt von John Glover, ist eine sympathischere und schlankere Version von Trump, aber genauso selbstherrlich, von sich eingenommen und Minuten nach der Katastrophe dabei, die zu Geld zu machen, mit Gremlin-Puppen, die an Autoscheiben kleben. Das Logo des Clamp Tower ist eine rotierende Weltkugel, plattgepresst von einer Zange. Das ist auch ein Symbol für das, was viele fürchten, wenn Trump die Wahl gewinnt.

Barbara Res glaubt, dass er schon damals sein Leben als Reality-TV-Show sah, in der es darum ging, zu gewinnen. Und das bedeutete, sich gut zu verkaufen. Einige Male posierte er (am Telefon) als sein eigener Pressesprecher, etwa um Gerüchte zu streuen, dass Lady Di, die englische Prinzessin, ein Apartment im Trump Tower kaufen wolle. »So trieb er die Preise nach oben«. Er soll auch als sein eigener Anwalt einen Brief geschrieben haben, ausgerechnet an das Satireblatt *The Onion*. »Leute wie Trump sind anders als Du und Ich«, sagt Res »Trump denkt, Regeln gelten nicht für ihn.«

Der »kurzfingrige Vulgäre« (*Vanity Fair*-Chefredakteur Graydon Carter) sagt von sich selber, er sei »politisch unkorrekt«. Das ist die Untertreibung des Jahrhunderts. Der Mann ist eine Beleidigungs-Boombox. Er gestikuliert nicht nur wie Benito Mussolini, er tweetet auch Sprüche des Duce – »Es ist besser, einen Tag als Löwe zu leben, als hundert Jahre als Schaf«, und selbstredend hat The Donald Millionen Twitter-Follower. Er will Amerika für Moslems sperren, auch für die aus Europa (er behauptete auch, tausende Moslems hätten bei dem Anschlag von 9-11 öffentlich gejubelt). Er will eine Mauer zu Mexiko bauen, um »Vergewaltiger« draußen zu halten, einen Handelskrieg mit China anfangen, die Schulden der USA durch Konkurs eliminieren, ISIS-Gefangene foltern und die Familien von Terroristen umbringen lassen. Er ist dünnhäutig und nachtragend. Bei einer Debatte im März auf Fox News versicherte er seinem Konkurrenten Marco Rubio aus Florida, seine Finger seien nicht zu kurz. Und auch anderswo sei er groß genug gebaut. Und genauso groß will er Amerika machen.

Trump argumentiere wie »jede erfolgreiche autoritäre Bewegung der neueren westlichen Geschichte«, schreibt Matt Taibbi im *Rolling Stone*. Trump sage, der einfache Mann werde von einer Verschwörung inzestuöser Eliten betrogen. Zu den Eliten zählt Trump auch die *Mainstream Media*, die er zügeln werde, wenn er im Weißen Haus sei. Er werde es einfacher machen, Zeitungen wie die *New York Times* zu verklagen, wenn die jemanden beleidigten. Francis Fukuyama von der Stanford University in Kalifornien versteht Trumps Anziehungskraft. »Bei den Demokraten haben die Rednecks keine Stimme mehr«, sagte Fukuyama bei einem Vortrag in der American Academy in Berlin im Februar 2016. »Die machen nur noch ›Identity Policy‹ für Schwule, Transsexuelle, Latinos und Frauen. Und die Republikaner kümmern sich auch nicht um die armen Weißen; die sind für Free Trade, und das hat die Arbeiter in Amerika verarmen lassen.« Deshalb liefen beiden Parteien die Stammwähler in Scharen weg.

Dabei ist Trump die Personifizierung des Widerspruchs. Der Milliardär mit der Luxuswohnung und dem Privatjet behauptet, er spräche für den »Kleinen Mann«. Er richtet sich an den verarmten weißen Mittelstand, dessen Realeinkommen und dessen Lebenserwartung gesunken sind; er könne das gerade wegen seines Geldes, sagt er: Er nehme keine Wahlkampfspenden von »Blutsaugern«. Dabei hat er auf seinen Baustellen Handwerker im Preis gedrückt, bis einige davon Pleite gingen. Und inzwischen wirbt er durchaus um Spenden. Denn ob er wirklich Milliardär ist, oder doch nur Millionär, oder Tausendär, weiß keiner. Sein Finanzmanager Steven Mnuchin, ein früherer Goldman Sachs-Banker, war Vorstand der OneWest Bank, die mit der Bankenkrise dreizehn Milliarden Dollar an Steuergeldern abgegriffen hat. OneWest Bank wurde bekannt, als die Bank einmal mitten in einem Schneesturm das Schloss an der Haustür einer Frau auswechseln ließ, mit der die Kreditgeber im Rechtstreit lagen.

Trump ist so wenig ein Mann des Volkes wie Prince Charles. Er war zum Geburtstag von David Rockefeller im MoMA eingeladen und trifft Vogue-Chefin Anna Wintour bei der Gala im Metropolitan Museum of Art. Er gehört zu FIRE – Finance, Insurance, Real Estate –, der Dreieinigkeit von Wall Street, Versicherungen und Immobilienhaien, die New York regiert. Als die Serienheldin Carrie Bradshaw in *Sex and the City* ihrem Mr. Big begegnet, wird der ihr von ihrer Freundin Samantha mit den Worten vorgestellt: »Das ist der neue Donald Trump. Er sieht aber besser aus.«

Trump vertritt alles, und das Gegenteil davon: Er will mehr Steuern für Reiche und Steuererleichterungen für Millionäre. Er ist gegen Interventionskriege, will aber ein starkes Militär. Er will ObamaCare abschaffen und eine Krankenversicherung für jedermann, über deren Details er nichts verrät und wahrscheinlich nichts weiß. Er bezeichnet Klimawandel als Schwindel, verlangt aber einen Wall im Meer vor Schottland, um seinen dortigen Golfplatz vor eben diesem Klimawandel zu schützen. Er lästert über Politiker, die vom Teleprompter reden, liest seine Reden aber selber davon ab. Er setzt sich für das »Second Amendment« ein, das Recht der Bürger, Waffen zu tragen, und verbietet Waffen im Trump Tower. Er duldet die Unterstützung von weißen Rassisten; David Duke, ein »Grand Wizard«, Großmeister des Ku Klux Klan sprach sich für ihn aus. Trump distanzierte sich halbherzig davon, sagte aber, er könne es nicht verbieten, wenn ihn jemand unterstütze. Dabei ist Trumps Tochter ihres Mannes wegen zum Judentum konvertiert, und sie ist Wahlkampfhelferin ihres Vaters. Er wettert gegen Immigranten, aber zwei seiner drei Ehefrauen sind Immigrantinnen, Melania Knauss und das tschechische Model Ivana Zelníčková, seine erste Frau. Und auf der Baustelle des Trump Tower schufteten polnische Schwarzarbeiter.

Trump ist ein Yankee aus dem Bilderbuch, den die Südstaatler lieben. Er hat es sogar geschafft, sich der Unterstützung des Evangelikalenführers Jerry Falwell Jr. zu versichern, obwohl er alles andere als bibelfest ist – er sprach vom Zweiten Brief (des Apostel Paulus) an die Korinther als von den »beiden Korinthern«. Er ist zweimal geschieden und hatte zahlreiche Geliebte, er nutzt den Miss Universe Schönheitswettbewerb, der ihm bis 2015 gehörte, dazu, junge, schöne Frauen kennenzulernen (wie die *New York Times* in aller Ausführlichkeit schilderte). Nicht nur das; er hat schwule Freunde und es gibt ein Video von ihm, wo er – auf einer Wohltätigkeitsgala – mit dem als Frau verkleidete New Yorker Bürgermeister Rudy Giuliani schäkert. Aber mit seiner Neuinszenierung als Politiker hat sich Trump zum Wertkonservativen gewandelt, der sich gegen die Schwulenehe wendet – auf seine Weise: Er verglich sie mit den neumodischen, überlangen Golfschlägern, an die er sich nicht gewöhnen wolle. Jon Stewart von der Satiresendung *Daily Show* meinte dazu: »Donald, der Schläger ist der gleiche, nur das Loch ist anders.«

Trump ist der Kandidat der weißen konservativen Wutbürger, die seit der Wahl von Barack Obama unter der Fahne der Tea Party den Aufstand proben. Er ist der wahre Erbe jener Bewegung von Rechtspopulisten, die 2008 begann. Und er stellte sich schon vor fünf Jahren an deren Spitze, als er die Königin der Tea Party im Trump Tower empfing: Sarah Palin.

Die Bärentöterin von Alaska: Der Aufstieg von Sarah Palin

Der Times Square ist das Herz von New York. Hier oder nahebei residieren alle amerikanischen Medienkonzerne, in funkelnden Hochhäusern aus Stahl, Glas und Neon: Disney, Time Warner mit HBO und CNN, News Corp, Thomson-Reuters, Random House, Viacom und Paramount. TV-Sender wie MTV und ABC haben hier Studios. Auf einem überdimensionalen Bildschirm läuft Fox News; die Kurse der Technologiebörse Nasdaq flackern, Neonreklamen werben für Musicals und Filme. Das Late-Night-Studio von CBS liegt hier, wo Stephen Colbert Witze über Donald Trump reißt. Nahebei befindet sich die Radio City Music Hall. Zuletzt zog der *New York Observer* in eine Seitenstraße, für den Carry Bradshaw in *Sex and the City* schreibt. Das Blatt gehört Jared Kushner, Immobilienentwickler und Trumps Schwiegersohn.

Am Times Square liegt auch die Famous Famiglia Pizzeria: rustikale Holztische, ein Steinbackofen und Fotos von Broadway-Größen an der Wand. Im Mai 2011 drängelten sich Journalisten um zwei Medienstars: Donald Trump und Sarah Palin, die Königin der Tea Party aus Alaska. Auch Melania und Palins sichtlich genervte Teenager-Tochter Piper saßen mit am Tisch. Sie verzehrten Pizza mit Salami auf Papptellern. Dazu gab es Cola. Donald, im dunkelblauen Anzug mit Krawatte, bestand auf einer Plastikgabel, hingegen aß Palin, im rosa Kostüm, die Pizza aus der Hand. Danach versicherte sie dem Lokalsender NY1, sie habe die »echte New Yorker Pizza sehr genossen, nicht wahr, Piper?«, während die Tochter trotzig an der Kamera vorbeistarrte.

Trump und Palin haben viel gemeinsam: Nicht nur sind beide Lieblinge der Rechtspopulisten, sie sind beide schnell beleidigt, wollen nach oben, und beide sind Medienpersönlichkeiten. Beider Image wurde vom Fernsehen geformt und ist vollkommen unauthentisch, aber aus irgendeinem Grund merken ihre Fans es nicht. Der Pizza-Stunt sollte Palin volksnah zeigen. Tatsächlich war sie in Trumps Geländewagen mit Chauffeur vorgefahren.

Palin hat eigens für Trump ihre »One Nation Tour« unterbrochen, ein Wahlwerbetour in einem Bus, über und über in Rot, Weiß und Blau bemalt, mit dem Schriftzug »Sarah Palin«, einem stilisierten Bild der Verfassung, und einem Hinweis auf den »Sarah-PAC«, das Political Action Committee, das Spenden sammelt. Obwohl sie gar nicht antritt. Aber Geld braucht man immer. Das PAC hat John Coale eingerichtet, Anwalt und Mann von Greta van Susteren, eine Reporterin des rechten Nachrichtensender Fox News.

Begonnen hatte Palin ihre »One Nation Tour« am Memorial Day. Der Bus fuhr sie und Piper zu geschichtsträchtigen Stätten; Gettysburg, wo die wichtigste Schlacht des Bürgerkriegs stattgefunden hat, zur Liberty Bell in Philadelphia, und nach Boston, dem Ort der historischen Tea Party. Dort erzählte sie Reportern, Paul Revere, ein Held des Unabhängigkeitskriegs, habe 1775 die Briten gewarnt »uns unsere Waffen wegzunehmen, indem er Glocken läutete, durch die Stadt ritt und Warnschüsse feuerte.« Palin wählt die Worte so, als habe sich Revere für das Second Amendment eingesetzt, das damals noch gar nicht existierte. Konservative Aktivisten versuchten, den Wikipedia-Eintrag zu Revere umzuschreiben, dies wurde aber von der Wikipedia-Community verhindert.

Sarah Palin wurde Mitte 2008 über Nacht weltweit bekannt. Sie präsentierte sich als Quereinsteigerin gegen das Establishment in Washington und die Ostküstenmedien, als Mädel vom Land, das fischt, Schneemobil fährt und Wölfe vom Hubschrauber aus schießt. Aber ein Blick auf ihre rasante Karriere zeigt, dass sie ein Produkt eben jener konservativen Kräfte ist, welche die Politik der Republikaner seit Barry Goldwater, Richard Nixon und Ronald Reagan steuern. Von denen wurde Palin gezielt aufgebaut.

Sarah Palin stammt aus Sandpoint, in den Bergen von Idaho. Die Familie zog bald nach Wasilla, Alaska. Wenn ein Kind krank war, fuhren die Eltern mit ihm nach Kanada, der kostenlosen Ärzte wegen, wie Palin einmal erzählte. Sie besuchte kurz nacheinander das North Idaho College, das Matanuska-Susitna College bei Anchorage und die University of Idaho, wo sie ihr Diplom in Kommunikationswissenschaften machte. Zurück in

Alaska heiratete sie Todd, arbeitete als Sportreporterin im Radio, trat den Republikanern bei und wurde erst Mitglied des Elternbeirats, dann Stadträtin, dann Bürgermeisterin von Wasilla und schließlich Gouverneurin von Alaska, ein Staat, in dem eine dreiviertel Million Menschen leben, die Mehrheit davon weiß.

Palin, die Rebellin gegen das Establishment, wusste von Anfang an, den Apparat zu bedienen. Als Bürgermeisterin heuerte sie einen Lobbyisten an, der dafür sorgte, dass Wasilla acht Millionen Dollar an Bundesgeldern bekam, obwohl sie gegen *Earmarks*, Finanzspritzen aus der Bundeskasse, agitierte. Sie setzte sich für eine millionenteure Brücke zu einer Insel mit fünfzig Einwohnern ein, gegen die sie angeblich immer gewesen sei. Und als McCain sie berief, engagierte sie eine PR-Firma, um die Medien in Washington und New York auf sich aufmerksam zu machen.

Palin verdankt ihren Aufstieg Adam Brickley, einem konservativen Studenten. Brickley stammt aus Colorado; er hatte sich dem »messianischen Judentum« angeschlossen, einer Sekte von ultrareligiösen missionierenden Christen. In der Washington schrieb er sich am Leadership Institute von Morton Blackwell ein. Blackwell war mit Jerry Falwell assoziiert, dem einflussreichen – inzwischen verstorbenen – evangelikalen Fernsehpfarrer. Falwell und Blackwell gründeten den Verein Moral Majority. Ihr Ehrgeiz war, die etablierte Presse auszumanövrieren. Republikanische Politiker sollten direkt mit ihren Wählern per TV und Internet reden, um die Filter der »liberalen Medien« zu umgehen. Sarah Palin beherzigte dies, und Donald Trump hat das Verfahren perfektioniert. Brickley ging bald zur Heritage Foundation, einem ultrakonservativen Think Tank, der von Öl- und Rüstungsfirmen unterstützt wird.

Brickley war schon früh klar, dass McCain bei jüngeren Frauen nicht gut ankam. Deshalb begann er im Februar 2008 nach einer Republikanerin zu suchen, die den *soccer moms,* den Hausfrauen mit Kindern, gefallen und Hillary Clinton Paroli bieten konnte. Aber die meisten Politikerinnen waren Brickley nicht konservativ oder nicht mehrheitsfähig genug. Dann entdeckte er Palin: konservativ, christlich, hübsch, mehrfache Mutter. Er fing auf seinem Blog an, täglich über die Gouverneurin zu schreiben.

Das bekam der rechte Radiotalker Rush Limbaugh mit, der Palin in seiner Show pries. Dadurch wurde Paulette Simpson von der Alaska Federation of Republican Women auf sie aufmerksam. Simpson riet der Gouverneurin, eine Gruppe von konservativen Journalisten einzuladen, die im Juni 2008 auf dem Kreuzfahrtschiff *MS Oosterdam* vor der Küste Alaskas kreuzten. Darunter war Bill Kristol vom *Weekly Standard*, dem Hausblatt der Neokonservativen. Kristol ist der Sohn von Irving Kristol, dem »Paten der Neocons«, der sich vom Trotzkisten zum rechtskonservativen Intellektuellen gewandelt hatte. Bill Kristol begann als Büroleiter von Dan Quayle, dem Vizepräsidenten von Bush sen. Er steht dem Project for a New American Century (PNAC) vor, das seit Clintons Ära Krieg gegen den Irak propagiert.

Als die *MS Oosterdam* in Juneau vor Anker ging, verließ Kristol mit zwei anderen Journalisten das Schiff. Sie gingen zum Lunch in die Gouverneursvilla, ein viktorianisches Holzhaus mit Blick aufs Meer. Die Stimmung – schreibt Jane Mayer im *New Yorker* – war locker. Am Tisch saß die Lokalprominenz, darunter der Generalstaatsanwalt. Sarah Palin ließ Wangen vom Heilbutt servieren. Als sie inbrünstig das Dankgebet sprach, waren die Journalisten schwer beeindruckt. Danach flogen alle mit dem Helikopter zu einer Goldmine. Dort versicherte Palin den um ihre Jobs besorgten Minenarbeitern, sie werde sich gegen Umweltschützer stellen, die verhindern wollten, dass Abraum in die Seen gekippt wird. Auch das fanden die Journalisten beeindruckend.

Palin lud vier Wochen später auch die Gäste eines zweiten Schiffs ein, die *MS Noordam*. Auf der *Noordam* reisten John Bolton, George W. Bushs UN-Botschafter (Bolton sagte einmal, vom Hochhaus der UN könne man problemlos ein paar Stockwerke absäbeln) sowie Dick Morris, ein früherer Clinton-Helfer, der über eine Affäre mit einer Prostituierten gestolpert war. Morris riet Palin, ihr Image als Außenseiterin zu pflegen.

Morris und Kristol warben auf Fox News für die Gouverneurin. Und Kristol überzeugte McCain von ihr. Mit Palin, versicherte er dem Senator, werde er die Frauen gewinnen. Einer ihrer Söhne war Soldat im Irak und sie hat ein Baby mit Down-Syndrom, das sie als Beweis für ihre Ablehnung der Abtreibung dauernd mit sich herumschleppte. McCain verbrachte ein paar Stunden mit Palin und fragte sie, ob sie Vizepräsidentin werden wolle. Sie sagte zu. McCain verlor die Wahl gegen Barack Obama. Aber Palin ergatterte mediale Berühmtheit mit einer TV-Show, *Real American Stories* (wo sie »echte Amerikaner« vorstellt, die weder Latte Macchiato noch Sushi mögen), gefolgt von Auftritten auf Fox News. Inzwischen fragen sich viele Amerikaner: Ist die Kandidatin nur ein Medienprodukt? Denn die fischende, jagende Sportlerin aus dem Amerika der Cowboys und Farmer, dem Amerika der Waffenlobby National Rifle Association, der NRA, ist tatsächlich – enthüllte ihr Beinahe-Schwiegersohn Levi Johnston in *Vanity Fair* – eine *Couch Potato*. Er habe ihr zeigen müssen, wie man ein Gewehr anfasst, denn sie esse lieber Pizza auf der Couch vor dem Fernseher. Gleichviel; mit Palin hatten sich die Rechtspopulisten als Strömung innerhalb der Republikaner etabliert.

Think Tanks und die *New World Order*
Verschwörer und Theoretiker

Der Council on Foreign Relations liegt in einer stillen Seitenstraße in Manhattans feiner Upper East Side, nahe dem Central Park, nur wenige Schritte von den Apartmenthäusern der Park Avenue entfernt, wo die Gutsituierten leben. Das dreistöckige Haus mit seiner rötlich-braunen Ziegelfassade und den Stuckbrüstungen aus hellem Sandstein weist auf unauffälligen Wohlstand hin. Der Council lädt regelmäßig zum Gespräch ein. So auch an diesem Herbstabend im Jahr 2011, an dem sich eine Gruppe von Wissenschaftlern aus aller Welt vorstellt, in einem dunkel getäfelten, mit dicken Teppichen ausgelegten Saal, wo Hors d'oeuvres und Weißwein serviert werden. Neben mir steht ein älterer Herr, schwarzer Anzug, Krawatte, er lächelt sardonisch: »Sie wissen doch hoffentlich, dass Sie hier im Bauch der Bestie sind?«

Der Council ist ein außenpolitischer Think Tank, dessen Wurzeln bis zu Woodrow Wilson, dem US-Präsidenten im Ersten Weltkrieg reichen. Unter seinem Dach versammelt sich alles, was Rang und Namen hat: Präsidenten wie Clinton und Bush, Banker wie Paul Warburg und Alan Greenspan, Geheimdienstler wie Allen Dulles und John McCloy, Journalisten wie Dan Rather und Fareed Zakaria, Regierungsmitglieder wie Henry Kissinger und Condoleeza Rice, und sogar politisch engagierte Celebrities wie Angelina Jolie. Auch Irving Kristol war hier Mitglied. Der Council vereint Demokraten und Republikaner, unterstützt wird er von den Stiftungen von Ford, Carnegie und Rockefeller. David Rockefeller, der Enkel des Standard-Oil-Gründers John D. Rockefeller, war lange Zeit Chairman. Der Council ist nur eine von mehreren Organisationen, wo Leitlinien debattiert und Weichen gestellt werden. Eine andere ist die Trilateral Commission, gegründet von David Rockefeller und Zbigniew Brzezinski, Berater von Jimmy Carter und Lyndon B. Johnson. Und auch bei den Bilderberger, ein Kreis von Wirtschaftsführern treffen sich die üblichen Verdächtigen.

Rechtspopulisten, die sowieso keine »Ostküsten-Eierköpfe« mögen, halten solche Organisationen für die Personifizierung der liberalen Elite und ihrer *New World Order*. Barry Goldwater, der republikanische Senator von Arizona, meinte, die Trilateristen wollten eine weltweite ökonomische Supermacht schaffen, die an den gewählten Strukturen vorbei agiere. Manche Rechte gehen sogar noch weiter. Sie glauben, dass die Regierung geheime Arbeitslager errichtet, und dass Vertreter der Vereinten Nationen mit schwarzen, unregistrierten Helikoptern durch Amerika fliegen, um Regimegegner in diese Lager zu schaffen. Für sie macht es keinen Unterschied, wer am Ruder ist, Demokraten oder Republikaner – beide verrieten die Interessen des Volkes, glauben sie. Noch extremere Rechte warnen vor dem ZOG (Zionist Occupation Government), einer angeblich von Zionisten kontrollierten US-Regierung. Zu denen zählen *white supremacists*, die an die Überlegenheit der »weißen Rasse« glauben, und Neonazis, die sich in Gruppen wie dem National Socialist Movement (NSM) oder dessen Jugendorganisation Viking Youth Corps sammeln. Das NSM geht auf die American Nazi Party zurück, die 1959 von George Lincoln Rockwell ins Leben gerufen wurde.

Auch die National Alliance gehört zu diesen Kreisen. Sie wurde von William Luther Pierce gegründet, einem Enkel von Thomas H. Watts, zu Sklavenzeiten Gouverneur von Alabama. Pierce ist der Autor der *Turner Diaries*, des Endzeitromans, in dem Weiße, Schwarze und Juden einander in Rassenkämpfen abschlachten. Als Pierce die National Alliance allzu diktatorisch regierte, spaltete sich unter Kevin Strom die National Vanguard ab, die von der Webseite Stormfront.org unterstützt wird (die sich auflöste, als Strom wegen Besitzes von Kinderpornographie verurteilt wurde). Stormfront und das Neonazi-Blog *The Daily Stormer* unterstützen heute Trumps Kandidatur, desgleichen Klan-Wizard David Duke, das bekannteste Gesicht der US-Rechten.

Auch das Super-PAC American National steht hinter Trump. Das PAC wurde von Jared Taylor gegründet, dessen Stiftung New Century Foundation *American Renaissance* herausgibt. Das Magazin beklagt, dass weiße Christen in Amerika verfolgt werden. »Viele Weiße sind insgeheim von Trumps politischen Ideen begeistert, weil die ihre Verarmung anhalten würden«, sagte Taylor zum TV-Sender ABC. »Alle Illegalen nach Hause zu schicken, die ja größtenteils nicht weiß sind, und moslemische Immigration zu stoppen, ist im Interesse der armen Weißen.«

William Johnson, der Vorsitzende der American Freedom Party, hat zu den Vorwahlen in Iowa im Februar 2016 Robocalls – Anrufe vom Tonband – bei Wählern gemacht; er warnte, dass die »weiße Rasse« in Europa und Amerika aussterben werde und forderte sie auf, für Donald Trump zu stimmen »und nicht für einen Kubaner«, für Ted Cruz oder Marco Rubio also. Auch die rechte Traditionalist Worker Party sympathisiert mit Trump, desgleichen Jean-Marie Le Pen, der frühere Führer der Front National in Frankreich. »Trump ist ein weißer Nationalist, und seine Botschaft ist, dass er sich für weiße Christen einsetzt, gegen die Chinesen, gegen die Mexikaner, und gegen die Moslems«, meint der linke Journalist Juan Cole. Mark Potok vom Bürgerrechtsverein Southern Poverty Law Center sagt, dass Trump Sympathisanten bei derselben demographischen Gruppe hat, die dem Ku Klux Klan zuneigt.

Um Neo-Nazi-Vorwürfe abzuwehren, drehen amerikanische

Rechtspopulisten den Spieß gerne um: Sie bezeichnen ihre Gegner als Nazis. So tauchen Plakate von Obama mit Hitlerbärtchen auf Demos auf; Hillary Clinton wird »Hitlery« genannt. Rush Limbaugh spricht von Feministinnen als »Feminazis«; Ann Coulter, eine rechte Buchautorin, hält die Betreiber von linken Medienwebseiten für »kleine Nazi-Blockwarte«. Und Fox-News-Anchor Bill O'Reilly nennt protestierende Studenten gerne »linke Nazis«. Dabei geht es nicht um Logik, sondern um die Lufthoheit über den Stammtischen. Die Rechten wollen die Nazis zu einer liberalen Bewegung umdeuten, zur Partei einer starken Zentralregierung und des Wohlfahrtsstaates. So behaupten sie, Hitler habe die Krankenversicherung eingeführt (tatsächlich war das Bismarck) oder: Unter Hitler sei es verboten gewesen, Waffen zu tragen. Dabei haben die Demokraten unter Franklin D. Roosevelt die Nazis bekämpft, während republikanische Politiker wie John Foster Dulles zur Kooperation rieten. Aber der Nazi-Vergleich wird nur dort gezogen, wo er genehm ist: Noch kein Konservativer hat sich gegen bundesstaatliche Interstates gewandt, obwohl die Idee auf Hitlers Autobahnen zurückgeht.

An der Uminterpretation der Nazis – und der italienischen Faschisten – als linke Volksparteien stricken viele Rechte mit. So behauptete Jonah Goldberg von der neokonservativen *National Review* in seinem Bestseller *Liberal Fascism*, Mussolini sei ein Liberaler gewesen. Der Duce habe in den USA viele demokratische Anhänger gehabt. Letzteres stimmt zwar, aber Mussolini war in allen politischen Lagern in Amerika beliebt, von Hollywood bis zu den Banken. Nur ist das heute vergessen.

Dabei erinnert gerade die Blut-und-Boden-Rhetorik der Neuen Rechten in Amerika, die sich gegen eine liberale, urbane Elite wenden, an die Nazis, Rechtspopulisten gefallen sich in der Rolle des beleidigten, betrogenen Kleinbürgers, lehnen alles ausländische ab und verwenden anti-semitische Stereotypen von Strippenziehern und Blutsaugern an der Wall Street, in den Medien und Geheimzirkeln, lediglich ohne das Wort »Jude« zu verwenden. Frank Rich, langjähriger Kolumnist der *New York Times*, der heute für das *New York Magazine* schreibt, fühlt sich an die Stimmung beim Anschlag in Oklahoma City 1995 erinnert: »Jeder, der den Feuersturm von Timothy McVeigh bewusst erlebt hat, wird die alten Warnzeichen erkennen, die sich aus dem Nebel der Geschichte formen: Die patriotische Bewegung. Die Kritik an der »Neuen Weltordnung« mit ihren schattenhaften Verschwörungen, ausgebrütet vom Council on Foreign Relations und der Trilateral Commission. Sandpoint, Idaho. Weiße Supremacisten. Militias.« Dass Palin gerade bei solchen Wählern beliebt ist, hat Gründe. »Sie ist deren geborener Avatar, weil sie diesen hässlichen Emotionen ein glückliches, hübsches Gesicht verleiht«, meint Rich.

Trump ist bei diesen Wählern noch beliebter als Palin, denn er gibt ihnen etwas, was sie mehr ersehnen als eine hübsche Verpackung: einen starken Mann, der tatsächlich ins Weiße Haus einziehen könnte. Scott Dikkers, der Chefredakteur des Satireblatts *The Onion* glaubt, deshalb werde Trump die Wahl gewinnen. »Er steht über der klassischen Rhetorik, weil er an das Reptiliengehirn der Leute appelliert, und das interessiert sich nicht für Fakten« sagt er. »Seine Wähler interessiert nur, dass er stark ist.«

Es gibt aber noch einen weiteren großen Unterschied zwischen Trump und Palin: Palin wurde von Neokonservativen, Clinton-Hassern und Bush-Vertrauten aufgebaut, um Wähler zurückzuholen, die vom Establishment enttäuscht sind; eine Mogelpackung eigentlich. Sie ist eine konservative Republikanerin, die so tut, als sei sie unabhängig. Erst, als ihre Karriere als Gouverneurin beendet war, wurde sie zu diesem wandelnden Pulverfass, deren Medienauftritte ihre frühen Förderer fürchten.

Trump hingegen hat überhaupt keine Anbindung an die Partei; er hatte niemals ein politisches Amt inne und seine Loyalitätsbekundungen zu den Republikanern sind, um es vorsichtig zu sagen, leichtgewichtig. Trump ist eine Kreatur von Trump. Deshalb gilt er heute vielen Republikanern, und insbesondere denen, die hinter dem Aufstieg von Sarah Palin stecken, als ein Frankenstein-Monster, das trotz aller Versuche nicht zu stoppen ist. Er hat den umgekehrten Weg zurückgelegt wie Palin: vom Medienstar zum Politiker. Nun nutzt er die frühere Gouverneurin als eine Treppenstufe auf dem Weg zur Macht.

Vieles von der Kritik am Council on Foreign Relations, den Bilderbergern oder der Trilateral Commisssion wird von Liberalen und Progressiven geteilt. Schon deshalb erscheint es verwunderlich, dass die Rechtspopulisten solche Zirkel dem linken Spektrum zurechnen. Aber aus der Sicht von US-Ultrakonservativen ist ja auch der bayerische Ministerpräsident Horst Seehofer ein halber Kommunist. Und die Kritik ist nicht unberechtigt. Die USA sind, insbesondere seit 9-11 und dem Patriot Act, tatsächlich ein Überwachungsstaat, mit dem stärksten Militär in der Geschichte der Menschheit, mit Kameras auf städtischen Plätzen, einer allgegenwärtigen Polizei, einem Justizsystem, das drei Millionen Menschen einsperrt, sowie einem krakenartigen Geheimdienst. Es gibt tausende von Behörden, aber auch Unternehmen, die mit Geheimdienstarbeit, Terrorismusabwehr oder Homeland Security befasst sind; die meisten davon agieren im Verborgenen. Es sind Republikaner wie Demokraten gleichermaßen, unter denen dieser Polizeistaat wächst.

Und in der Geschichte der USA hat es tatsächlich geheime Operationen gegeben, die eines Oliver-Stone-Filmes würdig wären. Dazu zählte Edgewood, als die CIA chemische und biologische Waffen an GIs testete, oder MKULTRA, Experimente zur Bewusstseinskontrolle mittels Drogen; die Operation Paperclip, als der Militärgeheimdienst Nazi-Wissenschaftler in die USA holte, die Operation Northwoods (terroristische Anschläge mit Flugzeugen, die Kuba in die Schuhe geschoben werden sollten), oder Verschwörungen wie Watergate, der Einbruch ins Wahlkampfquartier der Demokraten oder Iran-Contra, der Verkauf von Waffen an die iranischen Mullahs, um die Contras in Nicaragua zu finanzieren. Und selbstredend sind diese Think Tanks und informellen Zirkel einflussreich. Aber nicht so einflussreich, dass sie dem Präsidenten auf Knopfdruck befehlen, was er zu tun hat.

Vor allem aber geht es den Rechten gar nicht um mehr Demokratie und Transparenz. Sie haben kein Problem mit konservativen Vereinen, die ihre Tentakel überallhin ausstrecken. Es geht ihnen um die Ablehnung all dessen, was sie für »unamerikanisch« halten, was heißt: nicht weiß. Sie warnen vor der *New World Order*, weil sie fürchten, dass die Vereinten Nationen – Ausländer, Dunkelhäutige und Nicht-Christen also – die USA dominieren könnten. Auch hier ist eine Parallele zu den Nationalsozialisten zu erkennen: Das Dritte Reich hatte die Vorgängerorganisation, den Völkerbund, angefeindet. Eigentlich ist das eine erstaunliche Phantasie, sind es doch die USA, die ihre Truppen in mehr als hundert Ländern stationiert haben, und nicht umgekehrt.

Für diese Menschen kulminiert in Obama alles, was sie ablehnen: Er ist ein schwarzer, elitärer, städtischer Präsident mit einem kenianischen Vater, er hat lange im Ausland gelebt, überdies in dem muslimischen Indonesien, er hat angeblich Kontakte zu radikalen Linken und ehemaligen Anti-Vietnamkriegs-Aktivisten, er lädt Rapper ins Weiße Haus ein und besuchte eine Kirche, deren Pfarrer sagte, 9-11 sei das Resultat der US-Außenpolitik. Obama ist für diese Leute, wie ein anonymer Blogger es ausdrückte, ein »illegales, ausländisches, muslimisches, kommunistisches, drogensüchtiges, schwules Arschloch«, der »nach Hause nach Afrika« gehen solle, mitsamt seinem »Hausschwein Michelle«. So denkt sogar Trumps langjähriger Butler Anthony Senecal in Mar-A-Lago, Florida. Er schrieb auf Facebook, Obama solle aus dem Weißen Haus gezerrt und als Verräter gehängt werden.

Das ist nicht der klassische Rassismus gegen Afro-Amerikaner. Gerade die Tatsache, dass die Obamas belesen, erfolgreich und elitär sind, macht die Rednecks wütend. Aus Obamas »Fremdheit« leiten manche Rechte her, dass der Präsident in Wirklichkeit in Kenia geboren sei und eine gefälschte Geburtsurkunde haben müsse. Manche glauben gar, dass Obama ein *Manchurian Candidate* ist (nach dem gleichnamigen Film), der vom Ausland aus ferngesteuert wird. Diese Leute werden »Birther« genannt. An der Spitze der »Birther« steht Orly Taitz, eine wasserstoffblonde Juristin, Immobilienmaklerin und Zahnärztin aus der Sowjetunion, die über Israel in die USA emigriert ist und nun in Kalifornien lebt. Ihre Lebensaufgabe sei, zu verhindern, dass die USA den gleichen Weg gehen wie ihre frühere Heimat, sagte sie in einem Interview mit der rechten Webseite *WorldNetDaily*.

Taitz glaubt, Obama habe nicht das Recht, Präsident zu werden, weil er keine Geburtsurkunde habe. Aber auf ihre Briefe an die Staatsregierung und das Weiße Haus bekam sie keine Antwort. So fing sie an, Getreue um sich zu scharen, die auf Webseiten, in Leserbriefen und auf Treffen nach der Geburtsurkunde fragten. Als das nichts nützte, reichte sie Klagen beim Supreme Court ein, in Sacramento und in Washington, Die wurden alle abgelehnt. Nun fing sie an, einzelnen Verfassungsrichtern aufzulauern und ihnen Petitionen zu überreichen. Auch das ohne Erfolg. »Ich fühle mich wie in der Sowjetunion, wie in einem totalitären Regime«, sagte sie. Aber sie werde Recht bekommen, und dann werde Obama seines Amtes enthoben und für seine Verbrechen vor Gericht gestellt, die Wahlen würden annulliert und alle unter Obama verabschiedeten Gesetze null und nichtig. Bislang ist das nicht passiert, aber es hat ja noch ein paar Wochen Zeit.

Ein verdammtes Genie auf der härtesten Insel der Welt

Der schwarze Helikopter fliegt über die Hochhäuser von Manhattan und den Long Island Sound, bis er auf einer Betonplattform landet. Die Sonne gleißt, und dem Fluggerät entsteigt Donald Trump, mit grimmigen, wenngleich selbstzufriedenem Blick. Die blond-orangen Haare stehen ab – trägt er nun ein Toupet oder nicht? Das fragen sich insgeheim alle. Viele, viele TV-Kameras und Reporter erwarten ihn schon, denn Der Donald präsentiert an diesem Apriltag im Jahr 2011 etwas Wichtiges: Obamas Geburtsurkunde! Nicht, dass er die Geburtsurkunde dabei hätte, aber er hat Obama in den vergangenen Wochen so lange genervt, bis sich der Präsident genötigt sah, sie öffentlich vorzulegen. Zum zweiten Mal. Die Urkunde steht zwar im Internet, seit Obama gewählt wurde, aber die Birther verlangten, die »lange Form« zu sehen, eine ausführlichere Version. Diese zweite Urkunde, die Obama nun vorlegt, ist zwar auch nicht länger, eigentlich sogar kürzer und im Prinzip unterscheidet sie sich auch nicht von der bereits bekannten, aber die Reporter sammeln sich um Trump, als sei er der Messiah. Nun wissen sie, dass Obama tatsächlich in Hawaii geboren ist! Nicht, dass es darauf ankommt, schließlich ist jedes Kind, das von einer amerikanischen Mutter geboren wurde, Amerikaner und damit berechtigt, Präsident zu werden. Barry Goldwater kam in Arizona zur Welt, bevor der Staat gegründet wurde, und John McCain auf einer Militärbasis in Panama. Aber diese Details gingen im Eifer des Gefechts verloren.

Auch hatte Trump noch vor ein paar Wochen behauptet, er habe private Ermittler nach Hawaii geschickt, die etwas ganz Unglaubliches entdeckt hätten, was Obamas Geburt angehe. Fragen danach ignoriert er nun. »Ich bin sehr stolz auf mich, weil ich etwas erreicht habe, das sonst niemand geschafft hat«, sagt Trump. »Es ist eine Ehre für mich, eine so große Rolle dabei gespielt zu haben, dass wir über diese Geburtsurkunde nicht mehr reden müssen.«

Trump ist auf dem Weg nach New Hampshire, wo die erste Debatte der republikanischen Präsidentschaftskandidaten stattfinden wird, in der Wahl von 2012. In New Hampshire fragt er Gäste in einem Restaurant, ob sie schon von seinem Fund gehört haben; dieselbe Frage richtete er an Republikaner bei einer Spendengala und Arbeiter in einer Fabrik, die er besucht. Damit stellt sich Trump an die Spitze der Birther, mit derselben bulldozerartigen Entschlossenheit, mit der er den Trump World Tower, das höchste Wohnhochhaus von Manhattan an der First Avenue gegen die einflussreichen Nachbarn durchgesetzt hat. Das war der entscheidende Moment, der Trump zum Liebling der Tea Party machte. Und noch mehr das, was er in seiner Außenpolitik verkündete: Er will China das Geld wegnehmen, der OPEC das Öl und den Irakern die Ölfelder. »Ich sorge dafür, dass die USA nicht vom Rest der Welt übers Ohr gehauen werden«, warb er – und stieß damit bei den Feinden der Neuen Weltordnung, der Vereinten Nationen und denen, die »dreckige Ausländer« nicht mögen, auf offene Ohren.

Trump kandidierte 2012 zwar doch nicht, aber er hat das Birther-Drama einem TV-würdigen Höhepunkt zugeführt, samt Katharsis. Damals dachten viele, die Trump-Show sei damit vorbei. Wer konnte ahnen, dass Trump es vier Jahre später schaffen würde, sich tatsächlich an die Spitze der Republikaner zu setzen?

Und nicht nur das, ihm half dabei dieselbe Birther-Rhetorik, an der er schon in der vorherigen Wahl gefeilt hatte. Nur richtete die sich diesmal gegen einen Konkurrenten aus der eigenen Partei.

In Manhattan an der West 51st Street, unweit des Trump Tower, liegt das Hauptquartier der New Yorker Republikaner. Ted Cruz, der ultrakonservative Senator aus Texas, hat hier seinen ersten Wahlkampfauftritt in New York. Es ist März 2016. Cruz hat einen schlechten Start hingelegt: Bei einer TV-Debatte der republikanischen Kandidaten hat er abfällig von »New York Values« gesprochen, den Werten von »liberalen New Yorkern«, die sich nur um »Geld und die Medien« drehten. Cruz versucht so, die Stimmen von rechten Verschwörungstheoretikern mitzunehmen. Schon zuvor hatte er auf einer Wahlveranstaltung in Texas den Council on Foreign Relations ein »gefährliches Schlangennest« genannt, der daran arbeite, die Souveränität der USA zu untergraben. Pikanterie am Rande: Cruz' Frau Heidi war lange Zeit Mitglied des Council, sie gehörte einer Task Force an, die sich mit der Zusammenarbeit von Mexiko, den USA und Kanada befasste. Die Bankerin, die damals für Merrill Lynch, J.P. Morgan und Goldman Sachs arbeitete, war auch leitende Mitarbeiterin von Bushs Außenministerin Condoleezza Rice.

Nach dieser Bemerkung bekommt Cruz in New York kein Bein mehr auf den Boden. Nur wenige hundert Anhänger sind gekommen, darunter erstaunliche viele orthodoxe Juden, obwohl Cruz dauernd von »christlichen Werten« redet (einer wird mir später erklären, er sei für Cruz, weil sie beide religiös-konservative Familienwerte vertreten, Christ oder Jude sei nicht so wichtig).

Cruz spricht laut und eindringlich – man könnte auch weniger freundlich sagen: penetrant – auf der Bühne im zweiten Stock des Hauses, unter einer riesigen amerikanischen Flagge. Er redet von Freiheit und der amerikanischen Verfassung; er erzählt, wie sein Vater in die Freiheit geflohen ist, aus Kuba, und dann die Freiheit in den USA gefunden hat, in Texas, wo Ted Cruz aufgewachsen ist. Diese Freiheit, wiederholt Cruz, werde nur von der Verfassung der USA garantiert, und die zu schützen sei seine wichtigste

Aufgabe. Es ist ein Mantra, das auch die Tea Party von Anfang an aufgesagt hat, als deren Kandidat Cruz sich verkauft. Beifall!

Aber das von Cruz vorgetragene Narrativ hat ein paar Auslassungen: Cruz Vater ist nicht vor dem Kommunisten Fidel Castro geflohen, sondern vor dessen Vorgänger, dem US-gestützten Diktator Fulgencio Batista, wohingegen er anfangs durchaus mit Fidel sympathisierte. Vor allem aber blieb Rafael Cruz nicht in den USA; er zog mit seiner amerikanischen Frau nach Calgary, Kanada, wo Ted geboren wurde. Als der Junge vier Jahre alt war, siedelte die Familie nach Texas um. Ted erhielt bei seiner Geburt die kanadische Staatsbürgerschaft, die er erst 2014 ablegte.

Cruz sagt, dass seine Mutter Amerikanerin sei, mache ihn zum »natural born citizen«, wie McCain (oder Obama, aber das sagt er nicht). Allerdings: Ob Cruz' Mutter – die 1974 auf einer kanadischen Wählerliste stand – nicht doch Kanadierin wurde, ist unklar (Cruz bestreitet das). Klar ist nur, er selber war seit seiner Geburt Kanadier, und Kanada erlaubte damals keine doppelte Staatsbürgerschaft. Im Ausland geborene Kinder von Amerikanern erhalten von ihrem Konsulat eine Bescheinigung, den »Consular Report of Birth Abroad«. Den hat Cruz nie vorgelegt.

Das Hauptproblem ist aber, dass Cruz die originäre Verfassung im Sinne der *Founding Fathers* hochhält. McCain ist der Sohn eines US-Offiziers im Auslandseinsatz. Cruz hingegen ist der Sprößling eines Ausländers, der nach Kanada ausgewandert ist. So jemanden wollten die Gründungsväter garantiert nicht zum Präsidenten haben. Welche Staatsbürgerschaft die Ehefrau oder Mutter hatte, war damals den (männlichen) Autoren der ursprünglichen Verfassung herzlich egal.

Die Rechtspopulisten, die Cruz unterstützen, sind schweigsam, was seine kanadische Herkunft angeht. Aber Schweigsamkeit ist nichts für Donald Trump, der um dieselben Stimmen am rechten Rand kämpft, nach denen auch Cruz fischt. Trump hat schon früh in gespielter Scheinheiligkeit erklärt, das Damoklesschwert einer Verfassungsklage hänge über Cruz gescheiteltem Kopf, und deshalb sei er als Kandidat leider völlig ungeeignet. Mit ihm hätten die Republikaner womöglich einen Anwärter auf die Präsidentschaft, den der Supreme Court, das höchste Gericht, nicht in das Weiße Haus lassen werde, weil er Kanadier sei.

Damit nicht genug: Trump tingelte durch die Fernsehsender mit der exklusiven Information, dass Rafael Cruz, der Vater von Ted Cruz, am Tag der Ermordung von John F. Kennedy in Dallas gewesen sei; es gebe sogar ein Foto, wo Cruz neben dem mutmaßlichen Attentäter Lee Harvey Oswald stehe und mit Oswald Flugblätter verteile. Das Foto war im *National Enquirer* erschienen, einem nicht sonderlich seriösem Klatschblatt. Der *Enquirer* brachte kurz darauf noch auch eine andere Geschichte, nämlich, dass der verheiratete Ted Cruz nebenbei fünf Geliebte habe. Der kanadische Kandidat schäumte vor Wut. Sollte da etwa Trump dahinterstecken? Jedenfalls, das Verhältnis war unrettbar gestört.

Trump und Cruz sehen sich wenige Wochen später auf einer Spendengala der Republikaner in New York wieder, im Grand Hyatt an der East 42nd Street, wo die drei noch verbliebenen Kandidaten (der dritte ist John Kasich) Reden halten. Das Hyatt war Trumps erstes großes Projekt; der Umbau des alten Commodore Hotels neben dem Hauptbahnhof Grand Central Station, das noch aus der Zeit der Eisenbahnbarone stammt. Als Trump das Hotel übernahm, war es schwer heruntergekommen, wie ganz New York. »Oben arbeiteten Prostituierte, im Heizungsraum lebten Obdachlose, und darunter tummelten sich riesige Ratten«, erinnert sich Barbara Res, die Ingenieurin, die Trump später als Bauleiterin des Trump Tower engagierte. »Wir setzten Katzen aus, und die Ratten haben die Katzen umgebracht.« Das Grand Hyatt gehört heute nicht mehr Trump, aber irgendwie schafft er es trotzdem, aus dem Auftritt ein Heimspiel zu machen. Er spricht in der Pause nach der Vorspeise, als alle entspannt sind. Cruz redet, als die letzten Teller abgeräumt werden und die ersten Gäste bereits gehen; er hat Mühe, sich über das Geschirrgeklapper hinweg verständlich zu machen.

Trump brüstet sich, sein Hyatt sei der erste Schritt gewesen, Manhattan vor Armut und Kriminalität zu retten. Er bekam dafür viele Millionen Dollar an Steuernachlässen, aber das sagt er nicht. Es folgten der Trump Tower und andere Wolkenkratzer. Dann kaufte er den feinen Club Mar-a-Lago in West Palm Beach, Florida. In Atlantic City stieg er ins Casinogeschäft ein. Zuletzt besaß er vier Casinos im »Las Vegas der Ostküste«; das größte davon das Trump Taj Mahal. Das machte ihn zum wichtigsten Arbeitgeber und zum ungekrönten König der Stadt. Trump war damals dauernd in seinem schwarzen Hubschrauber zwischen zwei Städten unterwegs – und zwei Frauen. Ivana beaufsichtigte in New York die Renovierung des Plaza Hotels, während seine Geliebte Marla Maples im Taj Mahal in Atlantic City lebte.

Wayne Barrett, ein investigativer Journalist, der lange für die Stadtteilzeitung *Village Voice* gearbeitet hat, kennt Trump, seit der ins New Yorker Immobiliengeschäft einstieg. Barrett glaubt nicht, dass der Developer tatsächlich Präsident wird. »Wir leben immer noch in dem Amerika, das Barack Obama gewählt hat«, sagt er. Anfangs sei Trump freundlich zu ihm gewesen. »Ich wohnte damals in Brownsville« – einem armen schwarzen Stadtteil in Brooklyn – »und er sagte, Wayne, du brauchst nicht in Brownsville zu wohnen, ich kann dir was Besseres besorgen«. Aber als Barrett von Trumps »Downfall« schrieb, von seinen Konkursen, reagierte der Baulöwe verärgert; er beschwerte sich bei Barretts Verleger und sprach nicht mehr mit dem Autor. »Es gab in Atlantic City Polizisten, die in Wirklichkeit für Trump gearbeitet haben, und nicht für die Stadt«, sagt Barrett. Als Barrett im Taj Mahal zu Trumps (öffentlicher) Geburtstagsfeier auftauchte, ließ der Immobilienmogul ihn verhaften und über Nacht einbuchten. »Ich stand die ganze Nacht, die Hand an die Decke gekettet, in der Zelle.«

Dass Trump in New York so schnell und so hoch aufsteigen konnte, verdankt er zwei Männern: seinem Vater Fred Trump und seinem Anwalt Roy Cohn, der ebenso berüchtigt wie gefürchtet war. »Cohn brachte Trump über den Fluss und nach Manhattan«, schreibt die *New York Times*. »Er stellte ihn der sozialen und politischen Elite vor und verteidigte ihn verbissen gegen eine wachsende Liste von Feinden.« Noch Jahrzehnte später sei Cohns Einfluss unverkennbar. »Trumps Abrissbirnen-Wahlkampf, wie er Gegner beleidigt und wie er Prahlerei als Marke etabliert, seine verschwörerischen Warnungen vor einer muslimischen Fünften Kolonne, das ist Roy Cohn in Großformat.« Ähnlich sieht das die *Washington Post* »Cohn brachte Trump bei, wie man Macht einsetzt und Furcht erzeugt, mit der Formel: Angriff, Gegenangriff, niemals entschuldigen«. »Roy war verrückt, aber total schlau, ein harter Anwalt, und er mochte mich«, erzählte Trump der *Washington Post*. »Er hat viel für mich getan.« Peter Fraser, Cohns Liebhaber glaubt, Cohn habe Trump nach seinem Vorbild geformt. »Möglichst laut und aggressiv zu reden, damit es wahr wird, so benahm sich Roy, und Donald war sein Lehrling.«

Cohn, 1927 in der Bronx geboren, war ein New Yorker Gewächs, zäh, gemein und entschlossen, nach oben zu kommen. Er studierte Jura an der Columbia Law School, mit 20 Jahren schaffte er das Diplom. Mit 24, als Staatsanwalt, überzeugte er den zuständigen Richter, Julius und Ethel Rosenberg auf den elektrischen Stuhl zu bringen — das Ehepaar hatte den Sowjets die Formel für die Atombombe gegeben. Danach holte ihn Senator Joe McCarthy, der Kommunistenjäger. Er stellte ihn ein, um Washington zu beweisen, dass er kein Antisemit war, glaubt Nicholas von Hoffman, Autor von *Citizen Cohn*. Cohn wiederum war davon getrieben, jüdische Kommunisten auszuschalten. Er wollte seine Loyalität zu Amerika zu beweisen. Erst als Cohn sich mit der US-Army und der CIA anlegte, scheiterte er. Und mit ihm McCarthy. Der Senator trank sich zu Tode. Für Cohn aber begann sein zweites Leben in New York.

In den siebziger Jahre hatte er illustre Klienten, von Richard Nixon bis zur Mafia und dem legendären Studio 54, wo Stars wie Liza Minelli und Mick Jagger feierten, und wo »Kokain die Muttermilch« war, wie von Hoffman schrieb. Dorthin nahm er Trump mit. Die beiden hatten sich 1973 in einem privaten Club kennengelernt; Le Club, an New Yorks Upper East Side. Trump sprach Cohn an, weil die Trump Organization, damals noch von seinem Vater Fred geführt, einen Anwalt brauchte. Das Justizministerium drohte mit einer Klage: Die Trumps tricksen, um ihre 14.000 Wohnungen nicht an Afro-Amerikaner vermieten zu müssen (nicht erstaunlich: Fred Trump wurde einmal als junger Mann bei einer Demonstration des Ku Klux Klan in New York verhaftet). »Sag denen, sie sollen zur Hölle gehen«, riet Cohn. Er reichte eine Gegenklage auf 100 Millionen Dollar ein.

Cohn wurde Trumps Freund. Auf einer Party stellte er den Baulöwen einer Klatschkolumnistin vor, mit den Worten: »Diesem Jungen wird eines Tages ganz New York gehören.« Als Anwalt sorgte er dafür, dass es mit Grundstücken, Baugenehmigungen und Steuernachlässen nach New Yorker Art lief. »Cohn machte ihn mit der Halbwelt des »eine-Hand-wäscht-die andere vertraut«, schreibt Wayne Barrett. »Donald hatte ein zerknittertes Schwarz-Weiß-Foto von Cohn, wo der noch finsterer aussah als sowieso, wie der Teufel. Das zog er aus seiner Schreibtischschublade und zeigte es Leuten, die er verklagen oder einschüchtern wollte«, erzählt Barbara Res. Er sagte nur, »das ist mein Anwalt«. Das habe meistens gut funktioniert, vor allem bei Handwerkern.

Er verhandelte auch mit der Mafia, mit der Betonfirma S&C Concrete, die Anthony »Fat Tony« Salerno von der Mafiafamilie Genovese gehörte und Paul »Big Paul« Castellano, der Kopf der Gambinos. Die Mafia kontrollierte damals den Zementhandel in New York. Auch Trump musste S&C für den Trump Tower engagieren, und die Mafiosi trafen sich in Cohns Büro. Als das FBI das Büro abhörte, war Cohn empört. Letztlich wurden alle Mafiosi verhaftet; Fat Tony starb im Knast. Auch mit Cohn nahm es ein trauriges Ende. Er verlor seine Anwaltslizenz, weil er Klienten um Geld betrogen hatte. Wenig später starb er an AIDS. Erst dann distanzierte sich der germophobe Trump von dem Freund.

Von Fred Trump wiederum, der ein erfolgreicher Bauunternehmer im Stadtteil Queens war, hat Donald das Talent zur Vermarktung geerbt. »Fred hatte ein braunes Logo, fuhr einen braunen Cadillac und hatte braune Farbbänder in seiner Schreibmaschine«, erinnert sich Res. Er war ein herrischer Mann, den seine Söhne fürchteten. »Als wir den Trump Tower bauten, hatte Donald immer noch vor seinem Vater Angst«, sagt Res. »Der hat Donald Vorschriften gemacht, welche Handwerker er nehmen solle.« Fred habe es auch unmöglich gefunden, dass Donald ihr, einer Frau, so viel bezahle und ihm befohlen, ihr Gehalt zu senken.»Das tat Donald auch, aber er hat die Differenz aus eigener Tasche beglichen, ohne seinem Vater Bescheid zu sagen.«

Donald stellt sich gerne als Selfmademan dar, aber Fred Trump gab ihm das Startkapital.»Donald sagt, er habe anfangs »bloß« eine Million Dollar bekommen, aber letztlich erbte er alles Geld, und alle politischen und geschäftlichen Verbindungen seines Vaters«, sagt Wayne Barrett. Fred habe noch in den neunziger Jahren alle Verträge mit den Banken unterschrieben, sonst hätten die Donald gar keine Kredite gewährt. Und er gab dem Sohn 3,5 Millionen Dollar an Chips für die Casinos in Atlantic City.

Fred Trump war – wie praktisch alle New Yorker Immobilienentwickler – Demokrat, verfilzt mit den *machines*, den Clubhäusern der Partei.»Die Trumps«, sagt Barrett,»sind Staatskapitalisten, die ihr Geld mit der Stadt verdient haben.« Ähnlich erinnert sich Res.»Donald hat damals Spendengalas für Politiker veranstaltet, bei denen die Handwerker genötigt wurden, Geld für deren Wahlkämpfe zu geben, aber nur für Demokraten.« Und wo das nicht half, hatte er andere Methoden auf Lager, wie es sich am Beispiel von Tony Glickman zeigte. Glickman war bei der Stadtverwaltung für Gewerbesteuern zuständig, und Trump stritt sich lange mit ihm, weil Glickman ihm beim Trump Tower keine Steuernachlässe gewähren wollte.»Donald nannte ihn immer Fat Fuck«, bemerkt Res. Schließlich warb er Glickman ab und stellte ihn bei der Trump Organization ein, für mehr Geld natürlich. Glickman pflegte fortan für Trump die Kontakte zur Stadtverwaltung, und mit den Steuernachlässen lief es deutlich flüssiger.

Auch zum langjährigen demokratischen Bürgermeister Ed Koch hatte Trump gute Beziehungen, bis sich die beiden allzu großen Egos wegen der Renovierung des Wollman Rinks überwarfen, der Eislaufbahn im Central Park. Koch sagte später einmal,»Wenn man Aufmerksamkeit haben will, muss man größer sein als im wirklichen Leben. Es ist Theater. Jeder spielt eine Rolle.« Das beherzigt auch Trump.

Als David Dinkins, der erste schwarze Bürgermeister der Stadt, die Nachfolge von Koch antrat, unterstützte Trump auch ihn. Wenn es ums Geschäft geht, kennt er keine Hautfarben, Geschlecht oder Religionen. Ist Trump ein Rassist, oder spielt er nur einen im Fernsehen? »Ich kann nicht in seine dunkle Seele sehen«, sagt Barrett. »Aber ich glaube, er selber weiß nicht mehr, wo seine öffentliche Person aufhört und seine private Person anfängt«. »Vielleicht kennt er sich selbst gar nicht«, meint auch Barbara Res. »Im Grunde ist er ein Schauspieler. Das ist es ja auch, was er in den letzten Jahren gemacht hat, in seiner Fernsehkarriere.«

Aber all seine politischen Verbindungen nutzten Trump nichts, als seine Immobilien in den achtziger Jahren Geld verloren. Schlimmer noch: Er hatte mit 800 Millionen Dollar seines eigenen Geldes für seine Schulden garantiert (ein Fehler, den er niemals wiederholte). Damit hatten ihn die Banken in der Hand. »Die haben den Stecker gezogen, als er mit einer halben Milliarde Dollar überschuldet war«, sagt Barrett. 1991 und 1992 meldete Trump in mehreren Schritten Konkurs an. Ein Bankenkonsortium unter der Führung der Citibank ließ ihm nur den Trump Tower und den schwarzen Hubschrauber, und – so Barrett – eine kleine Apanage von 450 000 Dollar im Jahr. Und sie erlaubten ihm, weiterhin als Trump, der Baulöwe aufzutreten. »Sie hätten auch alles übernehmen können, aber sie glaubten wohl, wenn Trumps Name weiter auf den Immobilien steht, sind die mehr wert, als wenn die Banken die selber verwalten«.

Auch die Casinos in Atlantic City musste er abgeben (heute gehören sie dem Aufsichtsratsschreck Carl Icahn). Als Trump im Jahr 2011 mit der Präsidentschaft flirtete, fragte ihn der Sender NBC nach den Casinos; er sagte, dass er mit dem Tagesgeschäft nichts mehr zu tun habe. Nun wollte der NBC-Reporter wissen, warum er von den Casinos eine jährliche Zuwendung von zwei Millionen Dollar bekomme. Trump: »Because I'm a fucking genius«, weil ich ein verdammtes Genie bin. Ein Genie auf der – laut Eigenwerbung von *The Apprentice* – härtesten Insel der Welt: Manhattan.

In Downtown Manhattan, im trendigen SoHo, liegt Trumps vorerst letztes Bauwerk in New York, das Condominium Hotel. Eigentlich dürfen Hotels hier, im Wohngebiet nicht errichtet werden. Aber Trump hat sich um das Baurecht herumgemogelt: Seine Hotelgäste haben Wohnungsmietverträge, allerdings kurzfristige, ungefähr so lang wie ein Hotelaufenthalt. Das hat zwar die Stadtverwaltung unter Co-Milliardär Michael Bloomberg überzeugt, aber die Anwohner lassen sich nicht täuschen. Sie protestieren unten auf der Straße gegen den Luxusneubau.

Im September 2007, kurz vor elf Uhr, betritt Trump die Dachterrasse des Rohbaus, die für das Richtfest dekoriert ist. Mit ihm kommen Peter Vallone, der frühere Chef der New Yorker Demokraten, der für Trump arbeitet (in welcher Funktion, bleibt unklar), Tamir Sapir, sein Investor, ein russischer Immigrant, der als Taxifahrer anfing und mit russischem Öl reich wurde (wie, ist ebenfalls unklar) und Felix Sater von der Bayrock Group, ebenfalls langjähriger Trump-Investor. Sater ist wegen Körperverletzung vorbestraft; er war 1998 wegen Millionenbetrugs verurteilt worden, kam aber frei, als er sich bereit erklärte, für die CIA zu arbeiten (woran, ist schwer geheim). Die Finanzierung des Projekts ist ähnlich undurchsichtig wie die Baugenehmigung. Aber nicht ungewöhnlich; Trump hat viele geschäftliche Verbindungen mit Putins Russland. Auch Trumps Sohn Donald Jr. und seine Tochter Ivanka, beide aus seiner ersten Ehe, sind hier. »Ivanka, zeig mal dein Brillantarmband«, ruft ein Fotograf. Trump wirkt blass, aufgequollen und so dick, dass Greenpeace ihn wieder ins Meer rollen würde, falls er am Strand läge. Aber er ist gut gelaunt. »Dank den Protestlern, die unser Hotel bekannt gemacht haben, haben wir schon tausende von Bewerbungen«, sagt er, eher behäbig als gehässig.

Noch heute sieht es mit Trumps Finanzen schillernd aus. Hat er nun vier Milliarden Dollar? Zehn Milliarden? Oder doch nur 150 Millionen Dollar, wie es der Wirtschaftsjournalist Tim O'Brien 2006 in seinem Buch *TrumpNation* behauptet? O'Brien fand kürzlich heraus, dass Trump jahrelang einen steuerlichen Zuschuss bekam, der nur Haushalten zusteht, die unter 500 000 Dollar im Jahr verdienen. Andererseits, in seinen Bilanzen ist alleine der Wert der »Marke Trump« mit drei Milliarden eingestellt – sein Name klebt an Gebäuden von Panama City bis Istanbul. Aber vorlegen kann er die Bilanz nicht, weil er dauernd Steuerprüfungen hat. Barrett vergleicht ihn deshalb mit dem Wizard of Oz, dem Zauberer aus dem gleichnamigen Film, der hinter einem Vorhang eindrucksvoll Lärm, Blitze und Rauch produziert.

Klar ist nur, ein paar Jahre nach dem Konkurs fing Trump wieder an, zu bauen: den International Tower am Columbus Circle, den Trump World Tower. Aber nicht mehr mit US-Banken. Den World Tower bezahlte Daewoo, ein koreanischer Mischkonzern (der inzwischen untergegangen ist). Vor wenigen Jahren wurde auch Trumps Riverside Plaza fertiggestellt, gesichtslose Wohnhochhäuser am Hudson hinter einer aufgeständerten Stadtautobahn. Das Projekt begann in den siebziger Jahren als »Television City«. Es wurde aber erst Jahrzehnte später von chinesischen Investoren aus Hongkong durchfinanziert, die Wohnungen für ihre Söhne suchen, und die dadurch auch an Visa für die USA bekommen. »Trump brüstet sich damit, dass er gute Deals macht, aber das war ein ausgesprochen schlechter Deal, bei dem er letztlich das ganze Grundstück verloren hat«, sagt Tim O'Brien. Ein ähnliches Trump-Projekt, das von chinesischen Investoren genutzt wird, um Visa zu bekommen, gibt es in New Jersey, hier ist der Bauherr Trumps Schwiegersohn Jared Kushner.

Ist Donald immer noch der *machine politician,* der seine Karriere den Hinterzimmern der Demokraten zu verdanken hat? Rand Paul meinte schon 2011 misstrauisch, er wolle zwar nicht Donalds Geburtsurkunde sehen, aber doch gerne einen Beleg, dass der Kandidat überhaupt Republikaner sei. Tatsächlich war Trump von 2001 bis 2008 als Demokrat registriert (und vermutlich auch in den siebziger Jahren). Er vertritt politische Ansichten, die die Demokraten teilen, zum Mindestlohn oder zu Gewerkschaften. Er spielt mit Bill Clinton Golf, er spendete für die Clinton Foundation und für Hillarys Wahlkampf als Senatorin. Die Clintons waren auch zu seiner Hochzeit mit Melania geladen; in Palm Beach, Florida. Auch das dreht Trump so, dass es in das Bild passt, das er gerne abgeben würde: Er sagte, Hillary habe zu seiner Hochzeit kommen müssen, weil er ihr Geld gegeben habe. Das zeige, dass die Clintons, wie alle Politiker, käuflich seien. Nur er nicht.

Wirklich? Zwischen den Trumps und den Clintons gibt es eine intensivere und längere Beziehung, als Trump das zugibt. Es war Ed Koch, der 2013 verstorbene Bürgermeister von New York City, der Bill und Donald zusammengebracht hat. Seitdem gehen sie regelmäßig zusammen golfen. Und darauf beschränken sich die Familienbande nicht: Chelsea Clinton, die Tochter von Bill und Hillary, ist mit dem Investmentbanker Marc Mezvinsky verheiratet. Sie und Ivanka Trump, verheiratete Kushner, sind Freundinnen, die gelegentlich auch den Sabbat zusammen feiern. Und verbürgt ist auch, dass Trump und Bill Clinton miteinander telefoniert haben, bevor Trump sich entschloss, zu kandidieren (Clinton sagt dazu, das Telefongespräch habe zwar stattgefunden, aber man habe nur über Golf geplaudert). Und so halten manche Trump für ein U-Boot der Clintons, dessen Mission es ist, die Republikaner von innen zu zerstören. Das wäre nun wirklich eine Verschwörung, die es in sich hätte.

Aber Trump hat durchaus auch Verbindungen zu den Republikanern; in New York natürlich, zum ehemaligen Bürgermeister Rudy Giuliani und zu Edward Cox, der der New Yorker Partei vorsteht; Cox ist der Schwiegersohn von Richard Nixon. Trump hat aber auch Kontakte zur Partei auf Bundesebene, die weit in die Vergangenheit zurückreichen. Als Strippenzieher im Hintergrund agiert ein Anwalt und GOP-Urgestein: Roger Stone.

Stone war ein Anwalt, der seine Karriere als Wahlhelfer von Richard Nixon angefangen hatte. Danach unterstützte er Ronald Reagan, der gegen Jimmy Carter kandidierte. 1979 kam Stone aus Washington nach New York und besuchte Roy Cohn. An dessen Frühstückstisch saß »Fat Tony« Salerno. Salerno, so erzählte Stone der *Washington Post,* habe nur kurz aufgesehen und gesagt, »Also, Roy sagt, wir gehen diesmal mit Reagan?« Cohn sorgte dafür, dass Stone einen Koffer voll Geld zu einem liberalen Politiker namens John Anderson brachte, damit der in New York antrat, um die Stimmen für Carter zu splitten. Reagan gewann New York, die Bastion der Demokraten und damit ganz Amerika.

Auch Stones Motto ist: Angreifen, angreifen, angreifen, nie verteidigen. Es ist Stone, der hinter der Kampagne gegen Ted Cruz im *National Enquirer* stecken soll — Cruz nannte ihn »Trumps schmutzigen Trickster« und »Rattenficker«. Stone streitet beides ab. Aber klar ist, er blickt auf eine Karriere von vier Jahrzehnten schmutzige Tricks für die GOP, die Grand Old Party, zurück. Stone, der heute mit weit über sechzig in Florida lebt, ist ein Paradiesvogel, nicht nur für einen Republikaner. Der gebürtige New Yorker aus einer italienisch-ungarischen Familie, der ein Tattoo von Nixon auf seinem Rücken hat, trägt maßgeschneiderte, weiße Anzüge und einen Brillantring am kleinen Finger, er wurde schon damals Meister der schwarzen Kunst genannt. Stone war nie offizieller Mitarbeiter eines republikanischen Politikers, die Fäden liefen vielmehr in seinem Anwaltsbüro zusammen, Black, Manafort and Stone. Das Büro hatte er 1984 mit zwei den Republikanern nahestehenden Anwälten gegründet, Charlie Black und Paul Manafort; später kam der republikanische Stratege Lee Atwater dazu. Black, Manafort and Stone vertraten Trump schon früh als Lobbyisten, seiner Casinos in Atlantic City wegen, die er vor der Konkurrenz durch indianisches Glücksspiel schützen wollte. Der Mann, der Trump, Stone und Manafort einander vorgestellt hat, war—schreibt Franklin Foer in *Slate*—Roy Cohn.

Stone erzählt, er habe bereits Donalds Vater Fred gekannt. »Der war längst nicht so flamboyant, der war ein knorriger Konservativer alter Schule. Der hat abends auf seinen Baustellen selber noch Nägel aufgehoben, die auf dem Boden herumlagen.« Aber noch lieber spricht er über den Kandidaten. Trump, versichert er, sei privat ganz anders als seine öffentliche Person. »Er ist lustig und locker, er kann sogar Witze über sich selber machen«, sagt er. »Wenigstens ab und zu. Aber er kann auch zäh und unnachgiebig sein. Er ist der zäheste Verhandler, den ich je kennengelernt habe.« Das er dabei grob wirke, möge sein, aber das sei kalkuliert. »Das meint er nicht persönlich oder feindselig.« Er neige zwar dazu, zu dramatisieren, aber er sei nicht unbeherrscht, er habe das voll in der Hand. Trumps Strategie sei, *Maximize the base*, versuche, so viele Leute wie möglich, die deine natürliche Basis sind, zur Wahlurne zu bringen. »Das ist die Strategie, die Sidney Blumenthal erfolgreich für Bill Clinton gefahren hat.«

Trump sei ein Nationalist, kein Globalist, sagt Stone. »Er glaubt sehr stark an die amerikanische Unabhängigkeit und Souveränität.« Und im Grunde seines Herzens sei er Anti-Establishment. Was die Banken betreffe, habe er ähnliche Ideen wie der texanische Libertäre Ron Paul. »Trump wird als Präsident dafür sorgen, dass die Banker ihren Anteil zahlen; und auch die Hedge-Fonds-Manager«. Auch Trumps Ansichten in der Außenpolitik wichen von denen des Establishments ab. »Er wäre am besten geeignet, unsere furchtbare Außenpolitik aufzuräumen.« Trump zweifele an vielem, was als *conventional wisdom* gelte. Zum Beispiel 9-11: Hätte Bush nicht doch vorher wissen können, was passieren werde, fragt Stone? Da ist sie wieder, die Verschwörung.

Der Anwalt glaube, man könne liberal sein, aber trotzdem Republikaner. »Ich weiß gar nicht, wie wir die Partei der Verbote wurden«, sagt er. Registrierter Republikaner sei Trump durchaus. Er sei allerdings praktisch die ganze Bush-Ära hindurch Demokrat gewesen. Zwischendurch war als Independent registriert, als er 1999 darüber nachgedacht habe, für die Reformpartei zu kandidieren (die Idee soll von Stone und von Jesse Ventura stammen, dem libertären Gouverneur von Minnesota).

Die wahrscheinlichste Erklärung für Trumps politische Loyalität ist, dass er sich immer mit der Partei gemein macht, die am besten für seine Karriere war. In New York waren das die Demokraten, aber bundesweit sind es heute die Republikaner. Man könnte Trump aber auch als die Reinkarnation von William Marcy Tweed sehen. Tweed, 1823 geboren, war Demokrat, Immobilienmogul, Finanzjongleur und Boss von Tammany Hall, dem größten politischen Club in New York. Er ließ die irischen und italienischen Einwanderer am Boot abholen und besorgte ihnen alles, was sie brauchten: Jobs bei der Stadt, eine Wohnung, eine Schanklizenz. Dafür wurde nur die Wahlstimme des Neubürgers verlangt. Martin Scorsese hat »Boss Tweed« in dem ultimativen New-York-Film *Gangs of New York* ein Denkmal gesetzt. Trump ist eigentlich der Tammany-Kandidat von republikanischer Seite; einer, der den Kindern der verarmten Weißen Hilfe verspricht, damit sie nicht von Immigranten untergebuttert werden.

Ein noch besserer Vergleich wäre P. T. Barnum, der New Yorker Showmann aus dem 19. Jahrhundert mit seinem reisenden Zirkus, der einen Vierjährigen als Zwerg ausgab und einen Affen mit Fischschwanz als Meerjungfrau. Nur dass Trump nicht in der Manege auftritt, sondern im Fernsehen, als unendliches Reality-TV.

Stone ist seit etwa einem Jahr kein offizieller Berater des Trump-Wahlkampfsteams mehr, aber seine alten Anwaltskollegen kamn an Bord. Trumps neuer Kampagnenchef wurde Paul Manafort, ebenfalls von Black, Manafort and Stone. Manafort hat schon vor einiger Zeit eine Wohnung im Trump Tower bezogen. Er ist davon überzeugt, dass sein Schützling Präsident wird. »Er wird mit den Stimmen der weißen Männer, aber auch der weißen Frauen gewinnen«, sagte Manafort einer Gruppe von Reportern in Washington, D,C.«. Das werde ausreichen. *Maximize the base.*

Trump ist nicht nur bei Republikanern, sondern auch bei seinen Kollegen, anderen Businessmogulen, umstritten. Im Frühjahr 2016, auf der jährlichem Konferenz des neokonservativen Think Tanks American Enterprise Institute – die Neokonservativen sind die einzige Bastion innerhalb der Republikaner, die noch gegen Trump opponiert – soll es darum gegangen sein: Wie stoppen wir Trump? An dem geheimen Treffen auf einer privaten Insel im Atlantik, vor der Küste von Georgia, nahmen unter anderem Apple-Chef Tim Cook teil, Google-Gründer Larry Page, Sean Parker, der Co-Investor von Facebook und ein enger Vertrauter von Mark Zuckerberg, dazu mehrere republikanische Politiker. Darunter waren die Fraktionssprecher Paul Ryan und Mitch McConnell sowie der Bush-Vertraute Karl Rove. Auch *New York Times*-Herausgeber Arthur Sulzberger war gekommen sowie Bill Kristol vom *Weekly Standard*. Kristol warnte im Stil des kommunistischen Manifests davor, dass ein Gespenst umgehe, das Gespenst von Donald Trump. Es war ein Treffen wie aus einem feuchten Traum von Verschwörungstheoretikern. Dass anschließend die Teilnehmer von schwarzen Helikoptern abgeholt wurden, wurde nicht bestätigt. Kristol sagte dazu im Fernsehen, es seien bloß informelle Gespräche gewesen. Inzwischen hat sich die Washington Post an die Spitze der Anti-Trump-Bewegung gestellt: Der Kandidat hat der Hauptstadtzeitung die Presseakkreditierung für seine Wahlkampfauftritte weggenommen.

Trump lässt keine Chance aus, die Basis zu maximieren. Als er seinen Wahlkampf in Iowa begann, wo die erste, so wichtige Vorwahl stattfindet (die Trump nur ganz knapp verlor), bat er Sarah Palin an seine Seite. Sie trug eine glitzernde Weste in rot, weiß und blau, und sagte in einer (danach viel bespöttelten) Rede, Trump werde »wild werden, rechts und links«; ein Zitat aus ihrem Buch, *Going Rogue*. Und: Trump sei es gelungen, den »Schleier dieser Idee von dem System zu reißen.« Trump versprach, Palin werde in seiner Verwaltung, wenn er denn erst einmal Präsident sei, eine Rolle spielen. Eine wichtige Rolle. Nur welche, sagte er nicht. Aber mit Palin hat er es wieder einmal geschafft, die konservativen Christen zu begeistern.

Noch in der gleichen Woche trat Tina Fey in *Saturday Night Live* als Sarah Palin auf, ihre alte Rolle – die aus der TV-Serie *30 Rock* bekannte Schauspielerin sieht der Teekönigin aus Alaska zum Verwechseln ähnlich, und sie hat sie oft parodiert. Fey trug die gleiche glitzernde, rot-weiß-blaue Weste wie Palin zuvor in Iowa. Während sie verbale Funken sprüht, guckt Darrell Hammond, der auf *Saturday Night Live* den Trump spielt, halb ungläubig in die Kamera. »Ist sie nicht klasse«, sagt er erst, mehr zu sich selbst als zum Zuschauer, und fügt hinzu, »Aber ein bisschen überdreht wirkt sie schon«, und schließlich: »Hilfe, die spinnt völlig!« Wer weiß, vielleicht ist der Wahlkampf doch nur die Generalprobe für Trumps neue Reality-TV-Show, *President Apprentice*. Überraschen würde das in New York niemanden.

2) Der Aufstieg der Rechtspopulisten
Von Michele Bachmann zu Donald Trump

Iowa, einer der kleineren Bundesstaaten der USA, ist ungefähr so groß wie Süddeutschland, und die Landschaft erinnert auch sehr an schwäbische Hügel, bayerische Wiesen und Pfälzer Landstraßen. Hier leben Pietisten aus Hessen, Lutheraner aus Schwaben und Mennoniten aus der Schweiz, aber auch Immigranten aus Irland, England und Norwegen. Iowa ist ländlich. Durch grüne Auen mäandert der Iowa River. Es hat ein paar Dutzend Städtchen mit Kirchen und Freilufttheater, Cafés und Lädchen für Prager Christbaumkugeln, holländische Fliesen und deutsches Bier. Dazwischen erstrecken sich Felder über Felder. Hier wird Mais angebaut, und Kartoffeln, Schweine werden gezüchtet, und auf den satten Wiesen stehen Kühe wie in einem deutschen Heimatfilm aus den fünfziger Jahren. Auf dem Highway 1 geht es von Iowa City ins Land der Amish, vorbei an einer VW-Niederlassung und einer Aldi-Filiale. Die Amish pflegen noch den Lebensstil der alten Heimat. Sie fahren in Pferdekutschen neben dem Highway, hängen ihre Wäsche im Hof auf die Leine, statt sie in den Trockner zu packen, die Frauen und auch die Mädchen tragen Hauben. Sie verkaufen Erdbeeren, Pfirsiche, Kohlrabi, Rhabarber und Eier direkt von der Farm, ganz frisch und bio. Nur die Preise sind modern: Ein Körblein Erdbeeren kostet fünf Dollar.

Nördlich von Amish Country wohnen die Amana, auch sie in Dörfchen mit roten Ziegelhäuschen. Ihre Vorfahren waren bibeltreue deutsche Pietisten. Bis zur Großen Depression stellten sie alles selbst her, was sie brauchten, von der Wolldecke bis zur Wachskerze. Heute verkaufen sie Kühlschränke und Mikrowellengeräte. Iowa verwehrt sich nicht moderner Technik. Ich fahre einen Toyota Prius, ein Hybridauto, das mit Ethanol betankt wird. Ethanol, das aus Mais hergestellt wird, ist eines der wichtigsten Produkte aus Iowa. Iowa ist konservativ. Das von Republikanern dominierte Staatsparlament stimmte beispielsweise 2016 für ein Gesetz, das es Kindern erlauben würde, Waffen (unter der Aufsicht ihrer Eltern) zu tragen. Aber obwohl Republikaner eigentlich gegen staatliche Subventionen sind, finden sie es richtig, dass die Bundesregierung Ethanol subventioniert.

Iowa liegt mitten in Amerika, zwischen dem Mississippi im Osten und den Great Prairies im Westen, die bei Sioux City anfangen. Der Staat wird von Ost nach West von der Bahnlinie von New York nach San Francisco durchquert, mehr oder weniger parallel zu Interstate I-80. Von Norden nach Süden führt die Interstate 35. Sie verläuft vom Lake Superior der halb zu Kanada gehört, bis Texas und weiter zur mexikanischen Grenze. Deshalb hat man in Iowa das Gefühl, mitten in Amerika zu sein, auch wenn das geographisch nicht so ganz stimmt, und auch nicht ethnisch, denn 92 Prozent der drei Millionen Einwohner sind weiß.

Obwohl Iowa eher klein ist, ist es wichtig für die Politik des Landes. In Iowa finden die ersten Vorwahlen für die Präsidentschaftswahlen statt, der Iowa Caucus, wo die Weichen gestellt werden, wer ein Jahr später die USA regieren wird. Es ist ein Großereignis in dem sonst eher verschlafenen Staat, bei dem sich zehntausende im bitterhalten Februar Eis und Kälte trotzend in Schulen und Turnhallen treffen und in stundenlangen Debatten Delegierte auswählen. Die fahren im Juli zu den nationalen Parteiversammlungen und stimmen für einen Kandidaten. Der Iowa Caucus bekommt viel Presse, deshalb geben sich alle Politiker Mühe, einen guten Eindruck zu machen. Schon Monate vorher reisen sie mit einem Tross von Wahlhelfern und Journalisten an, schütteln Hände, halten Reden und lauschen den Sorgen ihrer Wähler. Das potenziert sich bei der eigentlichen Vorwahl, wo sich auch Mitarbeiter von Umfrage-Instituten und Universitäten tummeln. Iowa ist der erste Staat bei den Vorwahlen, weil das ausgeklügelte, komplizierte System des Caucus viel Zeit braucht. Außerdem ist der stetig anwachsende Politzirkus gut für die lokale Wirtschaft. Und dabei – da sind sich alle Politiker des Staates von rechts bis links einig – soll es bleiben.

Iowa ist einer der Staaten, in dem die amerikanischen Rechtspopulisten, die 2008 unter dem Schlagwort »Tea Party« bekannt wurden, stark sind. Die konservative Tea Party hat sich in der ersten Amtszeit von Barack Obama gebildet, dem ersten schwarzen (und Demokratischen) Präsident der USA. 2010 haben sie den Kongress aufgemischt und damit das ganze Land, indem sie Washington über Monate hinweg lahmlegten. In den Präsidentschaftswahlen von 2012 setzten sie zwar keinen ihrer Kandidaten durch, aber es gelang ihnen, sich als der rechte Flügel der Republikanischen Partei zu etablieren und moderate Konservative wegzubeißen, zuletzt den Fraktionsvorsitzenden John Boehner.

Für die kommenden Präsidentschaftswahlen im November 2016 hatte die Tea Party gleich zwei Kandidaten im Rennen, die von verschiedenen Flügeln kommen: Ted Cruz, der alttestamentarisch-christliche, ultrakonservative Ideologe aus Texas, der viel von der originären Verfassung und von Freiheit spricht, und Donald Trump, der laute Rechtspopulist aus New York, der es den Politikern in Washington richtig zeigen will, der für Strafzölle und Mauern gegen Immigranten eintritt und Amerika wieder »groß machen« will. Trump ist es gelungen, Cruz wegzubeißen, aber die Ultrareligiösen werden nicht aufgeben. Und auch die Moderaten könnten versuchen, bei der Kandidatenaufstellung Mitte Juli Zähne zu zeigen und Trump zu stoppen.

Das All-American Girl:
Die Anfänge der Tea Party

Cruz, aber auch Trump verkaufen sich als neu, aber sie gehen auf alte politische Strömungen zurück; auf Republikaner wie Barry Goldwater und Joe McCarthy, aber auch Demokraten wie George Wallace. Aber die Wurzeln des Rechtspopulismus in den USA reichen noch wesentlich weiter zurück. Der Politikwissenschaftler Francis Fukuyama von der Stanford University in Kalifornien hält Andrew Jackson für den ersten Rechtspopulisten, den siebten Präsidenten der USA, der 1829 gewählt wurde. Jackson, ein Bauer und Soldat, siegte gegen das Ostküsten-Establishment, gegen John Quincy Adams, einen Diplomaten und Sohn eines Präsidenten. Jackson hatte eine Strategie, die Fukuyama »Klientel-Politik« nennt; er versprach seinen Wählern Land und Jobs. Mit dem System haben danach die Demokraten in den Großstädten lange regiert, in Chicago, New York oder Boston, wo sie verschiedene ethnische Gruppen bedient haben. Jackson war auch der erste Demokrat, der Präsident wurde. »Andrew Jackson war der Donald Trump seiner Zeit«, sagt Fukuyama. Und so wie Jackson damals, trete heute Trump gegen das Establishment an und verspreche, die Interessen der verarmten Weißen zu bedienen. Eben die Leute, die sich, wie Obama es einmal gesagt hatte, an ihre Bibeln und ihre Gewehre klammerten. Fukuyama spricht im Februar 2016 in der American Academy in Berlin vor einer interessierten Menge, die wissen will: Hat Donald Trump Chancen, Präsident zu werden – und was würde das für Amerika und für die Welt bedeuten? Ob Trump gewinnen wird, da ist sich Fukuyama nicht sicher. Eher nicht, sagt er. Andererseits: Wer vor einem Jahr vorausgesagt hätte, dass Trump überhaupt einen derartigen Siegeszug hinlegen würde, der wäre ausgelacht worden.

In den Vorwahlen von 2012, als sich die Tea Party gerade anschickte, die politische Macht zu erobern, war Michele Bachmann ihre ungekrönte Königin. Die damals 55-jährige Kongressabgeordnete vertrat Minnesota, wie Iowa ein ländlicher, fast weißer Bundesstaat – Bachmann selbst stammt von Norwegern ab, die größte Einwanderungsgruppe im Mittleren Westen neben den Deutschen. Sie hat ihren ersten Auftritt im Sommer 2011 in Waterloo, Iowa, im Electric Park Ballroom. Der Ballroom ist eine landwirtschaftliche Ausstellungshalle, die wie für ein patriotisches Dorffest geschmückt ist. Rot-weiß-blaue Luftballons schweben in Reih und Glied unter dem Dach, rot-weiß-blaue Aufkleber und Anstecker mit Bachmanns Gesicht darauf werden verkauft. Mollige Frauen servieren Cola und »Sloppy Joes«, Brötchen mit Hackfleischsauce und Käse, auf Papptellern. Ein paar hundert Menschen warten auf Bachmann, Journalisten und Fans. Sie sind gut zu unterscheiden. Die Bachmann-Fans sind allesamt weiß, manche tragen T-Shirts mit der amerikanischen Flagge drauf und Aufdrucken wie »Strong America«. Die Medienvertreter sehen deutlich städtischer aus, auch sind sie jünger und schlanker, und ein knappes Drittel von ihnen ist schwarz. Wann kommt Bachmann denn? »Woher soll ich das wissen, ich bin doch bloß ein Reporter von den *lamestream media*«, sagt ein genervter Brillenträger vom Sender CBS. Er spielt auf die Verballhornung des Begriffs »mainstream media« an, den Sarah Palin geprägt hat, die frühere Gouvernerin von Alaska, die John McCain zur Vizepräsidentin machen wollte. Palin ist der Liebling der Tea Party, aber Michele Bachmann ist das Arbeitspferd.

Und da kommt sie endlich, zu den Klängen des Tom-Petty-Hits *She's an American Girl*, läuft am Spalier der Fans vorbei, viele davon Frauen, schüttelt Hände, wird fotografiert, tätschelt Kindern den Kopf, umarmt Mütter, lächelt, redet mit allen ein paar Worte. Sie ist sehr schlank und sehr klein – »so ist das, wenn norwegische Frauen älter werden«, wird sie nachher sagen –, kaum zu sehen ist sie zwischen den vielen Menschen, dabei strahlt sie eine unermüdliche Energie aus. Marcus Bachmann, ihr grauhaariger, hochgewachsener, stämmiger Mann, der hinter ihr herläuft wie eine schwankende Eiche, bugsiert sie zur Bühne.

»Entspannt euch, wir sind doch eine Familie«, sagt Bachmann. Dann erzählt sie von ihrer Familie, die aus Iowa stammt, in der siebten Generation. Die habe zu den Pionieren gehört, die 1850 gekommen seien, um Bäume zu fällen (und die Sioux zu vertreiben). »Alles, was ich gelernt habe, habe ich in Iowa gelernt«, sagt sie. »Meine Wurzeln und mein Glaube an Gott stammen von hier.« Sie gehöre zu dem gottesfürchtigen Volk, das sich mehr um die Kinder und die Enkel sorge als um sich selbst. Aber leider fehle die Stimme der Familie in Washington. »Wir brauchen mehr Waterloo, mehr Familie, mehr Iowa, mehr Liebe.« Vor allem bräuchten wir die alten amerikanischen Werte. »Aber es ist nicht zu spät, wir können wieder zu ihnen zurückkehren!« Bachmann hat, das werden wir später erfahren, auch die Schweizer Staatsbürgerschaft, wo ihr Mann herkommt, aber die legt sie ab.

Bachmann hat den Tea Party Caucus des Repräsentantenhauses und des Senats gegründet, den sie leitet. Damit hat sie sich an die Spitze der Bewegung in Washington gesetzt. Die Idee kam von Rand Paul, den republikanischen Senator von Kentucky und Sohn von Ron Paul, den berühmten Libertären aus Texas. Rand Paul trat 2016 ebenfalls als Präsidentschaftskandidat an, wenngleich erfolglos. Der Caucus hat sich zum Ziel gesetzt, dafür zu sorgen, dass alle neuen Gesetze der originären amerikanischen Verfassung von 1787 entsprechen. Im 19. Jahrhundert wurden mehrere Verfassungszusätze verabschiedet, und einige davon möchten manche Tea Partier gerne abschaffen, allen voran das 14. Amendment, das jedem in Amerika geborenen Baby die Staatsbürgerschaft gibt – das ist auch eine der Forderungen von Trump. Auch das 16. Amendment, das es Washington erlaubt, Einkommenssteuer zu erheben, wollen sie streichen. Mit dieser Steuer wurden erstmals auch Reiche belastet, während vorher die Steuern überproportional von den Armen bezahlt wurden. Immerhin, das 13. Amendment, das die Sklaverei beendete, wollen sie nicht antasten. Außerdem sollen alle Gesetze der Parteilinie folgen: schlanke Verwaltung, sparsamer Haushalt, keine neuen Steuern, schon gar nicht für Wohlhabende. Und so verbirgt sich hinter der Agenda der Verfassungstreue ein ultrakapitalistischer Kurs. Deshalb ist es auch kein Wunder, dass der Tea Party Caucus von Spenden aus der Pharmaindustrie, von Öl- und Gaskonzernen sowie der Immobilienindustrie finanziert wird.

Am nächsten Morgen tritt Bachmann vor dem Snowden House auf, einer Stadtvilla, in der das Heimatmuseum von Waterloo ist, mit einer Ausstellung über die Sullivan-Brüder. Die fünf Brüder haben im Zweiten Weltkrieg gemeinsam auf einem Kriegsschiff gedient, der USS Juneau, die 1942 von einem japanischen Torpedo versenkt wurde. Das Motto der Brüder war »Wir halten zusammen«, es wurde zum Motto der US-Army. Amerika, sagt Bachmann, solle sich die Sullivan-Brüder zum Vorbild nehmen.»Wir halten zusammen. Das ist der Geist, der Amerika groß gemacht hat, den müssen wir wiederfinden.« Die Probleme, die Amerika habe, seien von beiden Parteien verursacht worden, deshalb müssten beide zusammenarbeiten. Und die Tea Party sei für alle da, Republikaner und Demokraten, Libertäre und Konservative.

Auch hier, auf dem Rasen, wird wieder *She's an American Girl* gespielt (ein paar Tage später wird Tom Petty Bachmann die Nutzung des Songs für Wahlkampfzwecke verbieten). Inzwischen ist die ganze Bachmann-Sippe gekommen, auch ihre Schwiegermutter und ein paar Enkel. Nach der Rede wird sie ins Haus geführt, wo sie den wichtigen Medien Interviews gibt: der *New York Times*, ABC und NBC. Anders als Palin pflegt Bachmann keine öffentliche Abneigung gegen die *Mainstream Media*. Vor dem Snowden House lungern die nicht ganz so wichtigen Medien herum, die hoffen, dass sie danach noch die eine oder andere Frage stellen können, und unterhalten sich mit der ortsansässigen Bevölkerung. Drei junge Schwarze stehen auf dem Rasen, ausgerüstet mit Kameras und Mikrofonen. Sind sie Republikaner? Die drei gucken mich an, als stammte ich von einem anderen Stern. Nein, sie arbeiten für usdiversitytoday.com, eine neue Webseite nicht nur für Weiße. Auch ein paar Lokalreporter sind hier.»Die Leute in Iowa sind frustriert, weil die Jobsituation so schlecht ist«, sagt einer.»Wenn das so weitergeht, wählen sie irgendwen, Hauptsache, nicht Obama.« Ein anderer meint besorgt, mit der Tea Party sei es wie mit den Faschisten, die in Europa mit der Weltwirtschaftskrise hochgekommen seien.

Vor dem Haus wartet Charlotte Niederhauser, Mutter von fünf Kindern, die allesamt in übergroßen roten Michele-Bachmann-T-Shirts herumlaufen.»Ich finde Bachmann gut, weil sie Klartext redet, so wie ich«, sagt sie.»Sie interessiert sich für das Land, die Menschen.« Bachmann sei gebildet, viel mehr als Palin. Im *Wall Street Journal* habe gestanden, welche Bücher sie lese, das fand Niederhauser beeindruckend. Ich frage sie nach Bachmanns Kommentar über die Sklaverei – sie hatte gesagt, dass die Gründungsväter daran gearbeitet hätten, die Sklaverei abzuschaffen –, da wird sie ärgerlich. Die Gründungsväter hätten die Sklaven befreien wollen und George Washington habe seine kurz vor seinem Tod auch freigelassen. »Aber denen ist es dort so gut gegangen, die sind geblieben.«

Neben Niederhauser steht Becky Borstwin, ebenfalls Mutter von fünf Kindern, aus Montana. Ihr Mann ist Reserveoffizier, außerdem arbeitet er für eine Firma, die Waffensysteme für die Air Force herstellt. Borstwin ist ein großer Fan von Iowa, der Staat, wo so viele hart arbeitende Menschen leben, und auch von Bachmann. »She is me«, sagt sie. Sie ist ich. Borstwin will, dass Bachmann Präsidentin wird, hauptsächlich deshalb, damit ObamaCare abgeschafft wird. Sie traut der Regierung nicht zu, eine Krankenversicherung zu führen. »Eines meiner Kinder ist auf einer NATO-Basis in Island krank geworden, und die staatlichen Ärzte dort konnten ihm nicht helfen. Wenn wir das Kind nicht nach Amerika geflogen hätten, wäre es gestorben.« Borstwin ist über die US-Army versichert, damit ist sie sehr zufrieden, und sie möchte, dass das so bleibt. »Ich habe fünf Kinder und zwei alte Eltern, die alle versorgt werden müssen, das Geld vermehrt sich nicht, da sollten gesunde 25-Jährige zurückstehen. Warum soll die Regierung die versichern?« Natürlich gehört die US-Army auch zur Regierung, aber daran denkt sie nicht.

Bachmann ist weniger pragmatisch, als sie sich gibt. Vor allem ist sie religiöse Fundamentalistin. Mit sechzehn Jahren hat sie »Jesus gefunden« und kurz darauf auf dem College in Minnesota auch ihren Ehemann – wie sie ein »wiedergeborener Christ«. Beide bekamen – erzählt sie gerne – von Gott den Auftrag, einander zu heiraten, obwohl sie hunderte von Meilen voneinander entfernt lebten. Nach dem College gingen beide auf eine der bekanntesten christlichen Universitäten, die Oral Roberts University in Oklahoma. Bachmann studierte hier Jura. Die juristische Fakultät von Oral Roberts gehört zur Regent University School of Law, die der TV-Evangelist Pat Robertson gegründet hatte. Aus Regent hat auch George W. Bush viele seiner Justizbeamten rekrutiert.

Bachmanns Mentor, schreibt Matt Taibbi im *Rolling Stone*, war

John Eidsmoe, ein Regent-Dozent, christlicher Extremist und Autor der stramm antikommunistischen John Birch Society. Er hat vorgeschlagen, Blasphemie unter Strafe zu stellen und vertritt die Ansicht, Amerika sei als christliche Theokratie gegründet worden und solle dies wieder werden. Und er glaubt, schwarze Sklaven waren zur Zeit der Gründerväter noch zufriedener, und damals sei es sowieso für sie zu gefährlich gewesen, frei herumzulaufen. Letzteres glaubt auch Bachmann. Die Kandidatin gehört heute – schreibt Michelle Goldberg in *Kingdom Coming: The Rise of Christian Nationalism* – einer christlichen Bewegung namens Dominionism an. Deren Standpunkt sei, dass Christen die »Verpflichtung, das Mandat, den Auftrag, eine heilige Verantwortung haben, das Land für Jesus Christus wiederzugewinnen und die Herrschaft über die zivilen Strukturen zu gewinnen«. Dominionisten glauben, dass ihre Religion allen anderen überlegen sei. Auch Ted Cruz soll Dominionist sein.

Bachmanns Karriere begann, als sie Pflegekinder aufnahm. Die mussten, staatlichen Richtlinien zufolge, in öffentliche Schulen gehen statt in christlich-private. Und so erfuhr sie, was dort gelehrt wird. Sie war entsetzt, und versuchte, »biblische Prinzipien« im Curriculum festzuschreiben. Sie setzte etwa durch, dass der Disney-Film *Aladdin* an der Schule nicht gezeigt werden durfte, weil er Hexerei glorifiziere. Aber irgendwann wurde sie den anderen Eltern zu unheimlich, und sie wurde abgewählt. Daraufhin schloss sie sich der Maple River Education Coalition an, der die Webseite EdWatch.org gehört. Die Coalition will durchsetzen, dass das Christentum an den Schulen und Colleges als Religion dargestellt wird, die allen anderen überlegen ist. Bachmann vertritt zudem die Idee, Intelligent Design, eine Schöpfungslehre, die Gott als den »Designer« der Welt betrachtet, solle gleichberechtigt mit der Evolutionstheorie an Schulen gelehrt werden.

Wie alle konservativen Christen, Evangelikalen und die (noch extremeren) Dominionisten ist Bachmann gegen Abtreibung und gegen Ehescheidung, Sie hat einen *Pledge*, ein Gelöbnis eines konservativen Familienverbandes, unterzeichnet, das sich für eheliche Treue und gegen Pornographie ausspricht (und selbstverständlich gegen die Schwulenehe). Darüberhinaus ist sie eine stramme Verfechterin der US-Militärmacht in der ganzen Welt; sie hat für mehr Truppen im Irak gestimmt, hätte kein Problem damit, Atombomben auf Teheran zu werfen und will die US-Militärhilfe für Israel auszuweiten, schlanker Staat hin oder her.

Religiöse Fundamentalisten auf dem Weg zur Macht

Dass Michele Bachmann von der Religiösen Rechten geliebt wird, verwundert nicht, aber die Tea Party startete keineswegs als Verein von Ultrareligiösen und Moralaposteln. Ursprünglich war sie ein Bündnis von Libertären und Konservativen, die gegen einen starken Staat protestierten, gegen die Gängelung durch zu viele Gesetze, die zurück zu den freiheitlichen Ursprüngen der amerikanischen Verfassung wollten – freie Religionsausübung, freie Rede, Waffenbesitz –, und die sich darüber empörten, dass die Wall Street und die Versicherungsgesellschaften mit Unsummen von Steuergeldern gerettet wurden, und die nicht Milliarden von Dollar für die Kriege im Irak und in Afghanistan ausgeben wollten. Donald Trump repräsentiert diese Ursprünge heute noch eher als Ted Cruz oder auch Bachmann. Cruz, selber ultrareligiös, gehört zu eben dem Zirkel von Washingtoner Insidern und Berufspolitikern, die in Betten schnüffeln, Spendengelder von der Wall Street nehmen, den Militärhaushalt aufplustern .

Die Tea Party ist keine formale Partei, für die sich Wähler registrieren lassen können. Sie hat keine Parteistrukturen, keinen Vorstand und keine Delegierten. Sie ist ein loser Zusammenschluss regierungskritischer Gruppen, die den Republikanern nahestehen, zu denen aber auch politikverdrossene Demokraten gehören. Sie beruft sich auf die Gründungsväter der USA wie George Washington, Thomas Jefferson, Benjamin Franklin, Alexander Hamilton; ihren Namen hat sie von der legendären »Boston Tea Party«, bei der verärgerte Noch-nicht-Amerikaner, als Mohawk-Indianer verkleidet, in der Nacht vom 16. zum 17. Dezember 1773 Kisten mit gepresstem Tee in den Hafen von Boston warfen. Das war der Startschuss zur Revolution gegen die britische Krone und letztlich zur amerikanischen Unabhängigkeit.

Die Aufständischen protestierten gegen Steuern auf britischen Tee. Aber eigentlich hatten sie grundsätzlich etwas dagegen, Steuern an die britische Kolonialmacht zu zahlen, die ihnen keinen Sitz im Parlament von London einräumte. Auch die Tea Party ist gegen Steuern, erst recht aber ist sie gegen einen Wohlfahrtsstaat, von dem, so glauben ihre Anhänger, vor allem Afro-Amerikaner und hispanische Immigranten profitieren. Und obwohl sich die Tea Party gegen einen starken Staat ausspricht, wollen ihre Anhänger trotzdem ein starkes Militär, eine allseits präsente Polizei und effizientere Kontrollen an der Grenze zu Mexiko.

Die allerersten Anfänge der Tea Party werden auf das Jahr 2007 zurückgeführt. Damals liefen sich die potenziellen Nachfolger des damaligen Präsidenten George W. Bush warm. Ron Paul war einer davon, und seine Fans veranstalteten am Jahrestag der Boston Tea Party eine Aktion, Wahlspenden einzusammeln. Der Kongressabgeordnete aus Texas war schon immer dafür, den Einfluss von Washington einzudämmen, die Rechte der Bundesstaaten zu stärken und Steuern zu senken. Paul – der zwar viele lautstarke Fans hatte, aber wenig Stimmen – setzte sich aber als Kandidat nicht durch; stattdessen machte John McCain das Rennen, mit Sarah Palin im Schlepp.

Zum eigentlichen Startschuss für die Tea Party kam es aber erst nach der Wahl von Obama mit einem spektakulären Ausbruch des Finanzjournalisten Rick Santelli im Februar 2009 im Fernsehen. Santelli echauffierte sich im Wirtschaftssender CNBC darüber, dass Obama die Steuern der fleißigen Amerikaner verschwende, um Leute zu retten, die sich beim Hauskauf übernommen hatten. Was er damit meinte waren Afro-Amerikaner. »Die Gründungsväter würden in ihren Gräbern rotieren!«, rief er. Seine Tirade machte auf einer Vielzahl konservativer Webseiten die Runde, angefangen mit dem *Drudge Report,* und wurden ein Hit auf YouTube. Binnen weniger Tage wurden in vielen Staaten Tea Partys gegründet. Tausende von Amerikanern demonstrierten, mit Hüten, an die sie Teebeutel getackert hatten. Republikaner verloren keine Zeit, auf diesen Zug aufzuspringen. Der Erste, der sich bei einer Demonstration in New York an die Tea Party richtete, war Newt Gingrich. Gingrich, der in der Clinton-Ära Fraktionschef der Republikaner im Repräsentantenhaus gewesen war, gilt als geistiger Vater der konservativen Revolution der neunziger Jahre. Lange macht er sich Hoffnung, Trumps Vizepräsident zu werden.

Rasch wurde klar, dass es sich nicht um studentische Revoluzzer handelte. Die Tea-Party-Demos in Washington, wo der erste schwarze Präsident der USA gerade ins Weiße Haus gezogen war, wirkten eher wie Treffen von Bewohnern eines weißen Altersheims, die sich darüber aufregen, dass die schwarzen Kinder aus dem Sozialprojekt nebenan zu laut Fußball spielen. Letztlich handelt es sich um erboste weiße Kleinbürger in einem Land, das schneller bunt, und multikulturell wird, als es ihnen lieb ist. Deshalb ist ihr Motto: »Wir holen uns unser Land zurück.«

Natürlich bestehen die Rechtspopulisten nicht ausschließlich und noch nicht einmal mehrheitlich aus Ku-Klux-Klan-Hauben tragenden Rechtsradikalen. Und viele ihrer Anliegen sind durchaus berechtigt – die Kritik an den Milliardengeschenken für die Wall Street, an der unverändert hohen Arbeitslosenrate, an den Kosten und der fehlenden militärischen Fortüne, und dem Sinn bei den Kriegen in Afghanistan und im Irak sowie an einer Bundesregierung, die den Überwachungsstaat ausbaut und mehr Geld ausgibt, als sie hat. Aber den Führern der Rechten geht es, trotz ständiger Lippenbekenntnisse, nicht wirklich darum, den starken Staat abzuschaffen, sonst hätten sie sich schon zu Zeiten von George W. Bush artikuliert. Sie möchten selbst an die Macht.

Geschätzte zwanzig Prozent der Amerikaner sind Anhänger der Tea Party. Der überwiegende Teil davon ist weiß; sie sind älter, gebildeter und wohlhabender als der Durchschnitts-Amerikaner. Die Paten der unzufriedenen Konservativen sind nicht unbedingt die *Founding Fathers,* die Gründungsväter. Es ist ein Konglomerat verschiedenster Gruppen, die oft gegensätzliche Ziele vertreten oder einander gar spinnefeind sind, und die ihre Wurzeln in allen Teilen der amerikanischen Gesellschaft haben.

Dazu zählen die Libertären, aber die haben inzwischen innerhalb der Bewegung den Kürzeren gezogen. Rand Paul blieb bei den Vorwahlen von 2016 im einstelligen Bereich. Erst seit dem vollständig ideologiebefreiten Trump hoffen sie auf ein Comeback. Die im intellektuellen Milieu angesiedelten Neokonservativen, die lange Zeit lose mit der Tea Party verbündet waren, haben sich heute abgewandt, sie setzen lieber auf Hillary Clinton als auf Trump. Die konservativen Christen hingegen, meistenteils Evangelikale, haben ihre starke Stellung bewahrt. Dabei hatten die Gründungsväter, auf die sie sich berufen, mit Religion nicht viel am Hut, anders als die *Pilgrim Fathers* der *Mayflower*, die im 17. Jahrhundert aus religiösen Gründen gekommen waren. Zu den Evangelikalen gehören »wiedergeborene« Christen, die durch ein Erweckungserlebnis als Erwachsene erst richtig zu Gott gekommen sind. Ihre Wurzeln liegen im deutschen Pietismus und in den englischen Freikirchen des 19. Jahrhunderts. Viele von ihnen sind bibeltreue Christen, oder sie glauben (wie Bachmann) an Intelligent Design. In den Südstaaten, wo sie meist den Southern Baptists angehören, sind sie eine quasi weiße Kirche.

Die Evangelikalen haben prominente TV-Prediger in ihren Reihen, die Millionen von Zuschauern auf eigenen Kanälen haben. Die bekanntesten davon sind Billy Graham, Pat Robertson und der inzwischen verstorbene Jerry Falwell, dessen Sohn, Jerry Falwell Jr., in dessen Fußstapfen getreten ist. Viele Evangelikale sind christliche Zionisten, die Israel unterstützen, das »Heilige Land«, wo, wie sie glauben, einmal das Armageddon, der Entscheidungskampf des »Jüngsten Gerichts«, stattfinden wird, mit der Wiederkehr Christi und der Überwindung des Weltreichs des Satans.

Fünfeinhalb Jahre nach Michele Bachmann steht Ted Cruz auf der Bühne seines Kampagnenhauptquartiers in Des Moines, Iowa, umringt von US-Fahnen und rot-weiß-blauen Luftballons. Triumphierend und, wie immer, ein wenig selbstgefällig, sieht er in die TV-Kameras. Cruz hat im Februar 2016 die Vorwahlen in Iowa gewonnen, die erste Etappe zur Präsidentschaft.

Cruz hat viel Geld und Energie in den Iowa Caucus gesteckt.

Schon 2014 analysierten seine Berater, gestützt auf Erfahrungen aus dem vorangegangenen Wahlkampf, wie Iowa zu gewinnen sei, während Cruz – die Kandidatur war noch nicht offiziell – bereits Spendengalas in Iowa organisierte. Der eigentliche Startschuss war am 23. März 2015 an der Liberty University in Lynchburg, Virginia, mit 70.000 Studenten die größte christliche Universität der Welt, gegründet vom Evangelikalenführer und TV-Pfarrer Jerry Falwell. Ebendort hatte Cruz' Vater Rafael anderthalb Jahre die Zuhörer aufgefordert, für den »rechtschaffenden Kandidaten« zu stimmen. Damit meinte er seinen Sohn.

In den meisten Staaten, in denen frühe Vorwahlen stattfinden, leben viele Evangelikale, Born-Agains und andere konservative Christen. Auch Iowa zählt dazu. Der *New York Times* zufolge sind 60 Prozent der Wähler in Iowa, die zum republikanischen Caucus gehen, Evangelikale. Darauf achten die Wahlkämpfer. Zu Beginn der Kampagne stellten Cruz Wahlmanager fest, dass Cruz bei Google-Suchen nicht als Evangelikaler auftauche, und sie arbeiteten daran, dies zu ändern. Das war wichtig, denn auch Marco Rubio, Ben Carson, Mike Huckabee und Rick Santorum konkurrierten um die Stimmen der Religiösen Rechten.

Im Januar 2016 schlug die Cruz-Crew in Iowa auf – betend. Hunderte von freiwilligen Wahlhelfern aus 26 Staaten, die meisten davon aus Cruz Heimatstaat Texas schwärmten aus, um an Türen zu klingeln. Und auch hier versicherte sein Vater den Pfarrern und Kirchenführern, sein Sohn sei der Eine – und der ihre. Die *Times* beschreibt, wie Cruz in einem christlichen Buchladen in Boone, einer Kleinstadt in Iowa, zu 200 potentiellen Wählern spricht. Er redet von »Liberty« und einer »grassroots army«, vor der die Politiker in Washington schreckliche Angst hätten und auch haben sollten. »We will serve the Lord«, wir werden dem Herrn dienen, ruft er. Und: Amerika sei dank der jüdisch-christlichen Werte die »leuchtende Stadt auf dem Hügel!«. So hat Ronald Reagan Amerika in Anlehnung an die Bergpredigt genannt. Die Menge bricht in Applaus aus. Die genau gleiche Rede wird Cruz in den nächsten sechs Tagen in 27 anderen Orten halten; in diesem Monat wird er alle 99 Landkreise Iowas besuchen. Und, um ganz sicher zu gehen, streute er noch Gerüchte, dass Carson, sein schärfster Konkurrent bei den Evangelikalen, aufgegeben habe. Cruz ist rechter Fundamentalist: keine Schwulenehe, keine Ehescheidung, keine Abtreibung, keine Verhütung, keine Trennung von Kirche und Staat. Noch extremer ist sein Vater, ein konvertierter Katholik und evangelikaler Pastor. Die Cruz-Männer sind Dominionisten, beeinflusst von dem verstorbenen calvinistischen Theologen R.J. Rushdoony. Die glauben, dass Christen nicht nur die Regierung, sondern die gesamte Gesellschaft dominieren sollen, bis zum biblischen Recht wie der Steinigung für Ehebrecherinnen. Cruz ist damit auf einer Linie mit Bachmann, aber auch mit Mel Gibson, ebenfalls ein religiöser Ultra mit einem noch religiöseren Vater, wobei allerdings Cruz – ganz anders als Gibson – keine Gelegenheit auslässt, seine Liebe zu Israel zu betonen. Davon abgesehen könnte man vermuten, Cruz kandidiere als Oberhaupt der Spanischen Inquisition.

Cruz, ein Absolvent von Harvard und Princeton, ist ein brillanter Jurist, der sich im Stil der Tea Party als Verfechter der »original Constitution«, der originären Verfassung von 1787 bezeichnet und für deren enge Auslegung plädiert. Nicht ganz risikofrei, da er in Kanada geboren wurde. Aber der Präsident muss gebürtiger Amerikaner sein, was heißt, in Amerika geboren, wenn man die Verfassung eng auslegt. Sein kubanischer Vater floh erst nach Amerika und landete mit seiner amerikanischen Frau in Calgary, wo Ted, oder Eduardo, wie er damals hieß, geboren wurde.

Trump ist ein Opportunist, der sein Herz für Familienwerte erst mit der Wahl entdeckt hat, Cruz ist ein erzkonservativer Hardliner, der tatsächlich glaubt, was er sagt. Sein Problem ist. dass viele ihn nicht mögen. Er sei fast »physisch abstoßend«, schreibt Matt Taibbi im *Rolling Stone*. Sein Gesicht – *Psychology Today* nannte es, auf deutsch, Backpfeifengesicht – sehe aus, als ob jemand » bei vorgehaltenem Gewehr Stücke einer wasserdurchtränkten Reagan-Maske zusammengenäht« habe, aber das eigentlich Nervende sei seine Stimme, langsam und laut, und so theatralisch wie möglich, als ob er überzeugt sei, dass der Zuhörer zu dumm sei, zu verstehen, dass er für Freiheit eintritt.

Outsider ist Cruz aber erst, seitdem er kein Insider mehr ist. 1999 stieg der ehrgeizige, damals erst 29-jährige Jurist in die Politik ein, als Politikberater von George W. Bush, der ebenfalls aus Texas kommt. Cruz war daran beteiligt, die umstrittene Wahl Bush vs. Gore vor dem obersten Gericht in Florida zu verteidigen. Schon damals – schrieb die *Times* – eckte er mit seiner Arroganz an. Als er Karl Rove, bekannt als »Bushs Gehirn« anvertraute, dass er gerne einen Job im Kabinett des Präsidenten hätte, riet der ihm, erst mal berufliche Erfahrungen zu sammeln. 2009 bewarb sich Cruz als Generalstaatsanwalt in Texas, aber Rove stellte sich quer, auf Wunsch von George Bush Senior, der den Job einem seiner Freunde zukommen lassen wollte. Cruz bekam auch keine Unterstützung der Republikaner, als er ein Jahr später als Senator kandidierte. Und so versuchte er zwei Jahre später, seine Karriere als frisch gebackener Tea Partier zu relaunchen, mit der Unterstützung von Tea-Party-Größen wie Sarah Palin, Rand Paul, Ron Paul, Jim deMint, dem rechten Blogger Erick Erickson und dem Super-PAC FreedomWorks for America (ein Super-PAC sammelt Spenden für Kandidaten ein, die ohne viel Kontrolle ausgegeben werden können). Cruz wurde Senator. Seitdem, so die *Times*, geriert er sich als Außenseiter mit dem vollen Tea Party Programm; wenig Regierung, freie Wirtschaft.

Dabei ist Cruz, wie seine calvinistischen Vorbilder, ein Erzkapitalist. Er will nicht nur die Einkommensteuer abschaffen, sondern gleich das ganze Finanzamt. Dafür soll es eine bundesstaatliche Mehrwertsteuer von zehn Prozent geben, de facto eine Einkommensverteilung von oben nach unten. Wie dies ohne Finanzamt funktionieren soll, ist sein Geheimnis.

Und es gibt eine noch fantastischere Seite von Cruz, wo er den texanischen Cowboy und Waffennarren gibt. Cruz gab einen Wahlwerbespot in Auftrag, der ihn zeigt, das Gesicht in Tarnfarben beschmiert, ein Gewehr in der Hand, neben Phil Robertson, dem »Duck Commander«. Robertson ist ein früherer Footballspieler aus Louisiana, der heute eine Firma hat, die Ausrüstung für Entenjäger herstellt. Daraus wurde die Reality TV Show *Duck Dynasty,* bei der sich Robertson als langbärtiger christlicher Fundamentalist und Verteidiger der Waffenrechte geriert (Cruz erwog, Robertson zum Botschafter der USA bei den Vereinten Nationen zu machen). Selbstredend will Cruz den Vertrag mit dem Iran zerreißen, die US-Botschaft in Israel nach Jerusalem verlegen, ISIS »ins Vergessen flächenbombardieren« und den Sand in der arabischen Wüste zum Glühen bringen. Dass dabei jeder an einen Atombombenabwurf denkt, ist beabsichtigt.

Cruz versucht den Spagat, vom System zu profitieren und es zu bekämpfen, auch gegenüber der Wall Street. Die dürfe sich – sagt er – nicht so viel herausnehmen. Gleichwohl nimmt er das Bankengeld für seinen Wahlkampf. Der Comedy-Autor Andy Borowitz spottete im *New Yorker*, Ted Cruz könne über Amerika herziehen, so viel er nur wolle. »Aber es ist ein Land, in dem ein kanadischer Junge davon träumen kann, Präsident zu werden, solange er eine Million Dollar von Goldman Sachs bekommt.«

Tea-O-Cons und Astroturf
Falsche Rechtspopulisten

Als sich die ersten Tea Partier gegen Washington empörten, war die Stimmung noch ganz anders. In den letzten Tagen, in denen George W. Bush noch im Amt war, hatten Republikaner und Demokraten im Senat gemeinsam Milliardengeschenke für die Wall Street beschlossen, nachdem die New Yorker Investmentbank Lehman Brothers Konkurs angemeldet hatte und andere Banken wankten. Hunderttausende von Wählern beschwerten sich in Anrufen, E-Mails und Briefen bei ihren Volksvertretern. Auf Partys traf man Menschen jeglicher politischer Couleur, die rot vor Wut über diese Geldverschwendung glühten. Noch größer wurde die Wut, als Amerika von den Immobilienwetten der Banker gegen Häuslebauer und den absurd hohen Boni für Banker erfuhr. Vor allem Goldman Sachs war damals die Zielscheibe der Empörung, deren Manager oft genug zu Lobbyisten wurden oder gar in Regierungsfunktionen wechselten.

Aber mit der Wahl von Obama war aus einem Volksaufstand

gegen Washington und die Wall Street ein Kampf für mehr Laissez-faire-Kapitalismus und weniger Steuern für Reiche geworden. Und aus der libertären, staatsfernen Tea Party wurde eine schrille, ultrarechte, nationalistische, hyperreligiöse Bewegung, die von Feindbildern lebt: »dekadente« Europäer, die für den Einsatz im Zweiten Weltkrieg nicht dankbar sind, Kommunisten und Liberale, die Amerika unter die Knute von Karl Marx bringen wollen, illegale Immigranten, die das Land unterwandern, Schwule, die gleiche Rechte fordern, kurz, alles, was irgendwie »fremd«, »ausländisch« oder »unamerikanisch« ist.

Das liegt daran, dass die Bewegung zügig infiltriert wurde, von Neokonservativen, Evangelikalen, Reaganites und Paleocons, also Republikanern alter Schule, kurz gesagt, von der alten Garde, die sich sogar mit rechtsradikalen und rassistischen Gruppierungen arrangierte und die echten Libertären, ohnehin schmal an der Zahl, ausgrenzte. Als Ron Paul im Sommer 2011 auf der Republican Leadership Conference in New Orleans die *straw poll*, die Mehrheit der anwesenden Delegierten, gewann, wurde er ausgebuht – von den gleichen Republikanern, die gerade noch betont hatten, wie sehr sie die Tea Party liebten.

Jake Shannon, ein libertärer Radiomoderator aus Utah, der für den Kongress kandidierte, nennt diese Leute in seinem Buch *Tea-O-Conned* deshalb »Tea-O-Cons«, verkappte Neocons, die ihre »anti-freiheitliche, kriegsfreundliche Agenda in libertäre Rhetorik kleiden, um von der Popularität der libertären Ideen zu profitieren und damit an der Macht festzuhalten«. Als die Tea Party noch libertär war, wollte sie die Federal Reserve, die Zentralbank, und das Finanzamt abschaffen. Heute unterstützen die Tea-O-Cons den Patriot Act, das Anti-Terror-Gesetz, das es möglich macht, Amerikaner zu bespitzeln, und die Kriege im Mittleren Osten, ärgert sich Shannon. Die echten *grassroots* seien durch Astroturf ersetzt worden, Kunstrasen.

Ähnlich sieht das Wes Benedict, der Vorsitzende der Libertären Partei in Washington. »Die Tea Party hat zwar die Republikaner beeinflusst, aber das republikanische Establishment hat sich auch der Tea Party angedient, schon deshalb, damit sie an der Macht bleiben und ihre Posten behalten«, meint er. Und während die Reaganites mit der Tea Party wenigstens die Abneigung gegen Steuern gemeinsam haben, haben die Neokonservativen, die unter Bush den Ton angegeben haben, ganz andere Wurzeln. Sie stammen aus dem universitären Ivy-League-Milieu der Ostküste. Einige frühere Trotzkisten sind darunter, viele arbeiten in Washingtoner Think-Tanks, und sie wollen einen durchaus starken Staat und eine interventionistische Außenpolitik.

Wie die Anfänge der Tea Party aussahen, beschreibt *New York Times*-Reporterin Kate Zernike in ihrem Buch *Boiling Mad*. Sie hat eine Demonstration nach der Wahl von Obama miterlebt, auf der Freedom Plaza in Boston. Dort hatten sich ein paar tausend Menschen versammelt, um Michele Bachmann zu hören, die über die neue »Gangster-Regierung« schimpfte. »In zwei Jahren wird Barack Obama ein Präsident für nur eine Legislaturperiode gewesen sein!«, rief sie. Ein Rapper sang die Hymne der Tea Party, es wehte die Klapperschlangenflagge. Das Parteisymbol geht auf die Fahne zurück, die von Soldaten im amerikanischen Unabhängigkeitskrieg getragen wurde; die Schlange bekämpfte den britischen Drachen. Der Krieg von 1775 bis 1783, in dem die Amerikaner unter George Washington gegen die Briten kämpften und gewannen, ist der Gründungsmythos der USA, der die Verfassung hervorbrachte und auf den die Tea Party sich beruft.

Dann wurde *A Communist in the White House* gesungen und es wurden Schilder geschwenkt, auf denen stand: »BARACK HUSSEIN HITLER, GO BACK TO KENYA«. Auf der Bühne stand Brendan Steinhauser, ein Ron-Paul-Anhänger aus Texas. Er arbeitet für FreedomWorks, einen Verein, der von dem früheren republikanischen Fraktionsvorsitzenden Dick Armey gegründet wurde und der von den Koch-Brüdern unterstützt wird, den wichtigsten Finanziers der Rechten. Steinhauser war halb so alt wie die meisten Demonstranten, und während er erklärte, wie die Botschaft über YouTube verbreitet werden konnte, trugen viele Zuhörer noch analoge Wegwerfkameras bei sich. »Lasst uns Saul Alinskys Buch *Regeln für Radikale* lesen und lasst sie uns gegen das Weiße Haus einsetzen«, rief Steinhauser. Saul Alinsky war zur Zeit des Vietnamkrieges ein linker Aktivist und hat posthum eine neue Karriere als Hassfigur der Rechten begonnen.

Ähnlich ging es in anderen Teilen des Landes zu. Im März 2009 organisierte der Tea Party Express eine Kundgebung in Searchlight, Nevada. Der Tea Party Express ist ein PAC, ein *political action committee*, das Wahlkampfspenden sammelt. Das PAC wurde in Kalifornien von zwei Republikanern gegründet, einer davon ist ein früherer Helfer von Reagan. Der Tea Party Express unterstützt Kandidaten finanziell und schickt sie auf Bustouren. Die Menge in Searchlight war sichtlich radikalisiert, schreibt Zernike. An den Geländewagen klebten Schilder mit der Aufschrift »overtaxed«, zu hoch besteuert, die Klapperschlangenfahne wehte überall. *Oath keepers* waren hier, Soldaten und Juristen, die geschworen hatten, Befehle zu verweigern, die ihrer Ansicht nach der Verfassung entgegenstehen. Ein Mann verkaufte Mistgabeln aus Pappe – echte waren verboten. Viele waren empört über die Krankenversicherung ObamaCare, die damals erst in den Kinderschuhen steckte, weil sie meinten, damit würden die Krankenhausrechnungen illegaler Immigranten bezahlt. Obama war auf Plakaten als Teufel abgebildet, als afrikanischer Hexendoktor oder auch als »Joker«, einer der ganz bösen Bösewichte aus den Batman-Filmen. Auf einem Plakat stand »Karl Marx und Mao waren keine Gründungsväter«. Auf einem anderen hieß es: »Lügner, Schurke, Verräter, Kommunist, Umstürzler«.

Kurz darauf stellte sich Glenn Beck, ein Fernsehtalker, der gerade von CNN zu Fox gewechselt war, an die Spitze der Bewegung. Beck rief das *9/12 Project* aus. Er bezog sich auf den 12. September 2001, den Tag nach dem Anschlag auf das World Trade Center, als Amerika einig hinter Bush stand. Der erste Grundsatz war: »Amerika ist gut.« Und der siebte: »Ich teile das, was ich hart erarbeitet habe, nur freiwillig, die Regierung kann mich nicht zur Wohltätigkeit zwingen.« Beck wollte, dass sich alle Amerikaner zusammenschlössen, für Amerika, für Gott, für die Familie – und gegen islamistische Terroristen, mexikanische Immigranten, somalische Piraten und hohe Steuern. Und so trommelte er auf Fox News für einen »Marsch der Steuerzahler«

auf Washington am 12. September 2009, der von FreedomWorks unterstützt wurde. Der Höhepunkt war, als Beck am 28. August 2010 zur einer Demo in Washington aufrief, zu Füßen des Lincoln Memorials. Hier hatte auf den Tag genau vor 37 Jahren Martin Luther King, die Ikone der Bürgerrechtsbewegung, seine berühmte Rede »I Have a Dream« gehalten. Keine zufällige Wahl: Beck geriet sich als Führer einer neuen Bürgerrechtsbewegung.

Eine von Becks Zuschauerinnen war Jenny Beth Martin, eine Republikanerin aus Georgia, die ein landesweit beachtetes Blog hatte. Am 15. April 2009, dem Tax Day, an dem Amerikaner Steuern zahlen müssen, gründete sie die Tea Party Patriots, zusammen mit Mark Meckler, einem Libertären aus Kalifornien, der von der Tea Party begeistert war, seit er den Auftritt von Rick Santelli gesehen hatte. Meckler sagt, er sei kein Republikaner, aber er sieht sich in der Tradition von Reagan. Aus den Patriots wurde ein gemeinnütziger Verein mit einer unüberschaubaren Anzahl von kommunalen Untergruppen; sie sprechen sich für »fiskalische Verantwortung« aus; vor allem organisieren sie Proteste gegen ObamaCare. Es sind die Patriots, die bei der Tea Party das organisatorische Heft in der Hand halten.

Heute fällt der Begriff »Tea Party« in den USA nicht mehr so oft, aber die rechtspopulistische, rassistische und anti-modernistische Strömung ist stärker denn je, zumal Trump es geschafft hat, fast alle Flügel hinter sich zu bringen. Nun, da Obama das Weiße Haus verlässt, wittern seine Gegner eine neue Chance auf die Macht. Trotz aller Unterschiede verbindet die Tea Partier dreierlei: Sie wollen keinen Präsidenten, den sie für unamerikanisch und linksradikal halten. Sie mögen generell nichts, das fremd ist. Und sie sind – fast – alle weiß: Ihr Standbein sind die Anhänger der Konföderierten in den Südstaaten, die erst den Bürgerkrieg verloren haben, und sich in den sechziger Jahren der Bürgerrechtsbewegung beugen mussten, die die Rassentrennung beseitigte.

Aber auch Cowboys und *lone rangers* aus dem Wilden Westen zählen dazu, deren Großväter gegen die Mexikaner und Indianer gekämpft haben und die heute gegen Einwanderer sind. Erst im Winter 2015/16 machten diese Leute von sich reden, als eine Gruppe von »Rangers« ein Naturschutzgebiet im Bundesstaat Oregon besetzten. Sie haben Angst, dass »Multikulti-Großstädter« ihnen ihre Waffen wegnehmen wollen.

Dann gibt es die militanten Waffennarren des pazifischen Nordwestens, die ein Amerika nur für Weiße wollen, und Verschwörungstheoretiker, die auf Politsekten wie die ultrakonservative John Birch Society zurückgehen. Sie warnen vor Ostküstenzirkeln wie den »Bilderbergern«; einige glauben gar, dass die Regierung in Washington zusammen mit den Vereinten Nationen geheime Lager für Regierungsgegner errichtet. Sie lehnen die moderaten, transatlantischen Rockefeller-Republikaner ab; sie nennen solche Politiker RINOs, Republicans In Name Only. Es waren die Rockefellers, die die Vereinten Nationen nach New York geholt haben, die für viele Rechte die Verkörperung der »Neuen Weltordnung« sind. Innerhalb der Tea Party finden sich aber auch Klimaskeptiker, die meinen, die globale Erwärmung sei eine Erfindung liberaler Wissenschaftler, um den Amerikanern das Autofahren zu vermiesen. Vor allem solche Leute sind es, die sich in Donald Trump wiederfinden.

Und Trump ist weit mehr als Ted Cruz oder Ron Paul eine Bedrohung für die traditionellen Republikaner. Das letzte Mal, als unzufriedene konservative Wähler eine politische Alternative suchten, fand sich Ross Perot, ein texanischer Ölmilliardär, der genug Geld hatte, seinen Wahlkampf zu finanzieren. Perot kandidierte als Unabhängiger sowohl gegen Bill Clinton als auch gegen George Bush sen. Er bekam neunzehn Prozent der Stimmen; einer der wesentlichen Gründe, dass Bush letztlich gegen Clinton unterlag. Deshalb wollen die Republikaner alle Abweichler unbedingt unter ihrem Dach behalten. Zwar haben viele von ihnen den Aufstieg von Donald Trump mit Entsetzen beobachtet, denn der ist eine »Loose Cannon«, ein wandelndes Pulverfass. Und Trump geriet sich wie ein Unabhängiger, der die Partei gekapert hat. Loswerden können ihn die Republikaner nun aber auch nicht mehr, denn dann könnte er tatsächlich als Unabhängiger gegen einen schwachen Republikaner antreten.

Lieber für Stalin stimmen als für Donald Trump

Während Ted Cruz in Iowa triumphiert, ist Donald Trump ungewohnt wortkarg. Und ungewohnt konziliant. Er ist beim Iowa Caucus »nur« auf dem zweiten Platz gelandet. Auf dem Podium vor den Kameras stehend, dankt er den Wählern, dankt Iowa, und weg ist er. Das ist nicht der Trump, den wir kennen. Und das ist auch nicht der Trump der nächsten Wochen, der am »Super Tuesday«, dem 1. März, in sieben Staaten gewinnen wird.

Und Trump wird seinen Siegeszug fortsetzen. Er gewinnt Staat um Staat, darunter auch seinem Heimatstaat New York (allerdings nicht New York City). Als Anfang Mai auch Indiana für ihn stimmt, geben Cruz und sein letzter Konkurrent, John Kasich auf – vorerst. Aber auf dem Parteitag der Republikaner Mitte Juli, wo Trump als Kandidat gekürt wurde, opponierten beide gegen ihn – Kasich zurückhaltend, aber deutlich, Cruz hingegen weigerte sich offen, ihn zu unterstützen (er änderte seine Meinung erst im September, zwei Monate vor der Wahl). Andere hochrangige Republikaner wie Mitt Romney oder die Bush-Familie kamen gar nicht erst. Denn Trump hat in der Partei viele gegen sich.

Kein Wunder, denn er hat keine Gelegenheit ausgelassen, seine Parteifreunde zu beleidigen. Er bezeichnete John McCain – der vom Vietcong gefangengenommen wurde – als Feigling und meinte, Jeb Bush habe »wenig Energie« (dessen Bruder George W. Bush hielt er öffentlich für einen Dummkopf, als der Präsident war). Scott Walker, den Gewerkschaftsfresser von Wisconsin, nannte er einen Versager. Mario Rubio, den Senator aus Florida, hält er für einen »kleinen Jungen«, der zu viel schwitze. Co-Kandidatin Carly Fiorina habe ein Hundegesicht, Rand Paul sei ein verdorbener Balg ohne funktionierendes Gehirn, und Ben Carson, der schwarze Gehirnchirurg und Evangelikale sei ein »pathologischer Fall«. Und Kasich sei, seiner Essmanieren wegen, ekelhaft. Trump fand auch, Rick Perry, der frühere texanische Gouverneur solle einen Intelligenztest machen, bevor er debattieren dürfe, und Senator Lindsey Graham sei ein Idiot. Mitt Romney, der gescheiterte Präsidentschaftskandidat von 2012 sei »irrelevant«; der sei nur deshalb erfolgreich, weil er gut aussehe. Cruz nennt er »Lügender Ted«. Um fair zu sein, er nennt auch Hillary eine Lügnerin, aber sie ist immerhin Demokratin, nicht Parteigenossin. Trump beleidigte aber nicht nur Politiker, sondern auch Journalisten; so mutmaßte er, dass Megyn Kelly, eine blonde Moderatorin von Fox News, die ihm zu kritische Fragen stellte, wohl ihre Periode habe. Das war nur einer von vielen sexistischen Sprüchen des dreimal verheirateten Großmauls. Und Angela Merkel, glaubt er, ruiniere Deutschland mit ihrer Flüchtlingspolitik. Der einzige, der ihm Anerkennung abringt, ist der russische Premier Wladimir Putin. Kein Wunder, denn er will noch einen Trump Tower in Moskau bauen.

Einige Republikaner schlugen zurück – Perry nannte Trump einen »bellenden Karnevalisten und eine toxische Mischung von Demagogie und Gemeinheit«, Rand Paul fand, ein Stück Schmutz sei geeigneter als Trump, Präsident zu sein. Und Graham echauffierte sich ebenfalls. »Es fällt mir schwer, jemanden zu unterstützen, der glaubt, dass Ted Cruz Vater in das Kennedy-Attentat verwickelt war und der tausende von Dollars ausgegeben hat, um herauszufinden, ob Obama in Kenia oder Hawaii geboren war. Das ist einfach verrückt. Ich bin schon froh, dass der Parteitag in Cleveland ist und nicht auf der Area 51.«

Die Bushs, Romney, Graham und Ron Paul, aber auch Demokraten und Unabhängige schlossen sich im Bündnis #*Never-Trump* zusammen, das von Erick Erickson gegründet wurde, dem konservativen Gründer des Blogs Redstate.com, das aus dem Dunstkreis texanischer Republikaner kommt. Auch die konservativen Kommentatoren der *New York Times*, Ross Douhat und David Brooks, trommeln täglich gegen Trump.

Vor allem aber hassen ihn die Neokonservativen. Kein Wunder, denn Trump hat schon früh den Irakkrieg kritisiert und er will im Israel-Palästina-Konflikt neutraler Vermittler sein. An deren Spitze stellte sich Bill Kristol, Chefredakteur des *Weekly Standard*. Er verkündete, er werde als »Notfallmaßnahme« eine

Wahlliste »unabhängiger Republikaner« gegen Trump aufbieten, falls dieser der Kandidat sei. Er sei stolz darauf, zum Widerstand gegen Trump zu gehören, fügte er hinzu. »Ich glaube, er wäre ein furchtbarer Kandidat und ein schrecklicher Präsident.« Bret Stephens, Kommentator beim *Wall Street Journal* nannte die Kandidatur von Trump die »offene Kloake des amerikanischen Konservatismus«. Und Max Boot vom außenpolitischen Verein Council on Foreign Relations sagte, er wolle eher »für Josef Stalin stimmen denn für Donald Trump.« Trump sei nicht nur rassistisch, sexistisch und ungehobelt, sondern auch ein chronischer Lügner. Boot unterzeichnete – zusammen mit Michael Chertoff, unter Bush Chef des Departments for Homeland Security –, einen offenen Brief gegen den Kandidaten.

Auch die *National Review,* ein neokonservatives Debattenblatt hält Trump für einen »wurzellosen politischen Opportunisten, der den konservativen Konsens zugunsten eines freischwebenden Populismus mit den Obertönen eines starken Führers wegwerfe.« Die *National Review* schwang sich sogar dazu auf, für die Tea Party zu sprechen. »Die Tea Party repräsentiert die Wiedergeburt der amerikanischer Größe, die mit mehr Freiheit und mit der Verkleinerung der Regierung einhergehe.« Was diese Ziele angehe, sei Trump »bestenfalls taub, wenn nicht gar feindselig eingestellt.« Trump werde die Arbeit vieler Generationen von Konservativen unter seinen Füßen zertrampeln.

Cruz allerdings mögen die Neocons auch nicht sonderlich, denn der hat vor Wählern in Iowa über die »verrückten Neocons« geschimpft, die in jedes Land der Welt einmarschieren und amerikanische Jungs für den Mittleren Osten sterben lassen wollen. Nun, da Trump der gekürte Kandidat ist, sprechen sich die ersten Neocons offen für Hillary Clinton aus. Den Anfang machte Robert Kagan, ein Politikberater, der mit Victoria »Fuck the Eu« Nuland verheiratet ist, die beim Außenminsterium arbeitet. Und auch Eliot Cohen, mit Kristol einer der Gründer des Think Tanks PNAC (Project for a New American Century), erklärte dem Magazin *Politico,* Hillary sei »bei weitem das kleinere Übel«.

Trump hat die Neocons aufgegeben, aber es gelang ihm, die

Evangelikalen für sich zu gewinnen. Zunächst beauftragte er den bei Evangelikalen sehr beliebten Ben Carson damit, einen Vizepräsidenten zu finden. Carson sagte, nur Trump könne Hillary aufhalten, die ihr Leben Lucifer gewidmet habe. Dem Magazin *NewsMax* zufolge soll Trump Carson sogar einen Job in seiner Verwaltung angeboten haben – ein Prinzip, das Trump schon in New York erfolgreich ausprobiert hat. Dann erinnerte Trump die Partei daran, dass Hillary Verfassungsrichter ernennen würde, die für Abtreibung seien. Und zuletzt versprach er, ein 1954 erlassenes Gesetz zu streichen, das es steuerbefreiten Kirchen und deren Pfarrern verbietet, sich politisch zu äußern.

Damit brachte er nicht nur die Evangelikalen auf seine Seite, sondern auch prominente Republikaner, darunter Fraktionssprecher Paul Ryan. Und Michele Bachmann, die Über-Evangelikale? Sie hat Trump schon zu Beginn seines Wahlkampfes verteidigt: Er sei bei Afro-Amerikanern und Hispanics sehr beliebt, sagte sie – beliebter als jeder andere Republikaner.

Bevor ich Iowa verlasse, fahre ich zu dem Haus in Waterloo, wo Bachmann aufgewachsen ist, auf der anderen Seite des Iowa River. Es ist eines dieser mittelgroßen amerikanischen Holzhäuser mit Satteldach und Veranda, umringt von Bäumen, in einer Seitenstraße. Das Haus gehört heute einer mexikanischen Familie. Wer Bachmann ist, wissen sie nicht. »Ist die von hier?«

Danach kehre ich im »Volkshaus« ein, an der Hauptstraße von Waterloo, wo es deutsches Bier zu moderaten Preisen gibt. Ob sie eine Radlerhalbe haben? Die Frage wird mit Staunen aufgenommen, aber da ich aus Deutschland komme, wird mir eine natürliche Autorität in Bierfragen zugestanden. Das mit dem Radler, wird mir versichert, werden sie vielleicht mal probieren. Aber was die Zukunft der USA angeht, ist die Stimmung im »Volkshaus« nicht so enthusiastisch. »Wir Amerikaner sind so dumm«, sagt ein blonder Mann an der Bar. »Wir zanken uns dauernd untereinander, während sich die Chinesen die neueste Technik anschaffen.« Dann gibt er mir die Radlerhalbe aus. Ich kann es nicht beweisen, aber ich bin sicher, heute wählt er Trump.

3) Durch die Wüste:
Donald Trump und die Mauer zu Mexiko

El Paso, Texas wurde 1659 von Fray Garcia de San Francisco im Land der Apachen gegründet, als Mexiko noch eine spanische Kolonie war. Es gehört seit anderthalb Jahrhunderten zu Amerika, wirkt aber noch immer wie eine mexikanische Stadt, schon deshalb, weil mehr als drei Viertel der Bevölkerung mexikanischen Ursprungs sind. El Paso ist ein bisschen Pracht aus der Goldgräberzeit, mehr aber noch helle Moderne. Es hat Tex-Mex-Restaurants, mexikanische Straßennamen und Buden mit Billigkleidung am Cesar Chavez Border Highway. Von dort führt eine Brücke über den Rio Bravo, wie der Rio Grande in Mexiko heißt, nach Ciudad Juárez auf der anderen Seite der Grenze.

Juárez wurde etwa zur gleichen Zeit gegründet wie El Paso, ist drei Mal so groß, wirkt aber mit ihren Kirchen und spanischen Bürgerhäusern viel pittoresker. Vor der weißgetünchten Kathedrale werden Obst und Gemüse verkauft, ein *Curandero*, ein Indianer, der Gebrechen heilt, steht dort in voller Montur und spricht mit einem alten Mann. Über die Brücke kommt und geht ein ständiger Strom von Menschen. Viele laufen zu Fuß, Busse und Autos stauen sich mehrspurig. Zehntausende Mexikaner arbeiten in El Paso, und Mexikaner aus El Paso besuchen Verwandte auf der Juarez-Seite. Dort bieten Ladengeschäfte billige Medikamente für Amerikaner ohne Krankenversicherung an. Aber der Trip in die Stadt, die Johnny Cash im *Cocaine Blues* besungen hat, ist gefährlich. Juárez wird von Drogenkartellen kontrolliert, deren Tentakel bis zur Polizei reichen, sodass sich Firmen lieber auf private Sicherheitsdienste verlassen.

Der Drogenkrieg hat hier schon Tausende von Opfern gefordert. Täglich geschehen Raubüberfälle, auch *carjacking*, der gewaltsame Raub von Autos. Berüchtigt ist die Stadt auch, weil hier Hunderte von jungen Frauen verschleppt und umgebracht wurden. El Paso hingegen, voller Polizei und Grenztruppen, ist sicher. Von El Paso aus sind die Türme der Misión de Nuestra Señora de Guadalupe, der Kathedrale, zu erkennen. Aber die einzigen Verbindungen zwischen den Schwesterstädten sind eine Handvoll überfüllte Brücken über den Fluss und den Grenzwall hinweg, Nadelöhre, der Furcht vor Mexiko geschuldet.

Nicht nur El Paso, ein gutes Stück der Grenze zu Mexiko ist von Kalifornien bis nach Texas hinein befestigt, in einer Art, die seltsam an die Berliner Mauer erinnert: ein stabiler Metallzaun, sechs Meter hoch, eine breite, betonierte Straße für Patrouillenfahrzeuge, Flutlichtanlagen und bewaffnete Grenzsoldaten. An den Ausfallstraßen sind ausfahrbare Metallbarrieren installiert, um Autos vom Durchbrechen abzuhalten, auch Polizeikontrollen sind überall, die Autos anhalten. Der Zaun soll illegale Einwanderer draußen halten, nicht Flüchtenden den Weg versperren.

Vor dem Bau des Zauns kamen Millionen Illegale aus Mexiko; oft geführt von *coyotes*, Schleppern. Manche kletterten nachts über den Grenzzaun, andere verbargen sich im Kofferraum von Helfern. Sie schlugen sich in die nächste Stadt durch, quer durch Gemüsefelder, Dattelpalmenhaine oder Flusstäler, die im Sommer wenig Wasser führen. Jedes Jahr verdursteten einige hundert Menschen in der Wüste. Unter den Illegalen sind auch Drogenschmuggler, aber die meisten suchen einfach nur Arbeit auf den Plantagen von Kalifornien, in den Restaurantküchen von New York, auf den Baustellen von Texas und in anderen schlecht bezahlten Jobs. Immer mal wieder fordern Politiker, aber auch Gewerkschafter, man solle nicht gegen die »Illegalen« vorgehen, sondern gegen deren Arbeitgeber. Rechtlich wäre das bereits jetzt möglich, nur geschieht es selten.

Mit der Zaun zu Mexiko ist die Zahl der Illegalen zurückgegangen, aber nicht auf Null. Die *Los Angeles Times* schätzte deren Zahl auf eine halbe Million in 2011, und seitdem ist sie noch weiter gesunken. Offiziell und legal leben gut fünfzig Millionen Hispanics, spanisch sprechende Menschen, in den USA, ein Sechstel der Bevölkerung. Tatsächlich dürften es mehr sein. Geschätzt wird, dass es in den USA zwischen sieben und zwanzig Millionen illegale Immigranten gibt. Sie kommen zumeist aus Guatemala, El Salvador, Kolumbien und der Dominikanischen Republik, und eben aus Mexiko. Dieser demographische Trend wird sich noch verstärken. Lateinamerikanische Frauen bringen im Schnitt fast doppelt so viele Kinder auf die Welt wie weiße. Dem PEW Research Center zufolge, ein Forschungsinstitut in Washington, werden um 2050 die Nichtweißen die Mehrheit der Amerikaner stellen, und damit sind Hispanics gemeint.

Wetbacks und Pistolen: Im Wilden Westen

Von El Paso aus führt eine einsame Bahnlinie, die alte Southern Pacific Railroad, durch New Mexico und Arizona bis nach Los Angeles, Kalifornien, zum Pazifischen Ozean. Ganze drei Mal pro Woche bummelt hier ein Zug entlang, der von New Orleans kommt. Er teilt das Gleis mit noch langsameren Güterzügen, wo bis zu hundert Wagen hinter einer Diesellok herzuckeln. Die Gleise liegen nur ein paar Meilen nördlich der Grenze. Der Zug fährt parallel zur sechsspurigen Interstate 10.

Die I-10 führt durch eine staubige Wüste, vorbei an den Dragoon Mountains, den Drachenbergen, und den Silver Mountains und durch das alte Stammesland der Chiricahua-Apachen im Grenzgebiet von Mexiko, New Mexico und Arizona. Auf einem Abstecher nach Süden gelange ich zur Cowboystadt Tombstone. Hier lieferten sich 1881 Doc Holliday und Wyatt Earp eine legendäre Schießerei, bei der ein halbes Dutzend Revolverhelden aufeinander ballerten (das Ereignis wird heute für Touristen nachgestellt). Es geht weiter in die Minenstadt Bisbee. Hier warten drei Polizeiwagen am Straßenrand, deren Dachlichter rot und blau blinken. Ein halbes Dutzend Polizisten winken alle Autos heraus, auch meines. Nach einem umstrittenen Gesetz des

Bundesstaates, dem Senate Bill 1070, muss die Polizei alle Autofahrer, die unamerikanisch aussehen, überprüfen, ob sie sich legal im Land aufhalten. Mehr noch: Ein Ausländer, der keine Papiere, also keinen Pass bei sich trägt, begeht ein Verbrechen, das mehrere Wochen Knast einbringen kann. Die Polizei ist zu so einer Überprüfung sogar verpflichtet; Bürger können Polizisten, die nicht genug kontrollieren, vor Gericht bringen. Ich bin sofort als Ausländerin zu erkennen: Aufkleber der Mietwagenfirma am Kofferraum, ein Stapel deutscher Straßenkarten auf dem Beifahrersitz, gepackte Reisetasche auf dem Rücksitz. Außerdem bin ich zu schnell gefahren. Einer der Polizisten wirft einen sekundenkurzen Blick in mein Auto und winkt mich weiter, sobald ich den Mund aufmache, ohne auch nur nach meinem Führerschein zu fragen. Ein deutscher Akzent hat auch Vorteile.

Südwestlich von Bisbee liegt Hereford, ein Kaff in der Wüste. Hier hat im April 2010 Thomas Kelley, ein weißer Farmer, seinen Nachbarn Juan Daniel Varela getötet. Die beiden waren in Streit über den Senate Bill 1070 geraten, der damals noch im Senat debattiert wurde. Schließlich hatte Kelley eine 44er Magnum gezogen, gebrüllt: »Du wetback« – nasser Rücken, ein Schimpfwort für Mexikaner –, »geh doch dahin zurück, von wo du gekommen bist.« Dann schoss er. Varela kam aus Phoenix, Arizona.

Das ist ein extremer Fall, doch *hate groups*, die gegen Immigranten und ethnische Minderheiten hetzen, haben mit der Wahl von Barack Obama immens zugenommen, sagt Mark Potok vom Southern Poverty Law Center, einem Bürgerrechtsverein in Alabama. Im Jahr 2014 hat das Center 784 aktive *hate groups* gezählt, mit zusammen einer Viertelmillion Mitglieder, darunter alleine 72, die dem Ku Klux Klan zugerechnet werden, sowie 37 Neokonföderisten, die den alten Südstaaten anhängen, 377 Organisationen, die Neonazis, Skinheads, Rassisten oder *white supremacists* sind, 21 extreme christliche Gruppen, 113 schwarze Separatisten und 165 sonstige – anti-Semiten und Holocaust-Leugner, Schwulenfeinde, anti-Muslime und rechtsextreme Katholiken. »In den sechziger Jahren, als die Bürgerrechtsbewegung für die Abschaffung der Rassentrennung kämpfte, wandten sich *hate groups* gegen Schwarze und Juden«, sagt Potok. Heute beschimpften sie mexikanische Immigranten als faul, drogensüchtig und gefährlich, vor allem aus taktischen Gründen. »Offen rassistisch oder anti-semitisch zu sein, ist heutzutage nicht mehr opportun, aber drei Viertel der Amerikaner sind gegen Immigration, auch wegen der anhaltenden Arbeitslosigkeit«, erklärt Potok. »Deshalb glauben Neonazis, dass sie mit dieser Botschaft die Massen hinter sich bringen können.«

Die I-10 führt weiter nach Tucson, der zweitgrößten Stadt von Arizona. Hier, auf dem Parkplatz eines Supermarktes, überlebte Anfang 2011 die demokratische Abgeordnete Gabrielle Giffords nur knapp einen Anschlag, sechs Menschen kamen ums Leben, darunter ein Kind. Was den Mörder, den 22-jährigen Studenten Jared Lee Loughner, getrieben hat, weiß bis heute keiner. Man nimmt an, er sei psychisch verwirrt oder unter Drogen gewesen. Loughner las das *Kommunistische Manifest*, aber auch Bücher von Ayn Rand, der Ikone der Libertären, die Freiheit vom Staat fordert. Er warnte vor der *New World Order*, vor einer totalitäre Weltregierung mit einer globalen Weltwährung, glaubt aber auch, dass die US-Regierung hinter dem Anschlag auf das World Trade Center steckt, und dass die NASA die Mondlandung inszeniert habe. Und er forderte, dass der Dollar an die Goldreserven gekoppelt werden solle. Kurz, er vertritt ein wirres Gemisch aus rechts- und linksradikalen Verschwörungstheorien.

Für Liberale war der Anschlag auf Giffords ein Fanal. Nicht nur hatte Loughner, trotz früheren Drogenkonsums, eine halbautomatische Waffe bei Wal-Mart kaufen können; Sarah Palin hatte zuvor eine Karte veröffentlicht, auf der demokratische Politiker im Fadenkreuz zu sehen waren, darunter auch Gabby Giffords – versehen mit dem Kommentar: »Gib nicht nach, lade nach.« Nach dem Anschlag postete Palin Beileidsbekundungen auf ihrer Facebook-Seite. Ihre Sympathisanten erklärten, es habe sich nicht um Fadenkreuze gehandelt, sondern um Markierungen von Landvermessern. Und: Loughner sei ein Linker.

Ein paar Monate nach der Bluttat an Varela, im Sommer 2010,

kommt Russell Pearce nach Hereford, der Präsident des Senats von Arizona, zusammen mit Joe Arpaio, dem Sheriff des Landkreises Maricopa, südlich von Phoenix. Der knorrige 84-Jährige gilt als der »schärfste Sheriff von Amerika«. Routinemäßig macht er Schleppnetzfahndungen in Vierteln, wo Latinos und Indianer wohnen. Rund 15 000 Illegale lässt er jedes Jahr festnehmen. Er ist berüchtigt, weil er Gefangene ausgesucht schlecht behandelt: Er lässt sie angekettet in Zelten in der glühenden Wüste hausen, und es kommt vor, dass Gefangene sterben, wie zuletzt eine Diabetikerin, die kein Insulin bekam.

Arpaio und Pearce sprechen vor ein paar hundert bewaffneten Anhängern der Tea Party, die fordern, dass Washington mehr für die Grenzsicherheit tun müsse. Denn viele Amerikaner, vor allem in Arizona, glauben, dass immer noch viel zu viele Immigranten durchkommen. Die Illegalen, heißt es, graben sich nun unter dem Zaun durch oder sie warten, bis keine Patrouille da ist und legen eine Leiter an. Arpaio bestärkt die Farmer. Die US-Grenztruppen müssten rechtlich in der Lage sein, Illegale bereits auf mexikanischem Gebiet abzufangen, sagt er. »Wenn hier TV-Kameras wären, dann würde ich selber über den Zaun klettern, nur um zu zeigen, wie einfach es ist.«

Der Sheriff, der aus Massachusetts stammt, wurde schon fünf Mal wiedergewählt. Er lässt sich nicht von der Presse beeindrucken, oder davon, dass das Justizministerium in Washington, gegen ihn immer mal wieder wegen *racial profiling* ermittelt, der Verfolgung von Verdächtigen, nur weil sie schwarz oder hispanisch sind. »Ihr seid das Volk, gebt nicht auf«, donnert er. »Ihr kämpft für das großartigste Land der Welt. Die ganze Welt muss erfahren, was südlich der Grenze passiert! Sendet eine Nachricht an das Weiße Haus, damit die aufwachen!«

Noch entschiedener ist Pearce, der die Unterstützung der mächtigen Waffenlobby NRA, National Rifle Association, hat. Es wurmt ihn, dass Washington mit allen Rechtsmitteln versucht, den Senate Bill 1070 zu Fall zu bringen. »Mit Obama hat sich das erste Mal ein Präsident mit einem ausländischen Regime verbündet, um seine eigenen Bürger zu verklagen«, sagt Pearce. Er meint Mexiko. Allein das wäre Grund genug, den Präsidenten zu »impeachen«, abzusetzen. Und: Die Gegner dieses Gesetzes verstießen selber gegen Gesetze, indem sie *sanctuary cities* schaffen, wo Illegale geduldet werden. Aber er werde nicht denen nachgeben, die billige Arbeitskräfte und Stimmvieh wollten. »Wir werden den Senate Bill 1070 durchsetzen«, sagt er. »Wir lassen niemanden aus dem Gefängnis frei, bevor wir nicht wissen, ob es sich um einen Staatsbürger handelt. Wir sind das großzügigste Land der Welt, aber so kann es nicht weitergehen. Wir geben jedes Jahr Milliarden für die Krankenvorsorge für illegale Ausländer aus, dazu kommen die Kosten für die Gefängnisse, die Polizei, die Grenze.« Und das Dramatischste sei die Kriminalität. »Jedes Jahr werden 9000 Amerikaner von illegalen Ausländern umgebracht. Was muss noch passieren, damit wir aufwachen?«

Die Mordrate in den USA liegt bei etwa 16 000 Fällen pro Jahr, so dass die Zahl von 9000 Morden durch Illegale völlig unmöglich ist. Aber die Position der Tea Party in der Immigrationspolitik ist mehrheitsfähig. Nach einer Umfrage des Senders CBS fanden 57 Prozent der Amerikaner den Senate Bill 1070 in Arizona richtig, Siebzehn Prozent meinten sogar, das Gesetz gehe nicht weit genug. Pearce und Arpaio werden von Organisationen wie FAIR (Federation for American Immigration Reform) unterstützt, einem Verein, der Immigration, auch legale, radikal einschränken will. FAIR hat 250 000 Mitglieder. Und so ist es nicht überraschend, dass auch andere Bundesstaaten Gesetze erlassen haben, die noch strenger sind als die von Arizona, darunter Utah, Indiana und Florida. In Georgia und Alabama müssen Lehrer prüfen, ob sich Schüler legal in den USA aufhalten; nun gehen manche Kinder gar nicht mehr zur Schule. Amerikaner machen sich auch strafbar, wenn sie einen Illegalen beschäftigen, ihm eine Wohnung vermieten oder ihn mit dem Auto irgendwohin fahren. Das gilt selbst dann, wenn es sich um einen Verwandten oder Ehepartner handelt. Dabei fährt die Obama-Regierung eine viel härtere Linie gegen Immigranten, als es die Tea-Party-Rhetorik vermuten lässt: Die Bundesregierung lässt jedes Jahr eine halbe Million illegale oder kriminelle Immigranten abschieben.

Arpaio ist immens beliebt in Arizona, und er ist auch wichtig für die Bundespolitik: Deshalb suchten schon 2012 alle Politiker der Tea Party, die sich für die Präsidentschaft warmliefen, seine Unterstützung. Was die Wahlen von 2016 betrifft, hat er sich für Donald Trump ausgesprochen – natürlich. »Donald Trump ist ein Führer«, erklärte Arpaio im Februar 2016. »Er produziert Ergebnisse und er ist bereit, Stärke zu zeigen, um amerikanische Jobs und amerikanische Familien zu schützen. Ich habe an der Front gekämpft, um illegale Immigration zu verhindern; ich weiß, dass Donald Trump mich und zahllose andere Amerikaner unterstützen wird, um unsere Grenze zu schützen.«

Auch Ted Cruz hatte sich um die Unterstützung von Arpaio bemüht, aber Trump war schneller. Vor allem hatte es den Sheriff beeindruckt, dass sich Trump an die vorderste Front der »Birther«-Bewegung gestellt hatte, die glaubt, Obama sei in Kenia geboren und habe seine Geburtsurkunde gefälscht.

Trump stieg in seinen Wahlkampf ein, indem er Mexiko abwatschte – wenn Mexiko seine Leute schicke, kämen nicht die besten, es kämen Drogenhändler, Verbrecher und Vergewaltiger, sagte er. »Und einige, vermute ich mal, sind auch gute Leute«, fügte er hinzu. Davon distanzierte sich sogar Arpaio.

Deshalb will Trump eine Mauer zu Mexiko bauen, die ganze lange Grenze entlang, 3145 Kilometer. Der jetzige Grenzwall ist erst in Stücken fertig; 2010 erstreckte er sich über etwas mehr als tausend Kilometer, wobei allerdings die Lücken im Zaun ebenfalls von Patrouillen bewacht werden. In Kalifornien, Arizona und New Mexico steht das Bauwerk fast durchgehend, während in Texas, vor allem im Osten die Grenze durchlässig ist, den langen Beziehungen zwischen Texas und Mexiko geschuldet.

Der Kongress hat zwar beschlossen, noch weiter an der Mauer bauen zu lassen, aber nicht nur gibt es Proteste – so verläuft der Grenzwall durch das Gebiet dreier indianischer Stämme –; auch die Kosten sind aus dem Ruder gelaufen. 3,4 Milliarden Dollar kostete bereits der erste Bauabschnitt, unter anderem, weil die von Boeing installierte Überwachungssoftware teurer geworden war als erwartet. Deshalb trat der Kongress auf die Bremse. Die Trump-Mauer soll noch teurer werden: Die von dem Baulöwen geplante Grenzanlage soll fünfzehn, wenn nicht zwanzig Meter hoch werden – das jedenfalls errechnete CNN aus den widersprüchlichen Angaben des Oberbaumeisters. Das wäre sechs Mal so hoch wie die Berliner Mauer und das größte Infrastrukturprojekt der USA seit Dwight D. Eisenhowers Interstate-Programm.

Trump peilte die Baukosten mit zehn bis zwölf Milliarden Dollar über den Daumen. Aber auch dafür bot er eine Lösung an. Er werde Mexiko zwingen, für die Mauer zu bezahlen, erklärte er – mehr als einmal – unter dem Jubel seiner Anhänger. Selbstredend wies Mexiko das Ansinnen unisono zurück. Vincente Fox, der langjährige Präsident sagte, Mexiko werde »keinen Cent« für die »dämliche Mauer« zahlen – worauf Trump ihn aufforderte, sich zu entschuldigen, weil er seine fabulöse, noch nicht existierende Mauer beleidigt habe. Und der derzeitige Präsident Enrique Peña Nieto fand, Trump zeige »enorme Ignoranz«. Im übrigen hätten auch Hitler und Mussolini eine ökonomische Krise genutzt, um mit einfachen Lösungen aufzusteigen, fügte er hinzu.

Aber selbst Trump ist klar, dass er nicht die US-Army über die Grenze schicken kann, um die Staatskasse von Mexiko zu plündern. Und so erwägt er andere Ideen. Eine davon ist, Strafzölle auf Güter zu erheben, die von Mexiko nach Amerika importiert werden. Damit würden auch weniger Arbeitsplätze nach Mexiko abwandern. Es könnte eine Steuer auf Gelder erhoben werden, die von den USA nach Mexiko gesandt werden, von Immigranten, die für ihre Familien daheim sorgen. Die U.S-Regierung könnte auch Löhne von illegalen Einwanderern beschlagnahmen, Gebühren für Visa erhöhen, die an mexikanische Diplomaten und Geschäftsleute ausgegeben werden, oder die Gebühren für den Grenzübertritt, der von Mexikanern mit einer »Border Crossing Card« verlangt wird – alleine von diesen Karten geben die USA jedes Jahr eine Million Stück aus. Kurz, nicht Mexiko soll für die Mauer zahlen, sondern mexikanische Immigranten in den USA.

Trump findet Anhänger, weil manche Amerikaner glauben, dass die Mexikaner das Land, das sie 1848 im Krieg gegen die

USA verloren habe, wieder »zurücksiedeln« wollen; eine nicht ganz unverständliche Befürchtung, wenn man durch El Paso, San Diego oder San Antonio läuft. 1965 lebten noch weniger als eine Million Mexikaner in den USA, bis 2015 kamen sechzehn Millionen. Auch dank der hohen Geburtenrate beträgt ihre Anzahl heute mehr als 35 Millionen. Aber seit der Rezession von 2008 und nach dem Beinahe-Crash an der Wall Street geht die Zahl der Einwanderer aus Mexiko zurück; und darüberhinaus gehen mehr Mexikaner als kommen. Nach einer Studie des PEW Institutes sind von 2009 bis 2014 rund 870 000 Mexikaner in die USA immigriert, aber eine Million haben die Staaten wieder verlassen, darunter viele mit ihren in den USA geborenen Kindern. Das hat PEW zufolge mehrere Ursachen; nicht nur die Wirtschaftslage, auch verstärkte Bemühungen der Obama-Regierung, Illegale abzuschieben, und, nicht zuletzt, der Grenzzaun, der Mexikaner abschreckt. Außerdem ist die Bereitschaft, sich als Illegaler in Amerika durchzuschlagen, messbar gesunken, da heute viele glauben, das Leben in Mexiko sei genauso gut.

Dass Mexikaner ausbleiben, heißt aber nicht, dass die Einwanderung zurückgeht. Nun kommen Chinesen und Inder, die zusammengenommen bereits mehr Immigranten stellen als die Mexikaner. Selbstredend will Trump auch dort einen Riegel vorschieben: Legale Immigranten seien Lohndrücker und machten amerikanischen Arbeitern, aber auch anderen Immigranten Konkurrenz. Der Kandidat will Arbeitsvisa, die so genannten H-1B Visa, daran binden, dass die Neuankömmlinge mindestens so viel verdienen wie Amerikaner – das soll verhindern, dass billige Fachkräfte aus Indien eingeflogen werden. Und überhaupt sollen US-Firmen verpflichtet werden, Amerikaner zuerst einzustellen. Dass er das Greencard-Programm beschneiden will, es Asylsuchenden schwerer machen und Immigranten die Gesundheitsvorsorge verwehren will, versteht sich von selbst.

Wie Amerika immer weißer wurde: Einwanderung und Integration

Phoenix, etwa hundert Meilen nordwestlich von Tucson gelegen grenzt an Maricopa County, wo Arpaio Sheriff ist. Phoenix ist die Hauptstadt und mit Abstand größte Stadt nicht nur in Arizona, sondern im gesamten Südwesten der USA. Aus Phoenix stammt auch der Vater der Konservativen, auf den sich die Tea Party – allen voran Pearce – beruft: Barry Goldwater. Goldwater war ein Airforce-Pilot, General der Nationalgarde und langjähriger Senator, Vorsitzende des Intelligence Committee und des Armed Services Committee des Senats. In den fünfziger Jahren war er ein Verbündeter des berüchtigten Kommunistenjägers Joseph McCarthy. Er kämpfte gegen die Gewerkschaften, den Sozialstaat und Franklin D. Roosevelts New Deal, der Amerika aus der Großen Depression geholfen hatte. Er setzte sogar durch, den Roosevelt Lake, einen Stausee am Gila River, in Theodore Roosevelt Lake umzubenennen, damit die Namensgebung nicht als Ehre für den ungeliebten linken Demokraten Franklin D. Roosevelt missverstanden werden konnte.

In den Sechzigern kandidierte Goldwater gegen Lyndon B. Johnson, den demokratischen Präsidenten und Amtsinhaber. Die libertäre Philosophin Ayn Rand unterstützte Goldwater. Er verlor, aber sein Einfluss prägt die GOP bis heute. »Goldwater hat die Republikaner von einer Partei für Ostküsteneliten zur Geburtsstätte für die Wahl von Ronald Reagan umgeformt«, meinte John McCain, der heute seinen Senatssitz innehat. In der Tradition steht das Goldwater Institute in Phoenix, das für das Recht auf Privateigentum, niedrige Steuern und eine möglichst große Regierungsferne eintritt, und, natürlich, für die originäre Verfassung. Das Institut hat einen Etat von zwei Millionen Dollar, der von Sponsoren kommt, darunter der Grundbesitzerverein von Arizona und die Stiftung des Milliardärs Charles G. Koch.

Allerdings: In der ursprünglichen Verfassung, zu der die Tea Party zurück will, steht kein Wort von einer Begrenzung der

Einwanderung, sondern im Gegenteil dass sie ermöglicht werden soll. In Artikel 1, Sektion 8, heißt es, der Kongress solle eine *Uniform Rule of Naturalization* etablieren, ein Gesetz, wie die Staatsbürgerschaft erlangt werden kann. An Begrenzung dachte damals niemand – Amerika wollte Leute anlocken. Aber in der Geschichte der Immigration haben sich die Debatten und Befürchtungen, die heute aufkommen, bereits mehrmals wiederholt.

Das erste Immigrationsgesetz der USA wurde 1790 verabschiedet, vierzehn Jahre nach der Staatsgründung, als die USA noch aus den dreizehn ursprünglichen Kolonien in Neuengland und dem Süden bestanden. Es gab jeder »free white person of good character«, die sich zwei Jahre in den USA aufgehalten hatte, die Staatsbürgerschaft. Lange blieb es dabei, dass nur Weiße Amerikaner werden durften, das aber war unkompliziert. 1803, als die USA von Frankreich die Ländereien am Mississippi im Louisiana Purchase erwarben, bis hinauf zu den großen Seen, bekam jeder Weiße, der dort lebte, automatisch die Staatsbürgerschaft.

1819 wurde Florida annektiert; in drei langen Kriegen wurden die Seminole-Indianer vertrieben. Auch das geschah, um Platz für Weiße zu schaffen. Und 1848, als die USA nach dem amerikanisch-mexikanischen Krieg den ganzen Südwesten von Texas bis Kalifornien annektierten, bekamen alle Weißen (und hellhäutige Mexikaner) die Staatsbürgerschaft. Indianer und Schwarze aber nicht. Schwarzen wurden erst 1868 mit dem 14. Amendment die Staatsbürgerschaft zugestanden. Indianer erhielten die vollen Bürgerrechte erst nach 1945.

Erst 1875, nach fast hundert Jahren, wurde das erste Gesetz erlassen, das die Immigration einschränkte, der Page Act, der sich gegen Chinesen richtete. Damals waren Hunderttausende Chinesen ins Land gekommen, um die Eisenbahn quer durch den Kontinent zu bauen. Ihnen wurde die Staatsbürgerschaft verwehrt, eine weitere Zuwanderung wurde untersagt. 1882 wurden die meisten mit dem Chinese Exclusion Act deportiert.

Während die USA an Größe und Einwohnern zunahmen, wurden sie immer weißer. 1776 hatte es 2,5 Millionen Menschen in

Amerika gegeben, davon waren rund zwanzig Prozent schwarze Sklaven. Der größte Teil des Kontinents war noch von Indianern bewohnt – bis zu zwanzig Millionen lebten ursprünglich hier, genau weiß es keiner. Knapp hundert Jahre später, nachdem der Norden den Bürgerkrieg gewonnen hatte, gab es 35 Millionen Amerikaner, 4,4 Prozent davon schwarz, und noch eine Million Indianer. Viele Europäer waren zugewandert, obwohl es mühsam und gefährlich war, auf einem Segelschiff den Atlantik zu überqueren. Das änderte sich rapide um das Jahr 1880, als die Hochsee-Dampfschifffahrt aufkam. Nun immigrierten jedes Jahr Millionen von Europäern. Alleine 1892, als Ellis Island, die Einwandererinsel vor New York, eröffnet wurde, landeten zwölf Millionen weiße Immigranten in den USA. Jeder bekam nach einer (bestandenen) Gesundheitsprüfung die Staatsbürgerschaft und meist auch einen englischen Namen. Rund 200 000 Neuankömmlinge wurden allerdings gleich wieder zurückgeschickt, weil sie nicht fit genug waren; 3000 starben in dem Inselhospital.

Das Land wurde nicht nur immer weißer, auch immer mehr Einwanderer schafften es, als weiß zu gelten. Amerika ist nicht durch Klassen-, sondern durch Rassenzugehörigkeit definiert, schreibt Nell Irvin Painter in ihrem Buch *The History of White People*. Sie führt das auf den Gründervater Thomas Jefferson zurück. Jefferson glaubte, nur protestantische Angelsachsen, Engländer also, gehörten zur »weißen nordischen Herrenrasse«, die Amerika regieren sollte, nicht aber andere Europäer, vor allem nicht Deutsche. Er wollte sogar Hengist und Horsa in das Siegel der USA aufnehmen, die angelsächsischen Urväter, die um 500 vor Christus nach England gekommen waren (ausgerechnet aus dem heutigen Niedersachsen). Deutschen wurde von anglophilen Amerikanern unterstellt, sie seien keine richtigen Teutonen, sie hätten »keltisches Blut«. Kelten galten als dunkel, kurzgewachsen und minderwertig, anders als die großen, blonden, blauäugigen Angelsachsen, oder die gleichfalls blonden Skandinavier.

Wesentlich mehr als die Deutschen aber wurden die Iren diskriminiert, die lange brauchten, um als weiß zu gelten. Und irische Einwanderer gab es viele. 1850, auf dem Höhepunkt der Hungersnot in Irland, der eine Million Menschen zum Opfer fielen, gab es in Amerika fast eine Million irische Immigranten, weitere Millionen sollten kommen. Die »Nativisten«, die englischstämmigen Amerikaner, warfen den Iren vor, sie überschwemmten das Land mit ihren vielen Kindern und drückten die Löhne; anglophile Zeitungen beschimpften Iren als faule Trunkenbolde, »Gewürm«, »Ungeziefer«, »Kriminelle aus den Armenhäusern Europas« und spotteten über die »Black Irish«. Dabei brachen auch hier uralte Rivalitäten zwischen Angelsachsen und Kelten durch, meint Painter. Irischen Katholiken wurde unterstellt, dass sie dem Papst gehorchten und nicht dem Präsidenten der USA. In Massachusetts wurden Iren gezwungen, Steuern an protestantische Kirchen zu zahlen. In Philadelphia brannte ein anti-katholischer Mob Kirchen nieder; irische Priester wurden gelyncht. Mehrere Staaten wollten Gesetze erlassen, die Naturalisierung von Iren einzuschränken. Besser erging es den Scotch-Irish, protestantischen Iren aus Ulster, dem heutigen Nordirland, die ebenfalls in Massen kamen. Ursprünglich stammten sie aus Schottland und waren in vorausgegangenen Jahrhunderten in die Gegend um Belfast eingewandert. Die Scotch-Irish waren eine der größten Immigrantengruppen und das Rückgrat der Armee.

In der Einwanderungsgeschichte der USA gab es immer zwei Strömungen: Politiker, die eine rasche, bruchlose Assimilierung an die anglo-amerikanische Kultur wollten – die vertraten in der Regel englische, deutsche und skandinavische Protestanten –, und Politiker, welche die Partikularinteressen neuerer ethnischer Gruppen gegen »die da oben« verteidigten. Dazu zählen irische Parteibosse in Boston, dem »Dublin Amerikas«, italienische Politiker in Chicago, die Allianzen mit Griechen und Polen schmiedeten, und jüdische Gewerkschaftsführer in New York, die Mitglieder unter russischen und polnischen Juden rekrutierten.

Die Integration der Zuwanderer kam mit dem Bürgerkrieg von 1861 einen gewaltigen Schritt voran. Die Armee der Nordstaaten, der Union also, bestand zum Großteil aus Immigranten in deutschen, irischen, schottischen und italienischen Bataillonen, während sich die Südstaaten als die »richtigen« Amerikaner verstanden und sich über die Nordarmee aus »Söldnern und Farbigen« mokierten, schreibt Painter. Aber der Norden gewann. »Die Union sah ihren Sieg auch als einen Multikulti-Sieg über die Nativisten«, meint Painter. Und die Iren galten von da an als weiß.

Viele Deutsche, die größte Einwanderergruppe, ließen sich im German Triangle nieder, im Mittleren Westen zwischen Cincinnati, St. Louis und Milwaukee, wo sie billig Farmland erwerben konnten. Etliche von ihnen stiegen sozial auf, wie Carl Schurz, der es zum Senator brachte, General Friedrich Wilhelm von Steuben, der Bierbrauer Adolphus Busch, der Ingenieur Johann August Roebling, der die Brooklyn Bridge baute, auch Familien wie die Astors und die Rockefellers. Vereinzelte antideutsche Strömungen kamen nur kurz nach 1848 auf, als viele Deutsche nach der gescheiterten Märzrevolution nach Amerika flüchteten. Ihnen wurden unterstellt, sie seien Anarchisten.

Als Theodore Roosevelt 1901 Präsident wurde, griff er den Gedanken Jeffersons wieder auf, dass Amerika nicht durch Klassen, sondern durch Rassen geprägt sei, schreibt Painter. Für Roosevelt waren inzwischen nicht nur Engländer, sondern auch Deutsche, Schotten, Skandinavier und sogar Iren »richtige« weiße Amerikaner. Das neue Feindbild waren nun die Einwanderer, die am Ende des 19. Jahrhunderts aus Süd- und Osteuropa gekommen waren: Polen, Sizilianer, Ungarn, Serben und vor allem russische Juden. Das Misstrauen wuchs, als 1905 sizilianische und jüdische Immigranten die Gewerkschaft der Industrial Workers of the World gründeten, die »Wobblies«, die auch Arbeiter aufnahm, die nicht Englisch sprachen, und die italienische und jiddische Zeitungen herausgaben. Deren klassenkämpferischer Ton wirkte fremd und anti-amerikanisch in einem Land, dessen politischer Diskurs sich darum drehte, die Interessen verschiedener ethnischer Gruppen auszugleichen. Es kam vor, dass Wobblies, die Streiks organisierten, verprügelt oder gelyncht wurden.

Diese Konflikte verschärften sich mit dem Eintritt der USA in den Ersten Weltkrieg, als streikende Arbeiter als Verräter galten. Zeitungen forderten, Einwanderer müssten »hundertprozentige Amerikaner« sein, was hieß: weiß und Englisch sprechend. Es gab Hearings im Senat gegen anarchistische und bolschewistische Umtriebe, wo russischen Juden vorgeworfen wurde, hinter der kommunistischen Revolution in der Sowjetunion zu stecken. Dies gipfelte 1919 und 1920 in Razzien, den Palmer Raids, benannt nach dem damaligen Generalstaatsanwalt A. Mitchell Palmer, als Tausende von Sozialisten eingesperrt und deportiert wurden. Darunter war Emma Goldman, die zum Widerstand gegen die Wehrpflicht aufgerufen und Material zur Empfängnisverhütung verteilt hatte. Eines der prägenden Ereignisse dieser Zeit ist das umstrittene Todesurteil gegen die italienischen Anarchisten Nicola Sacco und Bartolomeo Vanzetti. Palmer hatte damals einen jungen Anwalt an seiner Seite, der später zum mächtigen FBI-Chef aufsteigen sollte: J. Edgar Hoover.

Aber auch deutschstämmige Amerikaner fanden sich plötzlich im Fadenkreuz, als Amerika mit dem Eintritt in den Ersten Weltkrieg von einer antideutschen Welle erfasst wurde, die bis heute ihresgleichen sucht. In vielen Staaten wurde die deutsche Sprache verboten, deutsche Schulen wurden geschlossen, deutsche Bücher auf der Straße verbrannt. Städte wurden umbenannt – »Berlin« in Michigan hieß nun »Marne«. Auch deutsche Straßennamen wurden anglisiert. Statt »Sauerkraut« hieß es nun »liberty cabbage«. Sogar deutsches Bier gab es nicht mehr. Deutsche Zeitungen und deutschsprachige Gottesdienste wurden verboten, lutherische Pfarrer wurden geteert und gefedert. Dirigenten, die Beethoven oder Wagner spielten, kamen mitsamt ihrem Orchester in Internierungslager. Rund 6000 deutsche und österreichische Immigranten wurden als »Spione« inhaftiert, und einige davon zum Tode verurteilt oder gelyncht. Alleine in Montana erhielten 75 deutsche Immigranten lebenslängliche Haftstrafen, weil sie sich gegen den Kriegseintritt der USA ausgesprochen hatten. Viele anglisierten nun ihre Namen und behaupteten, Iren zu sein. Gleichzeitig wurde den Deutschen von den amerikanischen Eugenikern, deren Pseudowissenschaft damals auf ihrem Höhepunkt war, ihre »Weißheit« abgesprochen. »Deutsches Blut wurde von ›größtenteils nordisch‹ auf ›mehrheitlich alpin‹ herabgestuft«, erklärt Painter.

Die Hysterie legte sich erst nach dem Krieg. Die Feindseligkeit der Nativisten richtete sich nun wieder gegen Immigranten aus Süd- und Osteuropa. Jedes Jahr landeten hunderttausende von russischen Juden in Ellis Island an, die vor Pogromen geflohen waren, dazu hunderttausende von Immigranten aus Polen, aus Sizilien, vom Balkan, aber auch aus Südasien, vor allem den Philippinen. 1920 gab es schon mehr als hundert Millionen Amerikaner, und es mehrten sich die Stimmen, die Immigration von Nicht-so-richtig-Weißen nun endlich zu unterbinden. Unter dem Druck von Wählern, die sich über einen nicht enden wollenden Strom »Krankheitskeime tragender Krimineller« beschwerten, schränkte der Kongress 1924 mit dem Johnson-Reed Act erstmals die Einwanderung massiv ein.

Nach einem komplizierten System wurden nun Quoten erlassen, wie viele Einwanderer aus welchem Land kommen durften. Engländer und Skandinavier, Iren und Deutsche waren willkommen, weniger Italiener, Slawen und Juden. Asiaten wurde die Immigration gänzlich untersagt. Das hatte Folgen. Waren bis 1924 noch 200 000 Italiener im Jahr gekommen, wurden danach nur noch knapp 4000 jährlich eingelassen, dazu gut 2000 Russen und ein paar Tausend Juden. Die höchste Quote hatten die Deutschen mit rund 50 000 Zuwanderern. Erstmals fing die Polizei auch an, Illegale aufzugreifen und abzuschieben – das war bisher nur geschehen, wenn diese straffällig oder politisch auffällig geworden waren. Damals wurde auch der Begriff »Immigrant« erstmalig rechtlich definiert und von dem des Ausländers abgegrenzt, der sich nur temporär in den USA aufhält.

Nach dem Schwarzen Freitag von 1929 und Großen Depression sank die Bereitschaft, Immigranten aufzunehmen, noch weiter. Und ab Ende 1941, als die USA in den Zweiten Weltkrieg eingetreten waren, wurden die Schotten vollständig dicht gemacht; Immigranten aus Deutschland und Italien, vor allem aber Japan wurden interniert. Alleine in Ellis Island waren mehr als 7000 *enemy aliens* eingesperrt. Spannungen zwischen englisch- und deutschstämmigen Amerikanern flackerten wieder auf, als anglophile Journalisten Stimmung gegen Deutschland machten.

Die deutschen Wurzeln von Donald Drumpf

Auch Donald Trump kommt aus einer deutschstämmigen Familie väterlicherseits – seine Mutter ist in Schottland geboren. Sein Großvater Friedrich Trump (im 17. Jahrhundert hieß die Familie noch Drumpf) kam aus der Pfalz, aus der Kleinstadt Kallstadt, die in einem Weinanbaugebiet liegt. Weil Friedrich keine Lust hatte, Weinbauer zu werden, schiffte er sich 1885 in die USA ein, zum Höhepunkt der deutschen Immigration. Er legte den Grundstein zum Familienvermögen während des Goldrauschs in Kalifornien, allerdings nicht mit der mühseligen Suche nach Nuggets, sondern indem er Schnaps, Essen und leichte Mädchen an die Goldgräber verkaufte, in rasch errichteten Bretterbuden. Er baute diese Buden auf Land, das ihm gar nicht gehörte, aber im Wilden Westen fragte danach niemand.

Friedrich kehrte zurück nach Kallstadt, heiratete ein Mädchen aus der Pfalz und brachte sie nach New York. Aber der jungen Frau gefiel es dort nicht. Wieder zurück in der Pfalz, bekam er Ärger mit den Behörden, die ihm vorwarfen, er habe sich vor dem Militärdienst gedrückt – und ihn flugs nach Amerika abschoben. Nun anglisierte er seinen Namen zu »Frederick«, was viele Deutsche in Amerika taten. Gwenda Blair, die eine Biographie über die Trumps geschrieben hat, vermutet, Donald habe schon von seinem Großvater gelernt, sich zu verkaufen.

Der Zweite Weltkrieg schuf in den USA einen Assimilationsdruck, der genauso stark war wie der durch den Bürgerkrieg. Da mit dem Kriegseintritt Amerikas Millionen von Amerikanern den Wohnort wechseln mussten – zu einer Militärbasis oder einer Fabrik –, gab es immer mehr Ehen zwischen Immigranten verschiedener Herkunft. Der Militärdienst sorgte ebenfalls für Integration, allerdings nur unter Weißen – noch waren die Bataillone in schwarze und weiße Soldaten segregiert.

Erst nach dem Krieg öffnete Amerika, das nunmehr 132 Millionen Einwohner hatte, die Tore wieder. 1946 wurde die Green Card eingeführt, ergänzt durch Arbeitsvisa. Soldaten wurde erlaubt, Kriegsbräute aus England und Frankreich mitzubringen. Ab 1951 wurde es auch Deutschen (und deutschen Juden) wieder gestattet, in die USA zu reisen. Damit kamen viele Flüchtlinge, Donauschwaben, Schlesier und Sudetendeutsche, auch Balten, Ukrainer und Ungarn. Mit dem McCarran-Walter Act von 1952 wurde die Immigration für Osteuropäer wieder eingeschränkt, allerdings nicht für die, die vor den Russen geflohen waren, nur für Kommunisten. Damals erfasst eine antikommunistische Welle das ganze Land. Der Kalte Krieg gegen die Sowjets, die gerade noch Verbündete gewesen waren, hatte begonnen.

Der McCarren-Walter Act wurde nun benutzt, um missliebige Intellektuelle fernzuhalten, darunter Gabriel García Márquez, Graham Greene und Doris Lessing. Auch deutsch-jüdische Flüchtlinge vor den Nazis wie Hanns Eisler wurden deportiert. Dahinter steckte Joe McCarthy, gedeckt vom FBI-Chef J. Edgar Hoover, und McCarthys »Kettenhund« Roy Cohn. Erst mit der Bürgerrechtsbewegung der sechziger Jahre setzte die »dritte Welle« der »Weißwerdung« Amerikas ein, wie Painter es nennt: Italiener, Polen und Juden erklagten sich in den fünfziger und sechziger Jahren Zutritt zu weißen Country Clubs, das Wohnrecht in besseren Apartmenthäusern und bessere Karrierechancen. Mit John F. Kennedy wurde erstmals ein Katholik Präsident.

Fred Trump hatte noch einen deutschen Akzent, und er stellte am liebsten deutsche Hausmeister in seinen Wohnblocks in Queens und Brooklyn ein. Die, glaubte er, seien besonders sauber und ordentlich, sagt Bill Hetzler, ein aus München stammender Amerikaner, Gründer und Präsident der *German-American Hall of Fame* und im Vorstand zahlreicher deutsch-amerikanischer Organisationen. Hetzler lebt in Long Island, der langgestreckten Insel vor New York. Donald Trump stand, wohl auch der schweren Geschichte der Deutschen in Amerika in beiden Weltkriegen geschuldet, lange nicht offen zur Herkunft seines Vaters und Großvaters. In seinem Buch *The Art of the Deal* behauptete er, seine Familie stamme väterlicherseits aus Schweden. Inzwischen hat sich das geändert; die Trump Organization nimmt mit einem Festwagen an der alljährlichen Steuben-Parade in New York City teil, wo Amerikaner mit deutschen Wurzeln und deutschen Trachten auf der Fifth Avenue feiern. »Trump war auch einmal Grand Marshall der Steuben Parade«, sagt Hetzler. »Er sagte mir, wenn die Deutschen in einer Parade in New York marschieren, dann ist die Strecke hinterher sauberer als vorher«. Auch Trump ist in der *Hall of Fame*, die virtuell ist und keine echte Halle aus Steinen (anders als etwa die *Rock and Roll Hall of Fame* in Cleveland, Ohio). Trump wurde bei einer Feier aufgenommen, die von der Hall of Fame organisiert wurde und die – wo sonst – im Trump Tower stattfand.

Trump, sagt Hetzler, sei inzwischen stolz darauf, deutscher Herkunft zu sein. »Er sagte mir einmal, wir Deutschen müssen zusammenhalten«, sagt er (andererseits wäre es Trump zuzutrauen, dass er einem Schweden oder Schotten etwas vergleichbares sagen würde). »Er mag die deutsche Gründlichkeit und Zuverlässigkeit.« Trump sei auch sehr empfindlich, was Hygiene angeht, er schüttelt nicht gerne Hände, was eigentlich schlecht sei für den Wahlkampf. »Da muss man das«, sagt Hetzler.

Hetzler hält großer Stücke auf Trump. Der sei ein »family man«, ein Familienmann, sagt er. Okay, früher sei er ein Playboy gewesen, aber das sei heute vorbei, seit er Melania geheiratet habe. Melania sei eigentlich auch deutschstämmig, sie gehöre der Volksgruppe der Gottscheer an, die aus Slowenien stammt. Die Gottscheer sprechen deutsch und kamen ursprünglich aus Österreich. Sie wurden erst von den Nazis in die Steiermark zwangsumgesiedelt und dann von den Tschechen vertrieben. Die meisten überlebenden Gottscheer (nicht sehr viele) wohnen heute in den USA: Sie sind eine der landsmannschaftlichen Gruppen, die an der Steubenparade teilnehmen. Melanias Eltern, sagt Hetzler, sprechen heute noch deutsch. Hetzler findet, das Donald und Melania in den USA besser aufgehoben sind. »Deutschland ist ein Neiderland, Amerika ist ein Gönnerland«, sagt er.

Camilla Paglia, eine feministische Autorin aus den USA, glaubt allerdings, Trump sei weniger durch seinen deutschen Vater geprägt worden als durch seine schottisch-gaelische Mutter, Mary Anne MacLeod. Das Mädchen aus einer armen Familie landete 1930 mit dem Schiff in New York, auf der Suche nach einem besseren Leben. Trumps Mutter, schreibt Paglia in *Salon.com*, sei auf den Hebriden geboren, jene stürmischen Inseln im herben Nordwesten Schottlands, die von Gaelen, Kelten und Wikingern besiedelt seien. »Ich mir wurde plötzlich klar, dass Trump kein Highlander ist, sondern ein Wikinger, der schlachtet, brennt und angesichts des Gemetzels, das er anrichtet, lacht.«

Die dunkle Bedrohung: Moslems sind die neuen Iren

Heute sind es andere Einwanderer, die sich noch keine »weiße Identität« erkämpft haben: Zuwanderer aus dem Mittleren Osten – Türken, Pakistanis und Araber, ausgenommen die Israelis – und Hispanics, also Südamerikaner, Mexikaner und Puerto-Ricaner. Die wurden lange im US-Census, der Volkszählung, als »nicht-weiß« eingestuft, unabhängig davon, ob es sich um mexikanische Nachkommen von aztekischen Indios oder um blonde Chilenen mit deutschen Vorfahren handelt. Inzwischen dürfen sie sich immerhin aussuchen, ob sie im Zensus als weiß gelten.

Ein Hauptgrund für den Zuwachs an Mexikanern ist eine wenig beachteten Gesetzesänderung, die gewaltige Auswirkungen hatte. 1965 beschloss der Kongress den Immigration and Nationality Act. Der löste die ethnischen Länderquoten von 1924 ab, deren Rudimente sich heute noch in der Green Card-Lotterie finden. Stattdessen wurden nun Zuwanderungsvisa für Verwandte ausgegeben; für Bräute, Eltern und Geschwister von Amerikaner. Das Gesetz war durchaus umstritten und letztlich ein Kompromiss. Die Demokraten wollten, dass diejenigen einwanderten, die am qualifiziertesten waren, Arbeitsplätze zu besetzen. Die Republikaner hingegen wollten die Identität der USA als Siedlungsprojekt für Weiße erhalten. Und so machten die Demokraten den Republikanern das neue Gesetz schmackhaft, indem sie argumentierten, da die übergroße Mehrheit der USA weiß sei (und Afro-Amerikaner keinerlei Familienbindungen nach Afrika haben), garantiere das die derzeitige ethnische Mischung. Allerdings: Während sich die Westeuropäer vom Zweiten Weltkrieg erholt hatten, und wenig Lust verspürten, zu emigrieren, zogen Immigranten aus Korea, Indien oder eben Mexiko ganze Großfamilien nach. 1960 waren der *Washington Post* zufolge sieben von acht Immigranten Weiße aus Europa. 2010 waren neun von zehn Immigranten Nicht-Weiße, und davon kam das Gros über den Familiennachzug. Und so gelangen jedes Jahr auch eine Million Mexikaner in die USA – weit mehr als Illegale.

Und es gibt noch einen weiteren Weg, die Staatsbürgerschaft zu erhalten, das sind die sogenannten *anchor babies,* Ankerbabys. Nach dem 14. Verfassungszusatz von 1886 ist jeder, der in den USA geboren wurde, Amerikaner, auch Kinder von Illegalen; das *birthright citizenship.* Mit achtzehn können *anchor babies* die Staatsbürgerschaft für Eltern, Geschwister und Großeltern beantragen und alle nachholen. Nach einer Studie des Pew Center gibt es jährlich rund 300 000 solcher *anchor babies.*

Die Tea Party will diese Regelung abschaffen, was auf viel Zustimmung stößt. Arizonas Senatspräsident Russell Pearce glaubt, *birthright citizenship* verstoße gegen den Geist der Verfassung. Er argumentiert, dass der 14. Verfassungszusatz nichts mit Immigration zu tun gehabt habe. Damals sei es darum gegangen, den Nachkommen schwarzer Sklaven die Staatsbürgerschaft zu geben und nicht etwa, die Einwanderung zu erleichtern. Der 14. Zusatzartikel galt bis 1923 nicht einmal für Indianer. Deshalb, so Pearce, verpflichte er die USA nicht, Kindern von Illegalen die Staatsbürgerschaft zu geben. Manche Tea Partier fordern deshalb gar, *anchor babies* mitsamt ihren Familien zu deportieren.

Der 14. Verfassungszusatz galt zwar tatsächlich den Schwarzen, aber die Verfassungsgeber hatten die Einwanderer nur deshalb nicht im Auge, weil das in den Zeiten der *Founding Fathers* überhaupt nicht zur Debatte stand. Damals war jeder Weiße, der aus Europa anlandete, automatisch Amerikaner, und jedes weiße Kind, das in Amerika geboren wurde, sowieso. Wenn Pearce also wirklich zu den Gründungsvätern zurück wollte, gäbe es nur noch weiße *anchor babies.* Das fordert nicht einmal die Tea Party. Pearce steht nicht alleine da. Mehrere dutzend Staaten vor allem im Süden und Südwesten debattieren, das *birthright citizenship* abzuschaffen; darunter Kansas, Pennsylvania und Texas. Sie wollen die Staatsbürgerschaft daran knüpfen, dass mindestens ein Elternteil Amerikaner ist oder wenigstens eine Aufenthaltsgenehmigung hat. Allerdings: Für das Einwanderungsrecht ist die Bundesregierung in Washington zuständig, nicht die Staaten.

Politisch sind solche Vorstöße durchaus zweischneidig, denn der Anteil an hispanischen Wählern in den USA wächst. Derzeit sind es zwölf Millionen, oder acht Prozent der Wählerschaft. Da in den kommenden Jahren viele in den USA geborene Hispanics achtzehn Jahre alt werden, wird diese Zahl zügig steigen. Und Hispanics wählen überwiegend demokratisch – Obama bekam 67 Prozent ihrer Stimmen. Dies ist für die Republikaner problematisch, weil der Präsident nicht vom Volk gewählt wird, sondern von den einzelnen Bundesstaaten, die ihrerseits Wahlmänner in das Electoral College, entsenden. In den meisten Staaten bekommt die Partei, die die einfache Mehrheit hat, hundert Prozent der Wahlmänner. Nun blicken nervöse Parteistrategen auf Texas: Der Staat hat 34 Wahlmänner, damit liegt er an zweiter Stelle hinter Kalifornien. Bislang war Texas solide in der Hand der Republikaner. Wenn aber der Anteil der Hispanics dort fünfzig Prozent übersteigt – und er liegt heute bereits bei vierzig Prozent –, dann könnte Texas für die Republikaner vollständig verloren gehen. Damit wären die drei größten Staaten – Kalifornien, Texas und New York – fest in demokratischer Hand.

Deshalb stimmen Republikaner, denen die Zukunft der Partei wichtiger ist als der momentane Beifall der Rechtspopulisten, in diesen Chor nicht mit ein. Vor allem Marco Rubio lässt keine Gelegenheit aus, an seine eigenen Wurzeln als Immigrant zu erinnern; Amerika müsse Immigranten eine Chance geben, sagt er. Ähnlich denkt Jeb Bush. Anders positionieren sich Ted Cruz und natürlich Trump. Cruz hat sich im Senat gegen die von Obama vorlegten Vorschläge gewehrt, Illegalen, vor allem Minderjährigen, den Weg zur Staatsbürgerschaft zu ebnen. Und Trump würde am liebsten das *birthright citizenship* ganz abschaffen und er hat eine wachsende Zahl von Wählern hinter sich. Letztlich entscheidet das aber der Kongress.

Südlich von Phoenix, bei Casa Grande biege ich auf die I-8 ab, die deutlich weniger befahren ist als die I-10. Ein paar Lastwagen, ab und zu ein Auto. Schilder warnen, das Tempolimit von 75 Meilen pro Stunde einzuhalten, denn das werde vom Polizeihubschrauber aus überwacht. Die I-8, deren Mittelstreifen mehrere hundert Meter breit ist, führt am Stammesland der Tohono O'odham vorbei. Auch bei der nächsten Polizeikontrolle am Gila River werde ich durchgewunken. Mein Auto nähert sich Yuma, der letzten Stadt vor der Grenze zu Kalifornien, am Colorado River, der hundert Meilen weiter südlich in den Golf von Kalifornien mündet. Yuma ist eine aufgeräumte Kleinstadt in rosa Granit, mit weißgekalkten Fassaden, gepflegten Gehsteigen und ein paar Palmen, die in der Mittagshitze gewässert werden. In der historischen Altstadt liegen zwei Saloons, ein Casino, ein Kino, das auch als Kulturzentrum dient, ein paar Läden, deren Angebot von Antiquitäten nahtlos zu Ramsch übergeht, ein Stand mit Power-Fruchtshakes und ein Diner. Es gibt auch ein bayrisches Restaurant, weiß und blau beflaggt, mit Schweinebraten und Semmelknödeln, neben einer irischen Bar. San Luis Río Colorado, die mexikanische Grenzstadt, ist nur wenige Meilen entfernt.

Yumas größte Arbeitergeber sind die US-Army, die eine Air-Force-Basis mit einem Waffentestgelände unterhält, und die Gefängnisse. Yuma hat das älteste Gefängnis des Wilden Westens, das Yuma Territorial Prison von 1879, heute ein Museum. Das eigentliche, moderne Gefängnis ist der Arizona State Prison Complex, eine befestigte, fensterlose Zementburg, vor der Polizisten mit MP im Anschlag Wache stehen. Hier sind mehrere tausend Gefangene untergebracht, darunter viele Illegale, die demnächst nach die Mexiko abgeschoben werden. Dass Arizona die Front im Kampf gegen Immigration bildet, ist kein Zufall. Zu den Legenden des »Wildwest-Staats« gehören Cowboys, Sheriffs und Outlaws, die gegen die Apachen und die Mexikaner gekämpft haben. Das Misstrauen der Tea Party richtet sich aber auch gegen Moslems, insbesondere gegen Araber – es ist kein Zufall, dass viele Rechtspopulisten Obama für einen Moslem halten. Das ist erstaunlich, denn in den USA gibt es nur drei bis vier Millionen moslemische Immigranten, in Relation zur Bevölkerung nur ein Viertel der Zahl von Deutschland. Und diese sind gut ausgebildet, integriert und werden selten straffällig, da sie meist aus der Ober- oder Mittelschicht stammen. Dazu kommen ein bis zwei Millionen arabische Christen, meistenteils aus Palästina. Trotzdem gibt es mehr als ein Dutzend Staaten, die einer Gesetzesinitiative aus Oklahoma gefolgt sind, die Scharia zu verbieten – wobei die in diesen Staaten weder gilt, noch leben dort eine nennenswerte Anzahl von Moslems. Gleichwohl droht etwa Tennessee jedem, der islamisches Recht unterstützt, fünfzehn Jahre Gefängnis.

Hinter solchen Gesetzen stecken knallharte Neokonservative, die ursprünglich mit der Tea Party wenig zu tun hatten, aber die Gunst der Stunde nutzten, Allianzen zu schmieden. Die juristische Vorlage für diese »Anti-Scharia-Gesetze« wurde von David Yerushalmi formuliert, einem chassidischen Anwalt aus Brooklyn. Sein Interesse am Dschihad hat der *New York Times* zufolge am 11. September 2001 begonnen, als er noch in einer Siedlung in der israelisch besetzten Westbank lebte. Er zog nach New York. 2009, mit dem Aufkommen der Tea Party, begann er, einzelne Bundesstaaten mit seinen Gesetzentwürfen zu versorgen. Dazu hat Yerushalmi den Verein SANE (Society of Americans for National Existence) gegründet. SANE warnt von dem »Dschihad«, greift aber auch säkulare Juden an. Auf der Webseite *Intellectual Conservative*, die vom Goldwater Institute unterstützt wird, schreibt er, dass diese ihre »Gastgeberländer wie ein tödlicher Parasit zerstören«. Er findet auch, die *Founding Fathers* hätten gute Gründe gehabt, Frauen und Schwarzen das Wählen zu verbieten.

Um Yerushalmi gibt es ein einflussreiches neokonservatives Netzwerk, zu dem der frühere CIA-Chef James Woolsey gehört, Daniel Pipes, ein pro-israelischer Kreuzzügler, der das Middle

East Forum und die Webseite *Campus Watch* betreibt sowie Frank Gaffney, ein früherer Reagan-Beamter und Verschwörungstheoretiker, der sogar konservativen Republikanern zu verrückt ist. So hat Gaffney behauptet, Saddam Hussein stecke nicht nur hinter dem Anschlag gegen das World Trade Center von 1993, sondern auch hinter dem Anschlag in Oklahoma City (den der Neonazi Timothy McVeigh begangen hat). Gaffney glaubt auch, Obama sei Amerikas erster muslimischer Präsident, und Huma Abedin, Hillary Clintons Beraterin, sei Geheimagentin der Moslembrüder. Das glauben auch viele Trump-Unterstützer, beispielsweise Bill Hetzler oder Trumps langjähriger Butler Anthony Senecal.

Diese Leute haben viele Sympathisanten unter Republikanern. Zu denen zählt Peter King, ein Abgeordneter, der im Mai 2011 Hearings in Washington veranstaltete, wo er sagte, viele moslemische Einwanderer seien Terroristen, die Amerika unterwandern wollten. Besondere Ironie: Der irischstämmige King hat lange die IRA und ihren bewaffneten Kampf gegen den »britischen Imperialismus« unterstützt. Falls die Republikaner das Weiße Haus gewinnen, werden auch Yerushalmi und Konsorten wieder Oberwasser haben. Trump hat bereits angekündigt, nicht nur die Immigration von Moslems untersagen zu wollen, sondern sogar, Moslems als Touristen auszusperren. Er beruft sich auf eine Studie des »Center for Security Policy«, die behauptet, ein Viertel aller amerikanischen Moslems halte Gewalt gegen Amerikaner für gerechtfertigt und mehr als die Hälfte wolle die Scharia. Direktor des »Center for Security Policy«, ist Frank Gaffney. Unterstützt wird das Center von James Woolsey.

Ted Cruz geht noch einen Schritt weiter: Er hat Gaffney als seinen außenpolitschen Berater engagiert. »Frank Gaffney ist ein ernsthafter Kopf, der sich darauf konzentriert, den Dschihad zu bekämpfen, auf dem ganzen Globus«, sagte Cruz auf CNN. Auf Gaffneys Verschwörungstheorien angesprochen, sagte er, er interessiere sich nicht für jedes einzelne Zitat, das die Medien ausgraben würden. So was finde er »albern«.

4) Das grossartigste Land der Welt
Libertäre und Religiöse Rechte

Phoenix, Arizona, liegt mitten in der Wüste, zwischen der mexikanischen Grenze und den schroffen, kaktusbewachsenen Bergen des nördlichen Arizona in dem Land der Staudämme und Indianer-Reservate. Hier, im Tal des River Verde, lebten vor mehr als tausend Jahren die Hohokam. Um 1000 nach Christus kamen die Apachen aus den Prärien des Nordens. Die Apachen sind, anders als die Hohokam, wilde Reiter, ihre Stämme – die Mescalero, die Jicarilla, die Chiricahua und andere – kämpften lange gegen die spanische und die mexikanische Armee. Die Konquistadoren hatten schon im 16. Jahrhundert erfolglos versucht, sie zu unterwerfen. 1848 gewann Amerika im mexikanisch-amerikanischen Krieg auch das Land, das heute Arizona und New Mexico ist, und damit wandten sich die Apachen gegen die Amerikaner.

Allenthalben gab es Scharmützel, die 1854 im Krieg der US-Army gegen die Jicarilla kumulierten, den die Indianer zunächst gewannen. Aber die Weißen gaben nicht auf. Als die Eisenbahn nach Santa Fe gebaut wurde, schossen Soldaten aus den fahrenden Wagen die Büffelherden ab, um die Indianer ihrer Lebensgrundlage zu berauben. Die Indianer schlugen zurück. Die größte Schlacht war der »Battle of the Adobe Walls«, die 1864 im Nordosten von Texas an der Grenze zu New Mexico stattfand. Die US-Army kämpfte gegen die Prärie-Apachen und die Comanche; sie wurde von 3000 Kriegern in die Flucht geschlagen.

Erst 1865, nach dem Bürgerkrieg, konnte Washington genug Soldaten erübrigen, um den Wilden Westen zu erobern. Die US-Army legte mehrere Forts an, darunter Fort McDowell, in einem Tal zwischen den White Tank Mountains am Rio Verde, dem grünen Fluss. Die Army sollte die Siedler schützen, die aus dem Osten kamen. Einer davon war Jack Swilling, ein Veteran der Konföderiertenarmee. Swilling baute damals eine Mühle gleich neben Fort McDowell, an einem der Wassergräben, die von den Hohokam erbaut worden waren. Die Mühle wuchs sich zu einem Dorf aus, das den Namen Phoenix bekam. 1881 wurde Phoenix, das nun 2500 Einwohner hatte, zur Stadt erklärt. Kurz darauf hielt dort die erste Eisenbahn der Southern Pacific Railroad.

In all dieser Zeit waren die Kämpfe zwischen der US-Army und den Indianern weitergegangen. Nach und nach unterlagen die Stämme; sie wurden in Reservate gesperrt, wo viele an Hunger und Krankheiten starben, als erstes die Yuma und die Gila. Aber die Apachen brachen immer wieder aus. Ihr letzter großer Krieger war Geronimo, ein Führer der Chiricahua. Er entkam mit zwei Dutzend Männern aus einem Reservat südöstlich von Phoenix, das halb in Arizona, halb in Mexiko liegt.

Jahrzehntelang ritten sie durch unwegsame Berge, schneller als jeder Soldat. Die Army brauchte 5000 Soldaten, ein paar hundert indianische Scouts und mehr als tausend Bürgerwehrler, um den gefürchteten Apachenführer endlich zu fangen. Geronimo, seine Männer, aber auch alle Scouts, die der Armee geholfen hatten, wurde erst in einem Fort in Florida gefangen gehalten, dann nach Oklahoma, in das Fort Sill gebracht. 1909 starb Geronimo. Prescott Bush, der Großvater des 43. Präsidenten, soll als junger Mann in einer Mutprobe seinen Schädel gestohlen und nach Yale gebracht haben, noch heute kämpfen seine Nachfahren um die Rückgabe. Die Überlebenden der Apachenkriege leben heute an der Grenze zu New Mexico oder in Mescalero.

Drei Jahre nach Geronimos Tod wurde Arizona ein Bundesstaat, der letzte Staat auf dem Kontinent, mit Phoenix als Hauptstadt. In ganz Arizona lebten 1912 nur gut 200 000 Weiße, davon etwa 11 000 in Phoenix. Nun, als die Indianer vertrieben waren, konnte Phoenix wachsen. Als in den sechziger Jahren Klimaanlagen das Leben in der Hitze erträglicher machten, explodierte die Stadt förmlich. Heute leben in Phoenix anderthalb Millionen Menschen, meist in Suburbs, die sich Meile um Meile an Ausfallstraßen aneinanderreihen, mit Vorgärten, Palmen und Pools; dazu Industrieparks und Fabriken, einer Forschungsuniversität, der Arizona State University und einer Filiale der Mayo Clinic. Die im Planquadrat angelegten Straßen der Innenstadt sind nach den Gründungsvätern und Präsidenten der USA benannt: Washington, Madison, Adams, Jefferson, Jackson. Alles hier wirkt neu, und alles sieht irgendwie gleich aus: die mit rötlichem Stein errichteten Hochhäuser, die Pflaster der Bürgersteige, die Tex-Mex-Restaurants, die Theater, die Kinos und das Kongresszentrum. In Downtown Phoenix traf sich im Februar 2011 die Tea Party zu einer mehrtägigen Konferenz. Bei der traten auch mehrere konservative Politstars auf. Der bekannteste war Ron Paul, der Abgeordnete aus Texas. Einige von dessen Anhänger feiern Geronimo heute als Widerstandskämpfer gegen den US-Imperialismus. In Phoenix wurden der Leitlinien einer Bewegung sichtbar, an deren Spitze heute Donald Trump steht.

Populisten in Phoenix: Patrioten unter sich

Februar in Phoenix ist wie Juni anderswo, warm, sonnig und in Erwartung einer unerträglichen Hitze. Aber das Kongresszentrum, ein fensterloser Bau, der so von der Apachenwüste weg ist wie es nur geht, ist natürlich klimatisiert, wie alles hier. Die Tea Party belegt einen Flügel des Gebäudekomplexes, der vier Straßenblocks umfasst: einen Festsaal mit Bühne und Videoleinwänden, eingerahmt von zwei Ausstellungshallen und den Wandelgängen davor. Lächelnde junge Frauen mit aufgesteckten Haaren und in langen Rüschenkleidern verteilen Flugblätter. Sie sehen aus wie Statistinnen in *Vom Winde verweht*, aber sie sollen Frauen aus der Zeit des revolutionären Washingtons darstellen, als die Verfassung der USA verabschiedet wurde, auf die sich hier alle berufen. Natürlich hätten Frauen zur damaligen Zeit nicht wählen dürfen, aber nicht alle, die der Tea Party nahestehen, halten das Frauenwahlrecht für eine gute Idee. Ann Coulter, eine ikonische Autorin der Rechten meinte einmal, wenn man den Frauen das Wahlrecht wieder wegnähme, bräuchte man sich wenigstens nicht mehr zu sorgen, dass noch einmal ein Demokrat zum Präsidenten gewählt werden könnte. »Nur Frauen wählen so dumm, zumindest unverheiratete Frauen.«

Die Festhalle mit den Sitzreihen ist patriotisch dekoriert. Auf den Bildschirmen tanzen rot-weiß-blaue Luftballons, auch die Flagge weht digital. Bilder von einem lächelnden Ronald Reagan werden eingespielt, von der Freiheitsstatue, blonden Kornfeldern und blauäugigen Kindern. Als die Nationalhymne erklingt, stehen alle auf, die Hand auf dem Herz und sprechen den *Pledge of Allegiance*, den Eid auf die Fahne und die Republik, der vor dem Sozialisten Frances Bellamy verfasst wurde, und den alle Amerikaner in der Schule auswendig lernen. Bei der Zeile »Under God« – in den fünfziger Jahren eingefügt – werden sie lauter. Es klingt ein bisschen trotzig. Durch das Programm führen Mark Meckler und Jenny Beth Martin von den Tea Party Patriots; der Verein hat die Konferenz auch organisiert. »Amerika ist das großartigste Land der Welt«, rufen sie und ermahnen das Publikum, ja keine rassistischen Sprüche zu machen, schon gar nicht in Gegenwart der fiesen *Mainstream Media*. Dann wirft Jenny Beth ein paar T-Shirts mit Tea-Party-Aufdruck in die jubelnde Menge.

Begrüßt werden die zwei- bis dreitausend Gäste in Phoenix von David Schweikert, der Arizona in Washington vertritt, für die Republikaner natürlich. Er entschuldigt sich erst für seinen komisch klingenden deutschen Namen und zählt dann die Probleme auf, die uns drohen, weil wir so gut wie pleite sind. Für Medicaid, die staatliche Krankenversicherung für Amerikaner mit niedrigem Einkommen, reiche schon bald das Geld nicht mehr, auch nicht für Medicare, die Krankenversicherung für Alte und Frührentner, oder für Social Security, die Rente. Das ganze Budget des Pentagon könne das nicht decken. Außerdem haben wir noch massenweise Schulden bei den Chinesen. In der Menge murrt es leise, wir sollten einfach nicht zahlen, aber Schweikert sagt, so ginge das nicht, wegen der Weltwirtschaft. Nötig sei vielmehr ein ausgeglichenes Budget. Donald Trump wird fünf Jahre später – zum Entsetzen aller Ökonomen – vorschlagen, gegenüber den Chinesen Konkurs anzumelden. Was Konkurse angeht, hat Trump schon als Baulöwe Übung.

Die Konferenz wird von der Health Care Compact Alliance gesponsert, einem gemeinnützigen Verein, der von Spenden lebt, aber ungerne erzählt, wer die eigentlich aufbringt. Es seien aber garantiert nicht die Pharmaindustrie oder private Krankenkassen, versichert Meckler. Auch der Chairman der Alliance spricht ein Grußwort, es ist Eric O'Keefe, der als privater Investor aus Wisconsin vorgestellt wird. O'Keefe sitzt in unglaublich vielen Vereinen, der wichtigste davon ist die »Sam Adams Alliance« in Chicago; die meisten davon werden direkt oder indirekt von Charles und David Koch finanziert. Aber dazu später mehr.

O'Keefe, ein schlanker, graumelierter Mittfünfziger, spricht über die *Mayflower*, die Revolution gegen die Briten, die uns »das großartigste Land der Welt« beschert habe, und schimpft dann über die *fat cats*, die Funktionäre in Washington. Bei dem Kampf, den wir führten, stünden nicht Republikaner gegen Demokraten, sagt er, sondern normale Bürger gegen die »herrschende Elite«. Es gehe um *States Rights*, die Rechte der Bundesstaaten; er will, dass die sparsamen Bundesstaaten für die Gesundheitsvorsorge verantwortlich sind und nicht die verschwenderische Regierung in Washington. Das gelte nicht nur für die neue, ungeliebte Krankenversicherung ObamaCare, sondern auch für Medicare, wo unbedingt gekürzt werden müsse. Als er das sagt, lässt der Beifall im Saal deutlich nach. Mindestens jeder Dritte hier ist Rentner.

In den Ausstellungshallen summt es; zwischen den Auftritten der Redner schlendern die Besucher an Ständen umher. Überall werden Bücher, DVDs, CDs, T-Shirts, Aufkleber, Anstecker, Broschüren, Flugblätter angeboten. Bei einem Gutteil der Bücher geht es darum, die Geschichte der USA neu zu erklären, oder besser: richtig zu erklären. Beispielsweise sei Amerika gar kein Einwanderungsland, heißt es in einem Buch. Denn die *Founding Fathers* seien allesamt in Amerika geboren (oder vielmehr dort, wo heute Amerika ist). Oder der Bürgerkrieg: Der war unnötig, denn Jefferson Davis, der Präsident der Konföderierten, habe die Sklaverei sowieso abschaffen wollen, allerdings mit sozialverträglichen Übergangsfristen für die Plantagenbesitzer. Auch die Wahrheit über den Vietnamkrieg kommt hier ans Licht: Eigentlich sei das Militär erfolgreich gewesen, wenn es die Linken nicht per Dolchstoß an der Heimatfront besiegt hätten.

Eines der Bücher ist *The 5000 Year Leap* von W. Cleon Skousen, Antikommunist, Mormone, Historiker und kurzzeitiger Polizeichef von Salt Lake City. Der 2006 verstorbene Skousen stand der John Birch Society nahe, er war so rechts, dass FBI-Chef J. Edgar Hoover ihn beobachten ließ. Skousen vertrat die Ansicht, dass die Verfassung der USA eine göttliche Eingebung sei, weshalb Amerika innerhalb von 200 Jahren durch technischen Fortschritt einen Sprung von 5000 Jahren gemacht habe (offenbar ist ihm entgangen, dass der gleiche technische Fortschritt auch außerhalb den USA stattgefunden hat). In einem freiheitlichen, gerechten System, meinte Skousen, gebe es nur vier schwere Verbrechen: Hochverrat, Feigheit – insbesondere die Feigheit, nicht in der Armee zu dienen –, Desertation und Homosexualität. Skousen hielt US-Präsident Dwight D. Eisenhower für einen Agenten der kommunistischen Weltverschwörung, er attackierte die Rockefellers und die Rothschilds, später wurde er Berater von Ronald Reagan. Aber erst Glenn Beck, eine populistische, schillernde Medienfigur (und ebenfalls Mormone) machte Skousens Buch zur »Bibel der 12/9-Bewegung«, wie das Internetmagazin *Salon* schrieb; für die Neuauflage verfasste Beck ein Vorwort.

An einem Stand zeigt ein besorgter Patriot ein Endlosvideo, das die Eroberung des Kosovo durch die Moslems zeigt, irgendwann im Mittelalter, als Warnung vor der drohenden Übernahme der zivilisierten Welt durch die Moslems. Warum unterstützen die USA dann die Kosovo-Albaner gegen die christlichen Serben? Der Mann hört das zum allerersten Mal, und es interessiert ihn auch nicht. Er will über Moslems in den USA reden, die er für potenzielle Terroristen hält. »Die sind uns immer einen Schritt voraus«, sagt er. »Das Department of Homeland Security reagiert nur, anstatt die Initiative zu ergreifen. Aber wir müssen vorher wissen, was die sich ausdenken, um den nächsten Anschlag zu verhindern.« Aber die Terroristen könnten sich doch einfach ein paar Sturmgewehre in Phoenix kaufen – Arizona ist ein waffenfreundlicher Staat – und dann herumballern. Der Mann guckt überrascht. Darauf ist er noch nicht gekommen.

Der amerikanische Südwesten, auch Phoenix ist zur Hälfte hispanisch; in Städten wie San Antonio, El Paso und Albuquerque ist Spanisch quasi Amtssprache. Aber hier, in den kühlen Hallen des Konferenzzentrums, sind weit und breit nur Weiße zu sehen (außer den Saaldienern natürlich, die schwarz sind). Ein paar Cowboyhüte, ein oder zwei Althippies, überhaupt viele Ältere und noch mehr Besucher, die deutsche Namen haben; erkennbar an den Schildern, die sie tragen. Zwei Sorten Schilder werden ausgegeben: »Patriot«, für die echten Amerikaner, also die Mitglieder der Tea Party, und »Media«, für die der Regierung lobhuldigenden, Latte Macchiato trinkenden, Sushi essenden, hohe Steuern fordernden, Volvo fahrenden, *New York Times* lesenden, Hollywood liebenden Journalisten der Lügenpresse.

An einem Stand treffe ich endlich auf einen Schwarzen mittleren Alters mit kurz rasierten Haaren. Als einziger Afro-Amerikaner unter ein paar tausend Weißen fällt er auf. Ja, das mit der Sympathie für die Tea Party, das sei tatsächlich ein »ethnic thing«, stimmt er mir zu. Aber Sinn habe das nicht. »Die meisten Afro-Amerikaner sind konservativ und treten für Familienwerte ein, die passen politisch viel besser zur Tea Party als zu den Demokraten.« Er aber komme aus einer Offiziersfamilie, »da übernimmt man die Werte des Militärs, nicht die der Herkunft.«

An einem Stand, an dem das *Don't Thread on Me*-T-Shirt (was soviel heißt wie, Lass mich in Ruhe), mit der gelben Klapperschlange verkauft wird, steht ein Indianer mit langen schwarzen Haaren. Woher kommt er denn? Er ist Apache aus New Mexico; aber sein Vater ist in den vierziger Jahren aus Mescalero nach Arizona gezogen, wo er sich als Mexikaner ausgegeben hat, weil Indianer keinen Alkohol trinken durften. Und warum ist er bei der Tea Party? »Wir haben zu viele Immigranten aus Mexiko, die unsere Fahne nicht respektieren und die unser Land übernehmen wollen, die will ich stoppen«. Apachen geben offenbar nie auf.

Ein Großvater als Revoluzzer
Rand Paul und Ron Paul

Plötzlich geht ein Raunen durch die Menge: Ron Paul kommt! Der Arzt, der seit 1976 Galveston, eine texanische Stadt am Golf von Mexiko, in Washington vertritt, gilt als der »Vater der Tea Party«. Er ist ein Libertarian, ein Libertärer, ein Anhänger der Partei, die *big government* schon abgelehnt hat, als Sarah Palin noch Schulballkönigin in Wasilla war. Der damals 76-jährige Paul ist nicht sonderlich groß, ein wenig verhutzelt, fast fragil, freundlich, aber bestimmt. Er wirkt wie ein altmodischer Großvater, dem man die gelegentliche Schroffheit nachsieht, weil er halt so ist. Er ist selbstverständlich für freien Waffenbesitz und er lädt seine Wähler gerne zu Barbecues ein, wo seine Frau selbstgemachte Kochbücher mit den Bildern ihrer Enkel verschenkt.

Aber Paul ist kein klassischer Konservativer. Er ist ein echter Grassroots-Kandidat, einer, der von unten getragen wird. Sein Wahlkampf wird im Internet organisiert und von vielen einzelnen kleinen Spendern finanziert. Viele davon sind jung, Angehörige der Army, der Navy und der Air Force sind darunter, auch Studenten. Er war von Anfang an gegen den Irakkrieg, schon deshalb, weil er glaubte, der werde die USA ruinieren. Für den Krieg machte er, der *New York Times* zufolge, ein »halbes Dutzend Neokonservative, welche die amerikanische Außenpolitik gekapert haben« verantwortlich (umgekehrt mögen die Neokonservativen den Texaner auch nicht besonders). Paul ist gegen das Freihandelsabkommen NAFTA und die Wehrpflicht. Er tritt für die Freigabe von Marihuana ein und sogar von Heroin (einer seiner Unterstützer war der LSD-Guru Timothy Leary).

In der allerersten Präsidentschaftsdebatte in New Hampshire hat er eine flammende Rede gehalten, dass es von wenig Vertrauen in den freien Willen zeuge, wenn man glaube, mit der Freigabe von Heroin würden nun alle zu harten Drogen greifen. »Würde ein Einziger von Ihnen Heroin nehmen, bloß weil es erlaubt wäre?«, donnerte er in den Saal. Paul hat Julian Assange, den in den USA schwer umstrittenen Gründer von Wikileaks verteidigt, weil die Redefreiheit in Amerika Verfassungsrang hat, und er kann sich sogar mit der Schwulenehe anfreunden, solange sie nicht »Ehe« genannt wird und die Bundesstaaten dafür zuständig sind. Er führt einen Feldzug gegen die Federal Reserve, den »Tempel der Fed«, wie er sagt, mit ihrem »Hohepriester Alan Greenspan«, bei dem er von Barney Frank Rückendeckung bekommt, dem Linksaußen der Demokraten. Kurz, Paul hat absolut keine Chance, Präsident zu werden.

Sobald Paul die Halle betritt, wird er von Fans, aber auch Journalisten umringt, die ihn fragen, was er als Präsident tun würde. »Ich bin für eine starke Landesverteidigung, dennoch würde ich bei den Militärausgaben kürzen«, sagt er. »Aber die etablierten Parteien sind dagegen, auch die Demokraten – die sind eingeschüchtert und glauben, sie müssten beweisen, dass sie nicht schwach sind. Da müssen wir Libertäre mit den Progressiven zusammenarbeiten.« Er fügt hinzu: »Eigentlich haben wir ein Ein-Parteien-System, die Republikaner und die Demokraten sind letztlich eine einzige Partei, die alles untereinander aufteilen. Dagegen sollten sich die Amerikaner mal wehren.« Was hält er von Immigration? Er wiegt den Kopf. »Wir müssen unsere Gesetze durchsetzen und außerdem: Unsere Krankenhäuser stehen kurz vor dem Bankrott, weil sie so viele Illegale behandeln müssen.« Falsch findet er allerdings den Senate Bill 1070, wonach die Polizei in Arizona die Papiere von Ausländern verlangen muss. »Bald dürfen auch wir Amerikaner nicht mehr ohne Pass unterwegs sein.« Schon jetzt müsse man an jeder Ecke den Führerschein vorweisen, »das ist ja wie in einem Polizeistaat«. Und, knurrt er noch, auf seiner Sozialversicherungskarte stehe zwar, sie diene nicht zur Identifizierung: »Aber wer's glaubt, wird selig.«

Paul wuchs in Green Tree auf, eine Kleinstadt in Pennsylvania, aber schon seit 1968 lebt er mit seiner Frau Carol in Texas; sie haben fünf erwachsene Kinder, darunter Rand Paul, der inzwischen Senator ist, für die Republikaner im Bundesstaat Kentucky, und der versucht, in die Fußstapfen seines Vaters zu treten. Auch Rand Paul zählte zu denen, die 2016 versucht haben, Präsidentschaftskandidat zu werden, ihm fehlt aber die Überzeugung und das Feuer seines Vaters. Ron Paul, ein Lutheraner, trat zu den Southern Baptists über, wurde aber kein eifernder Evangelikaler. Seine Mutter und die Großeltern väterlicherseits stammen aus Deutschland. Woher? Er überlegt. »Mein Großvater lebte, glaube ich, in Essen – gibt es diese Stadt?« Ursprünglich wollte er Profisportler werden, studierte dann aber doch lieber Medizin. Schon damals interessierte er sich für Ökonomie, und er wurde, wie viele Konservative, von Ayn Rand beeinflusst (Greenspan und Milton Friedman, der Ökonom aus Chicago, sind oder waren Randianer). Ayn Rand – eigentlich Alisa Sinowjewna Rosenbaum – war eine russisch-jüdische Emigrantin und Antikommunistin. Sie schuf die Philosophie des Objektivismus, auch als »rationaler Egoismus« beschrieben, letztlich eine Art philosophischer Überbau des Laissez-faire-Kapitalismus. Ihr bekanntestes Buch ist der Roman *Atlas Shrugged*. Rand war mit dem österreichischen Ökonomen Ludwig van Mises befreundet, dessen Werke Paul ebenfalls beeinflussten, wie auch die von Friedrich von Hayek, gleichfalls ein Ökonom der österreichischen Schule.

Mises musste als Jude vor den Nazis nach New York flüchten, während Hayek nach London und später nach Chicago ging. Hayeks bekanntestes Buch ist *The Road to Serfdom*, der Weg zur Knechtschaft, in dem er vor Inflation und vor staatlicher Kontrolle der Wirtschaft warnt. Darin setzt er Faschismus und Sozialismus gleich, denn beide führten in die Knechtschaft und zielten auf die Zerstörung der persönlichen Freiheit. Am Stand von Ron Paul liegt *The Road to Serfdom* zum Verkauf aus.

Paul ging nach dem Studium als Militärchirurg nach Vietnam, diesen Krieg nannte er »illegal« und »unnötig«, allerdings erst danach. Noch heute macht er Robert McNamara, den Pentagonchef von John F. Kennedy und Lyndon B. Johnson, dafür verantwortlich, das Schlachten ausgeweitet zu haben (nicht zu Unrecht). Was ihm damals aber auch Sorgen bereitete, waren die Auswirkungen des Krieges auf die U.S-Wirtschaft. Als Richard Nixon 1971 den Dollar vom Goldpreis löste und daraufhin die Militärausgaben für den Vietnamkrieg steil anstiegen, sah er das als erstes Zeichen für den Verfall Amerikas, eben das, wovor Hayek immer gewarnt hatte.

Paul ist einer dieser ewigen Präsidentschaftskandidaten, dem es eher darum geht, die Botschaft zu verbreiten, und der heute im Ruhestand ist, ohne je im Weißen Haus regiert zu haben. Das erste Mal trat er 1988 an, für die Libertären und gegen Ronald Reagan. Er warf Reagan vor, die Steuern erhöht zu haben, auch das mit Recht. Aber nur eine knappe halbe Million Wähler stimmte für ihn. 1992 verzichtete er auf eine Kandidatur, stattdessen stellte er sich hinter den unabhängigen Konservativen Pat Buchanan – ebenfalls erfolglos. 1995, nach einer »Pause von Washington«, wie er sagte, bewarb er sich um einen Kongresssitz. Das gesamte republikanische Establishment unterstützte seinen Konkurrenten; er gewann trotzdem. Als Paul es 2008 wieder als Präsidentschaftskandidat versuchte, trat er als Republikaner an. Und obwohl er damals in der Vorwahl unterlag, will er auch diesmal wieder für die Republikaner kandidieren, weniger aus ideologischen, denn aus praktischen Gründen. »Als Libertärer hat es mich fast das halbe Kampagnengeld gekostet, nur auf die Wahlzettel zu gelangen, so kompliziert war das«, sagt er. »Innerhalb der Republikaner für meine Positionen zu werben, ist wesentlich einfacher.« Zumal sich die Grand Old Party (GOP) – wie die Republikaner genannt werden –, unter dem Druck der Tea Party, sowieso auf ihn zu bewegt habe. Die gleiche Überlegung leitet nun Donald Trump, zum Ärger des Partei-Establishments.

Paul wird oft vorgeworfen, er habe unrealistische Vorstellungen davon, was in den USA politisch durchsetzbar sei, aber immerhin stimmt das, was er fordert, mit dem, was er tut, überein. Er hat dagegen gestimmt, Dämme in Galveston mit föderalen Mitteln zu befestigen, gegen Geld für die NASA, obwohl viele aus seinem Wahlbezirk in Houston arbeiten, und gegen Farmsubventionen. Er hat erklärt, er wolle niemals eine Regierungspension beziehen, und er hat neben seiner Abgeordnetentätigkeit als Krankenhausarzt Babys auf die Welt gebracht. Seine privaten Investitionen legte er in Gold und Silber an, nicht in Aktien. Zwar hat er für seine Wahlkämpfe ein paar zehntausend Dollar von der

Ölindustrie, Immobilienvertretern und dem texanischen Ärzteverband erhalten, aber das Gros seines Wahlkampfes stammt tatsächlich aus individuellen Kleinspenden seiner Anhänger.

Unter den Neokonservativen, die versuchen, die Tea Party zu infiltrieren, ist Paul Persona non grata, schon deshalb, weil er sich dafür ausspricht, keine Militärhilfen an Israel zu zahlen. Die den ihnen nahestehende Internetpostille *American Thinker* warf Paul vor, dass sich Rechtsradikale wie David Duke, der Grand Wizard des Ku-Klux-Klan, sowie Hutton Gibson, der ultrakatholische Vater des Schauspielers Mel Gibson, für ihn ausgesprochen haben. Michael Medved, ein neokonservativer Blogger, Radiotalker, Hollywood-Kritiker und Gründer des Pacific Jewish Center in Venice Beach in Kalifornien, ist ein noch entschiedenerer Paul-Gegner. Paul, so schrieb Medved, werde von Neonazis, *white supremacists* – die an die Überlegenheit der weißen Rasse glauben –, Holocaustleugnern, 9-11-Wahrheitssuchern und Verschwörungstheoretikern unterstützt.

Tatsächlich bekam Paul einmal eine Spende von 500 Dollar von Don Black, einem früheren Ku Klux Klan-Wizard und heutigen Betreiber der rechtsextremen Webseite Stormfront, der dort auch zu Spenden für Paul aurief. Paul kontert (wie Trump) die Anwürfe damit, dass er bei einer Grassroots-Kampagne keinen Einfluss darauf habe, wer für ihn spende oder zu Spenden aufrufe oder seine Artikel nachdrucke, aber wahrscheinlich ist ihm Kritik aus der neokonservativen Ecke einfach egal. »Viele unserer Leute von Stormfront machen bei der Tea Party mit«, sagte Black damals zur Webseite *Daily Beast*. »Aber deren Führer stellen sich an, wenn es darum geht, bei Rassenfragen Klartext zu reden. Die Tea Party ist eine gesunde Bewegung, aber viele darunter sind darauf dressiert, wie verschreckte Kaninchen zu rennen, sobald man sie Rassisten nennt.«

Empört sind Medved und seine Genossen auch darüber, dass Paul nahegelegt hat, für 9-11 könne die amerikanische Politik im Mittleren Osten verantwortlich sein. »Stellt euch vor, wie es euch gehen würde, wenn ihr bombardiert würdet, wenn sie euch das antäten«, hat Paul im Sommer 2011 bei einer Konferenz der

Republikaner in New Orleans gesagt. »Wir bombardieren den Irak seit Jahren.« Er fügte hinzu: »Sie hassen uns, weil wir ihr Land besetzen, wir würden auch jeden hassen, der das tut.« Und bei einer Debatte der Tea Party im selben Jahr auf CNN legte er – obwohl er lautstark ausgebuht wurde – nach: Der Anschlag vom 11. September sei passiert, weil Amerika arabische Diktatoren unterstütze, Palästinenser unterdrücke und Militärbasen baue. So etwas ist für viele Amerikaner eine unerträgliche Relativierung.

Bei den Tea Partiern in Phoenix, von denen viele aus Texas kommen, ist Paul wesentlich beliebter als bei den New Yorker Neocons. Am Abend tritt er als Erster im Festsaal ans Mikrophon. »Ich weiß nicht so genau, ob ich wirklich der Vater der Tea Party bin«, scherzt er. »Aber eines weiß ich, ich bin der Vater des neuen Senators von Kentucky!« Alle jubeln, denn sein Sohn Rand galt damals als neuer Hoffnungsträger des rechten Flügels. Dann fängt Ron Paul an, seine Ansichten darzulegen: Der Dollar müsse an den Goldstandard gebunden werden, Amerika solle die Notenbank auflösen und nicht mehr Weltpolizei spielen. »Wenn die Federal Reserve nicht inflationär Dollars drucken würde, könnten wir keine undeklarierten Kriege mehr in der ganzen Welt führen.« Er erwähnt die vielen Milliarden, die in den Irak gehen und überhaupt an den »military industrial complex«. Die derzeitige Finanzkrise sei erst der Anfang. Die Steuern würden steigen, die Inflation und die Arbeitslosigkeit, die bereits jetzt tatsächlich bei über zwanzig Prozent liege, mehr als das Doppelte über dem offiziellen Wert, auch die Preise für Lebensmittel und für Öl würden hochgehen. »Es wird Aufstände in der ganzen Welt geben.«

Dann redet er darüber, was der Tea Party am wichtigsten ist: Freiheit. »Wir müssen den Patriot Act abschaffen« – der den Überwachungsstaat zum Zweck der Terrorismusabwehr festschreibe –, »wir dürfen uns unsere Freiheit nicht scheibchenweise wegnehmen lassen. Die Regierung zerstört unsere Privatsphäre und schützt gleichzeitig ihr eigenes Recht auf Heimlichtuerei.« Paul bekommt zwar immer noch Beifall, aber schon deutlich weniger als am Anfang.

Nach Paul muntert Tim Pawlenty, der langjährige Gouverneur von Minnesota, mit klassischer Tea-Party-Rhetorik die Menge auf. Auf der Bühne stehend, hebt er ein Exemplar der Verfassung der USA hoch. »Ich erkläre es so einfach, dass es sogar ein Politiker versteht«, sagt er, ganz als ob er selber keiner wäre. »Unsere Gründungsväter haben, unter der Führung von Gott, unserem Land diese heilige Verfassung gegeben, und alle unsere Probleme kommen daher, dass wir uns nicht mehr an diese Prinzipien halten.« Er schließt mit: »Amerika ist das großartigste Land der Welt.« Dann stehen alle auf und jubeln. Man weiß, wo Donald Trump den Slogan »Make America Great Again« her hat.

Nach dem Abendprogramm treffen sich die Handvoll Mittzwanziger, die auf der ansonsten von Älteren dominierten Konferenz sind, bei Bier, Cola, Tacos und Enchiladas in einem Tex-Mex-Restaurant. »Die Tea Party hat einen Ron-Paul-Flügel und einen Sarah-Palin-Flügel«, erklärt mir einer. »Jetzt kommt es darauf an, wer sich durchsetzt.« Die Jungs, das ist klar, gehören zum Paul-Flügel. Der libertäre Paul-Flügel tritt für eine isolationistische Außenpolitik, weniger Überwachungsstaat im Inneren und keinerlei Wohlfahrt ein. Hingegen ist der Palin-Flügel, der von Evangelikalen und Neokonservativen unterstützt wird, für eine starke US-Präsenz mit Militärbasen auf der ganzen Welt, und eigentlich auch für einen starken Staat im Inland, solange der sich darauf beschränkt, Einwanderung zu kontrollieren, Verbrecher zu fangen und Abtreibungen zu unterbinden.

Fünf Jahre später versucht Donald Trump, den Paul-Flügel und den Palin-Flügel zu vereinen. Er hat Palin in seine Kampagne eingebunden und macht den Evangelikalen seine Aufwartung; er bedient aber auch die *white supremacists* des Paul-Flügels, und, wenngleich begrenzt, die Libertären. Auch Don Black hat sich mit Donald Trump angefreundet. Der sorge dafür, dass weißer Nationalismus hoffähig werde, sagte er dem *Business Insider*. Und auch David Duke stellte sich hinter Trump.

Lonesome Cowboys
und bittere Südstaatler

Das Feld der Republikaner reicht über weit die Rechtspopulisten hinaus. Als sich die Bewegung formierte, versuchte Newt Gingrich, der langjährige Fraktionsvorsitzende der Republikaner, sich an die Spitze zu stellen. Gingrich gilt als Architekt der so genannten Konservativen Revolution gegen Bill Clinton; er hatte sich einen Namen als Kritiker von Clintons Affären gemacht, bis herauskam, dass er seine krebskranke Frau nicht nur betrogen, sondern die Scheidung eingereicht hat, während sie im Krankenhaus lag. Auch andere Politiker wollten bereits 2012 auf einem rechtspopulistischen Ticket ins Weiße Haus. Und 2016 versuchten es einige von denen noch einmal. Chris Christie zählt dazu, der Gouverneur von New Jersey. Er musste zwar bald aufgeben, zählt aber nun zum Team von Donald Trump, zuständig dafür, das Kabinett im Fall eines Wahlsiegs aufzubauen.

Auch Marco Rubio, Senator aus Florida und John Kasich, Gouverneur von Ohio, und am meisten Ted Cruz biederten sich der Tea Party an. Alle drei stehen, in Schattierungen, den Religiösen Rechten nahe, und alle hielten sich relativ lange im Rennen. Moderate Republikaner alten Schule blieben hingegen 2016 noch abgeschlagener als vier Jahre zuvor: Mitt Romney, Mormone, Multimillionär und erfolgreicher Geschäftsmann, war für die Tea Party sowieso nie rechts genug. Und Jeb Bush aus der Präsidentendynastie, die glaubte, ein Abonnement auf das Weiße Haus zu haben, schied 2016 ebenso frühzeitig wie kläglich aus.

So verschieden wie diese Präsidentschaftskandidaten sind, sind auch ihre Wählerbasis und die Staaten, in denen sie leben. »Was wir konservativ nennen, ist tatsächlich eine Sammlung von sehr unterschiedlichen Ideologien«, erklärt Nicholas Lemann, Vorstand der Columbia School of Journalism. Die größten Unterschiede gebe es zwischen den südwestlichen Staaten, Nevada, Arizona, Texas, also dem »Wilden Westen«, und dem amerikanischen Süden, dem »Vom-Winde-verweht-Land«. »Wenn die

Leute im Süden sagen, wir sind gegen *big government* in Washington und für die Rechte der Bundesstaaten, dann richtet sich das gegen Nordstaatler, die den Bürgerkrieg gewonnen haben«, sagt Lemann. Die Yankees hätten den Süden gezwungen, den Schwarzen die gleichen Rechte einzuräumen; deshalb habe deren Anti-Washington-Attitüde einen rassistischen Hintergrund.

Umgekehrt träten die Afro-Amerikaner meistens für *big government* ein. »Die Bundesregierung war eben immer gut für sie«, sagt Lemann. Im Zweiten Weltkrieg habe Washington die Rüstungsfirmen gezwungen, Jobs an schwarzen Arbeiter zu geben, in den sechziger Jahren habe die Regierung die Rassentrennung beseitigt, und in den achtziger Jahren wurde *Affirmative Action* eingeführt, was heißt, ethnische Minderheiten wurden beruflich gefördert. »Viele Afro-Amerikaner haben Jobs bei Bundesbehörden, deshalb sind konservative Weißen im Süden, die eigentlich Medicare und Social Security was abgewinnen können, gegen die Bundesregierung«, erklärt der Professor. Der eher libertäre und relativ weiße Südwesten hingegen sei grundsätzlich gegen den Wohlfahrtsstaat. Den Weißen dort sei gar nicht bewusst, dass die Bundesgesetzgebung die Schwarzen vor Diskriminierung durch Arbeitgeber schützte. Dort fühlten sich viele als einsame Cowboys, sie lehnten eine intellektuelle Großstadtelite ab. »Deshalb ist Sarah Palin auch in Arizona und Nevada so populär.«

Ron Paul, auch Russel Pearce, Senatspräsident von Arizona, sind typische Politiker aus dem Südwesten, auch Susana Martinez, die Gouverneurin von New Mexico, die der Tea Party nahesteht. Von Arizona bis Oklahoma ist das Land nur spärlich besiedelt, von wenigen verstreuten Metropolen wie Dallas, Salt Lake City oder Denver abgesehen. In der Wüste gibt es Air-Force-Basen und militärische Testgelände wie die Area 51, Goldminen, Indianerreservate, und ansonsten meilenweite Menschenleere. New Mexico etwa, das fast so groß ist wie die Bundesrepublik, hat nur zwei Millionen Einwohner, die Hälfte davon Hispanics oder Indianer.

Wer hier außerhalb der Städte lebt, selbst in den Suburbs, der hat mindestens zwei Autos mit Vierradantrieb, ein Grundstück von der Größe dreier mitteleuropäischer Dörfer und zehn Gewehre. Das Recht, Waffen zu tragen, wird erbittert verteidigt. Nicht alle hier sind konservativ; in New Mexico im Tal des Rio Grande gibt es auch Hippiekommunen und Aussteigerfarmen. Aber für alle ist Washington weit weg. »Das Merkwürdige ist, dass gerade in Arizona viele beim Federal Government angestellt sind, beim Militär oder beim Bureau of Land Management, denn sehr viel Land dort ist bundeseigen«, sagt Lemann. »Aber trotzdem hassen sie die Regierung in Washington.«

Im Südwesten leben viele Mormonen und Katholiken (neben den Mexikanern sind auch viele Indianer katholisch, da ihre Vorfahren von den Spaniern zwangsgetauft wurden). Hingegen sind in den Südstaaten – mit der Ausnahme des französisch geprägten Louisiana und des von Exilkubanern dominierten Florida – die Evangelikalen und ihr Ableger Southern Baptists die dominante Religionsgemeinschaft. Das hier ist der *Bible Belt*, der von Missouri über Kentucky bis nach Virginia, Georgia sowie Nord- und Süd Carolina reicht. Im Süden leben viele Schwarze, wobei es in vielen Gemeinden de facto noch Rassentrennung gibt.

Einen ganz anderen Charakter haben wiederum die Flächenstaaten des Mittleren Westen wie Iowa, Minnesota, Wisconsin, Nebraska, Kansas, Nord Dakota und Süd Dakota mit den Prärien, die sogar noch dünner besiedelt sind als der Südwesten. Hier leben außerhalb der Sioux-Reservate fast nur Weiße – Deutschstämmige und Skandinavier, Lutheraner und Calvinisten. Auch der pazifische Nordwesten, der von Wyoming und Montana bis zur Küste reicht, ist konservativ und weiß – von Großstädten wie Seattle und Portland abgesehen –; er gilt als Sammelbecken von rechtsradikalen Sekten wie den Aryan Nations, von denen einige sogar noch germanische Götter verehren.

Eines aber haben alle Konservativen gemeinsam: Sie reden gerne von der Zeit der *Founding Fathers*, 1776 bis 1812, die sie restaurieren wollen. Doch die Ära, in die sie tatsächlich zurückwollen, sind die fünfziger Jahre, die Zeit vor Rosa Parks und Martin Luther King, vor den Studentenprotesten gegen den Vietnamkrieg, vor den Blumenkindern und den Hippies, die für freie Liebe demonstrierten, und vor der »Einwanderung von Abermillionen von Mexikanern«, wie sie sagen. Die Zeit, als Hausfrauen noch für den Ehemann und Ernährer kochten und keine Widerworte gaben. Und manchen geht nicht einmal das weit genug: Gingrich forderte, man müsse das Rad um achtzig Jahre zurückdrehen, vor Franklin D. Roosevelts New Deal. Ob viele Amerikaner im Depressionsjahr 1931 leben wollen?

Prostituierte und Familienwerte: Die Tea Party ist für alle da

Während der Festsaal des Konferenzzentrums in Phoenix für die letzte Abendveranstaltung gefegt wird, treffen sich kleine Gruppen von Tea Partiern in den Nebenräumen zu seminar-ähnlichen Veranstaltungen. Es geht darum, was dieser und jener Artikel der Verfassung wirklich bedeute und wie das Internet genutzt werden könne, um möglichst viele Menschen zu erreichen. Auch Joe Arpaio, der berüchtigte Sheriff von Maricopa County spricht, sowie Senatspräsident Russell Pearce, der fordert, dass Englisch die offizielle Sprache der USA wird. Beide haben viel Zulauf, und beide bekommen viel Beifall.

In einem der kleineren Säle tritt Yaron Brook auf, ein Israeli, der dem Ayn Rand Institute in Kalifornien vorsteht; auch er entschuldigt sich, wie Schweikert, erst einmal für seinen fremd klingenden Namen und erklärt, dass Amerika das großartigste Land der Welt sei. Er hat einen britischen Akzent, gibt sich aber Mühe, den zu unterdrücken (seine Eltern waren jüdische Sozialisten aus Südafrika). Er ist hier, um Rands Philosophie dem ein wenig skeptischen Publikum zu erklären: Die *Founders*, die Gründer hätten gewollt, dass Amerikaner souverän und frei seien, nach dem Motto des *Founding Father* Patrick Henry: »Give me liberty or give me death« – gib mir Freiheit oder den Tod –, was das Recht auf einen Arzt, einen Job, einen Mindestlohn, eine Rente, oder Subventionen für Farmer ausschließe. Medicare und Social Security seien betrügerisch. Es sei am besten für die ganze Gesellschaft, wenn jeder egoistisch sei. Sich um andere zu kümmern und zu teilen, sei ebenso faschistisch wie Multikulti, denn wer das vertrete, glaube nicht, dass Amerika das großartigste Land der Welt sei. Es ist eine merkwürdige Philosophie insbesondere für den Chef eines Instituts, das von Spenden lebt. Ein Mann im Publikum fragt, ob sich Bernie Madoff randianisch verhalten habe, der schwerreiche Wall-Street-Betrüger. Nein, nein, sagt Brook, Madoff sei ja geschnappt worden und werde unglücklich enden. Na, wenn das das einzige Problem mit Madoff war... Ich frage ihn, ob Dietrich Bonhoeffer, der gegen die Nazis eingetreten ist und ermordet wurde, falsch gehandelt habe. Nein, der auch nicht, der habe nach seinen Grundsätzen gelebt, das habe ihn glücklich gemacht. Die nächste Frage gilt einem US-Soldaten, der im Irak stirbt. Auch damit hat Brook kein Problem, denn der Soldat sterbe zufrieden, da er einem noblen Ziel diene. Kommt es mir nur so vor, oder dreht Brook das immer so hin, wie es gerade passt? Eine Zuhörerin fragt, wie sich Rands Haltung mit christlicher Moral vereinbaren lasse. Offenbar ist ihr nicht klar, dass Rand Atheistin aus einer jüdischen Familie war, und Brook gleitet über die Frage hinweg.

Am Abend ist noch mal Patriotismus gefragt. Weil die Konferenz per Video aufgezeichnet wird, müssen wir alle ein paar Mal aufspringen, lächeln und für die Kameras laut »USA! USA! USA!« rufen, bis es sitzt. Richtig, das großartigste Land der Welt. Fast hätte ich es vergessen. Es klingt nun schon ein wenig gequält. Das Schlusswort in Phoenix hat Dick Morris. Morris ist der frühere Kampagnenmanager von Bill Clinton und einer der Entdecker von Sarah Palin, der die Gelegenheit nutzt, sein neues Buch zu bewerben, wie es hier überhaupt mehr Politiker gibt, die Bücher verkaufen, als solche, die nach Washington wollen. Morris, ein kleiner, fetter New Yorker mit einem Mundwerk wie ein Marktweib, wurde ausgerechnet von Clinton wegen seines zu anstößigen Sexuallebens gefeuert – er war mit einer Prostituierten liiert, der er erlaubt haben soll, Telefongespräche des Präsidenten mitzuhören, zudem soll er ein uneheliches Kind in die Welt gesetzt haben. Aber trotzdem bekommt er von den Anhängern einer Partei, die für Familienwerte steht, freundlichen Beifall.

Als Erstes erzählt Morris einen Witz: Nachdem Churchill abgewählt worden war, traf er in der Toilette des House of Commons seinen Nachfolger Clement Attlee und rückte von ihm ab, weil er Angst hatte, dass sein Schwanz sozialisiert werden könnte. Eine ähnliche Art von Sozialismus sei auch von Obama zu erwarten; kein Wirtschaftswachstum, hohe Arbeitslosigkeit, hohe Steuern, hoher Ölpreis. Obama habe die Banken lahmgelegt, und er werde die Wirtschaft ruinieren. Nun wird Morris gefragt, mit welchen Kandidaten die Republikaner siegen können. Er vertraut Newt Gingrich, nicht aber Mitt Romney. Michele Bachmann allerdings sei großartig, auch Donald Trump. Ron Paul erwähnt er erst gar nicht. Obwohl Paul die *straw poll* gewinnt. Ob Morris schlau genug für solche Prognosen ist? Seit er gefeuert wurde, hat er gemutmaßt, Hillary Clinton werde das Rennen um ihren Senatssitz verlieren, hat erklärt, Bush werde für seinen Einsatz beim Hurrikan Katrina belobigt werden und hat ein Buch geschrieben, in dem er spekulierte, dass Condoleeza Rice, Bushs Außenministerin, ins Weiße Haus einziehen werde. Aber all diese Fehleinschätzungen haben seinen Ruf nicht ruiniert. Morris ergatterte einen Job als Chefkommentator des Klatschblattes *National Enquirer*. Und im Juni 2016 bekam er ein Angebot, als Berater für die Trump-Kampagne zu arbeiten. Sein Job: Schmutz über die Clintons auszugraben, egal, wie, wie lange der Skandal her ist.

Neben mir sitzt ein Farmer aus Arizona; seinen schiefen Zähnen kann man ansehen, dass er sich keinen Zahnarzt leisten kann. Er ist Ende dreißig und mit seinen Eltern gekommen, beides sind Rentner. Die Familie hat es nicht leicht in der Wirtschaftskrise. »Ich bin froh, dass meine Eltern wenigstens Social Security bekommen«, erzählt er. Für Dick Morris oder Eric O'Keefe wäre Social Security das nur ein Taschengeld, aber deren saftige Redehonorare in Phoenix werden von Leuten wie dem Farmer bezahlt. Es ist wie in Orwells *Farm der Tiere;* wo die Pferde arbeiten und die Schweine tafeln. Übrigens, auch Ayn Rand gab am Ende ihres Lebens ihre Grundsätze auf: Ihre Krankenhausrechnung wurde von Medicare übernommen.

5) Fox und Frenemies:
Rechtspopulisten und die »Lügenpresse«

Chris Ruddy führt gerne Besucher durch Mar-a-Lago. Die ockerfarbene Art-Deco-Villa liegt in West Palm Beach, Florida; sie wurde 1924 von dem Theaterarchitekten Joseph Urban aus Wien erbaut. In Auftrag gegeben hat sie Marjorie Merriweather Post, die Erbin einer Frühstücksflockenfirma und damals die reichste Frau Amerikas. Unter den Kronleuchtern sind ein paar Stücke ihrer Kunstsammlung ausgestellt, die sie und ihr dritter Mann, Joseph E. Davies, aus Russland mitgebracht haben. Davies war Franklin D. Roosevelts Botschafter in Moskau und ein glühender Stalin-Verehrer. Auch ihr Steinwegflügel steht noch hier.

Seit 1985 gehört die Villa im südlichsten Bundesstaat der USA der Trump Organization. Donald Trump hat sie luxuriös renovieren lassen, vom gewaltigen Marmortisch über die zwölf offenen Kamine bis zum Ballsaal mit Blick aufs Meer. Sie ist der Sitz des Mar-a-Lago-Club, wo die Mitgliedschaft 250 000 Dollar kostet. Auf dem englischen Rasen, zwischen Palmen, weht eine schwer überdimensionierte US-Flagge, die Trump hat anbringen lassen (die Übergröße brachte ihm einen Gerichtsstreit mit der Stadtverwaltung ein). Im Club verbringen Trump und seine dritte Frau Melania die Wochenenden, vor allem im Winter. Aber seine Anwesenheit durchweht auch dann die Villa, wenn er nicht da ist. Im Clubraum hängt sein Portrait in Sportkleidung, und auf einem dieser Stühle im Restaurant am Pool habe er noch vor ein paar Stunden gesessen, sagt Chris Ruddy. Nun aber – es ist März 2016 – sei er auf einem Wahlkampftermin in Wisconsin.

Ruddy ist Gründer und Vorstandschef von NewsMax Media, ursprünglich ein Magazin, aus dem heute ein kleines Medienimperium geworden ist, zu dem ein Webauftritt, ein Buchverlag und NewsMax TV gehören. *NewsMax* ist Vorreiter einer konservativen Medienwelle, die mit Bill Clinton im Weißen Haus begann und die mit Barack Obama ihren zweiten Frühling erlebte. Die Welle verdankt ihren Erfolg dem Internet, aber auch einer wachsenden Unzufriedenheit mit den etablierten Medien, der *New York Times*, der *Los Angeles Times* oder *Time Magazine*, aber auch Sendern wie CNN oder NBC, den »Lamestream Media«, wie Sarah Palin sagt, die vielen Tea Partiern als zu liberal gelten. Und nicht nur denen: Nach einer Studie der Associated Press vom März 2016 haben nur noch sechs Prozent der Amerikaner hohes Vertrauen in ihre Medien; viele halten sie für inakkurat und vorurteilsbehaftet. Dabei trauen Anhänger der Republikaner den Medien noch weniger als Demokraten es tun.

Nach dem Besuch in der Trump-Villa fährt mich Ruddy in seinem schwarzen Audi durch West Palm Beach. Die Stadt hundert Kilometer nördlich von Miami, die knapp 100 000 Einwohner hat, ist eine Enklave der Reichen und Rentner, mit einem Yachthafen und einer tropischen Strandpromenade. Das höchste Gebäude ist Trump Plaza, mit 32 Stockwerken. In West Palm Beach verbringen viele New Yorker Milliardäre den Winter. »Manchmal ist hier 25 Prozent des Bruttosozialprodukts der USA versammelt«, sagt Ruddy. Er zeigt mir die Villen von David Koch, dem Finanzier der Tea Party, Stephen Schwarzman, einem der erfolgreichsten Private Equity-Investoren, des Kosmetikerben Leonard Lauder, und, versteckt hinter Bäumen (und von Leibwächtern bewacht), die von Rush Limbaugh, dem rechten Radiotalker. »Der lässt sich nicht oft blicken«, sagt Ruddy. Auch die Kennedys hatten hier ein Landhaus. »Als JFK Präsident war, wurde eine Insel als atombombensicherer Bunker für den Präsidenten ausgebaut, falls die Russen die Bombe werfen würden.«

In Palm Beach haben Trump und Melania 2005 geheiratet, in Bethesda-by-the Sea, einer neogotischen Kirche aus graubraunem Sandstein, der größten in West Palm Beach. Sie sieht in der Sonne sehr südländisch aus. Melania trug ein weißes 100 000-Dollar-Hochzeitskleid von Christian Dior mit einer mehr als vier Meter langen Schleppe. Auch Bill und Hillary Clinton zählten zu den mehr als 500 Gästen. Bethesda ist eine episkopalische Kirche, der US-Ableger der Anglikaner und die Kirche der New Yorker Oberklasse. Wer Trump verstehen wolle, sagt Ruddy, müsse wissen, dass er sein Weltbild dem Pfarrer Norman Vincent Peale verdanke. Peale predigte in der Marble Collegiate Church an Manhattans feiner East Side, eine der ältesten Kirchengemeinden der Stadt, die noch auf die Holländer zurückgeht, und die die Trump-Familie in New York besuchte. Hier hat Donald seine zweite Frau, Marla Maples, geheiratet (er ließ sich scheiden, nachdem sie mit einem ihrer Leibwächter in West Palm Beach am Strand erwischt worden war). Peale wurde durch Radio- und TV-Auftritte berühmt, noch mehr aber durch sein Buch *The Power Of Positive Thinking,* von dem fünf Millionen Stück verkauft wurden. Dessen Mantra ist: »Verbinde dein Bewusstsein untrennbar mit einem inneren Bild von dir, wie du siegst.« Dieser Gedanke findet sich auch in Trumps Buch *The Art of the Deal* wieder. Das vor Augen, überstand er den Konkurs von 1990. »Ich habe mich geweigert, den negativen Umständen nachzugeben und habe niemals das Vertrauen in mich selbst verloren«, sagte Trump 2009 zu *Psychology Today.*

Die rechte Echo-Chamber: Medien in ihrer eigenen Blase

Am Morgen nach der Tour besuche ich die Montagskonferenz von NewsMax in Boca Raton, ein paar Meilen weiter südlich, zu der mich ein Vorortzug und ein kostenloser Shuttle-Bus bringen – der öffentliche Nahverkehr in Florida ist erstaunlich gut. Zwei dutzend Mitarbeiter sitzen um den großen Bürotisch, die meisten davon jung, weiß und männlich. »Wir haben herausgefunden, wie das Internet funktioniert«, sagt Ruddy, und er übertreibt nicht. Im atemberaubenden Takt trägt ein Mitarbeiter nach dem anderen vor, was ansteht. Der Launch einer Radioshow mit Don Imus, konservativem Urgestein der US-Medien, ist geplant, eine Filmdokumentation mit Michael Reagan, dem Sohn von Ronald Reagan und Kolumnisten des *NewsMax*-Magazin, und ein neues Buch, *Armageddon*, von einem *NewsMax*-Kolumnisten. Eine Hotline für Insidertipps ist geschaltet, ein Gesundheitstest auf der Webseite von *NewsMax Health* soll neue Leser bringen, und es wird an einer Kooperation mit der konservativen Bertelsmann-Buchtochter Crown Publishing gearbeitet (die auch Ann Coulter verlegt). Es geht um Babyboomer, die geburtenstarken Jahrgänge nach dem Zweiten Weltkrieg, die nun alt werden. Der Finanzratgeber *The 30-Minute Millionaire* von Jeff Cox ist fertig – Cox ist ein CNBN-Moderator, der auch bei der NewsMax-Sendung *Fast Money* auftritt. Er soll in der Reagan Library und der Nixon Library vorgestellt werden. »Wir beobachten das Amazon-Ranking«, sagt Ruddy. »Das ist gut.« Was noch? NewsMax TV hat einen Vertrag mit Apple TV und Verizon; einer mit Microsoft folgt; ein Abkommen mit Getty Pictures ist unterschriftsreif. »Sind die Social-Media-Rechte eingeschlossen?« fragte Ruddy. Natürlich. Gibt es noch Vorschläge? Ja, die Adressenliste des Ted Cruz-Newsletters sollte nach potentiellen Sponsoren abgesucht werden.

Danach werde ich durch die Redaktion geführt. David Patten ist der leitende Redakteur, er nimmt die fertigen Seiten ab, bevor das Magazin zum Drucker geht. »Unsere Webseite besteht hauptsächlich aus *aggravation*«, sagt Patten; Artikel aus anderen Publikationen. Die sind meistenteils konservativ, wie Rupert Murdochs *Weekly Standard*, die »Bibel der Neokonservativen«, deren Chefredakteur Bill Kristol ist, die *National Review* oder die *Washington Times*, die der Moon-Sekte gehört, aber auch die *Washington Post,* die Amazon-Chef Jeff Bezos gekauft hat. »Bezos hat hat einen fantastischen Job gemacht, die wiederzubeleben«, sagt Patten. »Wir bezahlen natürlich die Autoren, aber das ist immer noch viel billiger, als eigene Reporter zu haben«.

Wer liest *NewsMax*? »Unsere Leser sind ältere Konservative aus der Mitte des Landes, aus ›Fly-over Country‹«, erklärt Patten. »Nicht die urbanen Eliten aus New York, Los Angeles, oder dem Beltway von Washington, sondern Babyboomer, die Familienwerte vertreten, in die Kirche gehen, und die Clint Eastwood und amerikanische Schlitten mögen.« Die bestverkaufte Ausgabe war *The Apocalypse*, wo es um sämtliche Krisen von ISIS über Putin bis Ebola ging. Das zieht bei konservativen Christen. Aber dabei soll es nicht bleiben. »Unsere Strategie ist, rapide zu wachsen«, sagt Patten. »Deshalb investieren wir ins Fernsehen, auch wenn wir damit heute noch Geld verlieren. Aber so können wir Kolumnisten wie Bill Kristol eine Plattform bieten«

NewsMax schmückt sich mit den gleichen politischen Kommentatoren, die sich überall in der konservativen Szene tummeln: Kristol, der frühere Nixon-Redenschreiber Pat Buchanan oder Charles Krauthammer von der *Washington Post*. Der Newsletter hat eine Emailliste von 1,6 Millionen Abonnenten, und die wird an Inserenten vermietet; in Raten pro tausend, die umso teurer sind, je feingesiebter die Teilliste ist. Daran arbeitet eine ganze Abteilung, der Shawn Studer vorsteht, ein erstaunlich junger Mann. Studer sitzt in einer dieser amerikanischen Arbeitszellen mit halbhohen Wänden. »Gute demografische Daten sind wichtig für die Anzeigenkunden«, sagt er. Als er hört, dass ich aus Deutschland komme, fragt er, ob ich eine deutsche Company namens Spamhaus kenne (tatsächlich sitzt die Firma in London und Genf). Er befürchtet, dass Spamhaus die Emails seiner Liste blocken könnte. Ob ich da mal die Augen aufhalten könnte?

NewsMax ist nicht nur in der Medienwelt querverbunden, sondern auch mit der GOP. Wer 30 000 Dollar auf den Tisch legt, schrieb die *New York Times*, bekommt von Ruddy eine Liste von *NewsMax*-Lesern, die bereit sind, an ein konservatives PAC, ein *Political Action Committee*, zu spenden. *NewsMax* hilft Kandidaten auch, ihre Bücher in Massenauflagen zu verkaufen, etwa, indem diese als Belohnung für ein Abo angeboten werden. »Wir sind ein Business und keine Ideologie«, erläutert Ruddy. Da die *NewsMax*-Leser zu den zahlungskräftigeren Spendern für die Republikaner gehören, klopfen hier Konservative gerne an.

Amerikanische Zeitungen sind für deutsche Verhältnisse nicht links, sondern bestenfalls liberal-bürgerlich. Die *Washington Post* entspricht in ihrer politischen Linie der *Welt*, die *New York*

Times entspricht in etwa der *FAZ*, und so etwas wie die *taz* gibt es in Amerika überhaupt nicht. Die Abendnachrichten von NBC oder CBS befassen sich mit entlaufenen Katzen, abgestürzten Kleinflugzeugen und Tornados. CNN, das durch die Golfkriegsberichterstattung berühmt wurde, ist zum *human interest*-Sender mutiert, mit mysteriösen Mordfällen und Celebrities, die sich umoperieren lassen. Und dass alle Medien stets betonen, sie stehen hinter den kämpfenden Truppen, ist selbstverständlich.

Aber trotzdem, verglichen mit dem Kalten Krieg, als die Medien noch stramm auf der Seite der Regierung standen, hat sich vieles verändert. Im Nachgang der Bürgerrechtsbewegung der sechziger Jahre wurden die Zeitungen nicht nur kritischer, sie veränderten sich auch kulturell: Während früher weiße Männer im Anzug die Nachrichten vorgetragen haben, sind heute im Fernsehen auch schwarze oder asiatische Gesichter zu sehen, Frauen, oder offen schwul oder lesbisch lebende Moderatoren wie Rachel Maddow auf MSNBC und Anderson Cooper auf CNN.

Aber viele konservative Amerikaner finden sich seitdem in den Medien nicht wieder. Und das hat eine rechte Gegenbewegung produziert. Angefangen hat die 1996 in der Clinton-Ära, als die Republikaner alles taten, den populären Präsidenten zu bekämpfen. Damals launchte der australische Medienmogul Rupert Murdoch Fox News, den rechten Nachrichtensender im Kabel. Chef wurde Roger Ailes, ein republikanischer Politikberater. 1997 gründete Joseph Farah, ein Religiöser Rechter, *WorldNetDaily*, ebenfalls eine Plattform für Clinton-Hasser. Hier tummeln sich Kommentatoren wie Bill O'Reilly von Fox News, aber auch Buchanan, Coulter und Limbaugh. 1998 schaffte der *Drudge Report* den Durchbruch mit der Lewinsky-Affäre, gefolgt von *Breitbart.com*, der sich vollständig Trump verschrieben hat.

Auch Ruddy begann als Clinton-Kritiker. Der Journalist schrieb in Murdochs *New York Post* über Whitewater, einem umstrittenen Immobiliendeal aus der Zeit, als Clinton noch Gouverneur von Arkansas war. 1996 wechselte er zur *Pittsburgh Tribune-Review*, die dem (inzwischen verstorbenen) Ölmilliardär Richard Mellon Scaife gehörte, den Ruddy als sein Mentor sieht. Die *Washington*

Post nannte Scaife den »führenden finanziellen Unterstützer einer Bewegung, die die amerikanische Politik im letzten Viertel des 20. Jahrhunderts umgeformt hat«. Bei der *Tribune-Review* beschäftigte sich Ruddy mit dem Selbstmord des Weiße-Haus-Anwalts Vincent Foster, der, wie rechte Verschwörungstheoretiker glauben, von den Clintons ermordet wurde. Er schrieb darüber ein Buch (Ruddy sagt heute, er habe nur Fragen aufgeworfen). 1998 gründete er NewsMax, mit 25.000 Dollar seines eigenen Geldes und Scaife als Finanzier. Er sah eine Marktlücke. 88 Prozent der Journalisten hätten Clinton gewählt, nur sieben Prozent Bush. »Alle meine Freunde haben die *New York Times* gelesen.«

All diese rechten Medien sind miteinander verwoben, als »right wing echo chamber«, wie *New York Times*-Kolumnist Paul Krugman es nennt. Die Webseite *Think Progress* erläuterte einmal an einem Beispiel, wie dies funktioniert: Der Chef der chinesischen Zentralbank erklärte – im März 2009 –, er wünsche sich eine internationale Leitwährung neben dem schwächelnden Dollar. Das war ein eher allgemeines Statement, mit dem China eigentlich nur Muskeln zeigen wollte. Daraus machte der *Drudge Report* die Schlagzeile: »Peking will neue globale Währung«, durchaus etwas anderes als eine zweite Leitwährung. Stunden später forderte Michele Bachmann, Obama müsse einen Eid ablegen, dass Amerika niemals eine globale Währung einführen werde. Kurz darauf behauptete Glenn Beck auf Fox News, die Vereinten Nationen forderten eine globale Währung, das sei der Vorbote für eine Weltregierung. Am nächsten Morgen wollte Major Garrett, der Korrespondent für Fox News im Weißen Haus von Präsident Obama wissen, ob er eine globale Währung unterstütze.

Heute stützt sich die konservative Medienlandschaft auf drei Säulen: Fox News, Nachrichtenaggregatoren im Internet wie *NewsMax*, dem *Drudge Report* oder *WorldNetDaily*, und Talkradio, das hauptsächlich von Berufspendlern im Auto gehört wird. Der unangefochtene König des Talkradio ist Rush Limbaugh, ein früherer Discjockey und der erfolgreichste Radiotalker der USA. Limbaugh, der in einer fast weißen Stadt in Missouri geboren wurde, die im Bürgerkrieg auf Seite der Konföderierten kämpfte, ist ein Südstaaten-Konservativer, der noch mit der Rassentrennung aufwuchs. Limbaugh hat seine Karriere letztlich Ronald Reagan zu verdanken, der 1987 die *Fairness Doctrine* abschaffte, die Rundfunkanstalten zur Ausgewogenheit verpflichtete (jetzt, wo Donald Trump dies so gnadenlos ausnutze, werde debattiert, die *Fairness Doctrine* wieder einzuführen, sagt Ruddy). Zu den besten Zeiten – 2008, nach der Wahl von Obama – wurde seine dreistündige tägliche Sendung von rund 600 Radiostationen übertragen, er hatte zwanzig Millionen Hörer.

Limbaugh lässt nichts aus. Er sang das Spottlied »Barack, the Magic Negro«. Er machte sich über den Schauspieler Michael J. Fox lustig, als der an Parkinson erkrankte. Er verglich die Präsidententochter Chelsea Clinton mit einem Hund, und verteidigte Folter im Abu Ghraib-Gefängnis: Soldaten müssten auch mal Spaß haben dürfen. Feministinnen nennt er »Feminazis«. Und er schlug vor, der afro-amerikanische Dachverband NAACP (National Association for the Advancement of Colored People) solle seinen Mitgliedern beibringen, Raubüberfälle auf Schnapsläden zu begehen. Erikka Sigrid Knuti von der liberalen Organisation Media Matters nannte Limbaugh die einflussreichste Stimme der Konservativen. »Schon Reagan hat sich bei ihm für die Wahlhilfe bedankt«, sagt sie. Limbaugh steht rechts von George W. Bush – so forderte er seine Hörer einmal auf, gegen dessen zu laxe Einwanderungsgesetze zu protestieren. Inzwischen ist sein Stern gesunken; aber noch immer hören ihm dreizehn Millionen zu.

Limbaugh ist nicht der Schrillste der konservativen Meinungsmacher. Das ist Ann Coulter, eine überschlanke Blondine, die Liberale in einem dutzend Büchern als gottlos, dämonisch und dumm beschreibt, und die oft in Limbaughs Radioshow auftritt. Zum *New York Observer* sagte sie einmal, der einzige Fehler, den Timothy McVeigh begangen habe, war, dass er nicht auch das *New York Times*-Gebäude gesprengt habe. McVeigh, ein Rechtsradikaler, hatte 1996 in Oklahoma City ein Regierungsgebäude und einen Kindergarten in die Luft gejagt; 166 Menschen starben, die meisten davon Kleinkinder. Er wurde in Terre Haute, Indiana, hingerichtet. Wenig später brannten Neonazis das Holocaust-Museum der Stadt nieder und sprühten »Remember Timmy McVeigh« an die Ruine. Später befragt, ob sie ihr Zitat nun bereue, sagte Coulter: »Ich hätte ergänzen sollen: gesprengt, nachdem alle das Gebäude verlassen haben, außer den Redakteuren und den Reportern der *Times*.« Nach dem Anschlag auf das World Trade Center forderte Coulter, die USA sollten in die »Länder der Moslems einmarschieren, deren Führer umbringen und die Menschen zum Christentum bekehren«. Sie findet es auch richtig, Moslems das Fliegen zu verbieten, stattdessen könnten die doch fliegende Teppiche nutzen, meinte sie. Aber erst, als sie im Fernsehen sagte, Juden sollten zum Christentum konvertieren, um »perfekt« zu werden, wurde sie von der Anti-Defamation League, dem National Jewish Democratic Council und dem America Jewish Committee kritisiert und wurde vorübergehend ein ganz klein wenig stiller.

Aber der Pionier des rechten Internets ist Matt Drudge. Drudge wuchs bei seiner Mutter in Washington auf, einer liberalen Jüdin, die für Senator Ted Kennedy arbeitete. Noch heute kommt er mit Frauen besser aus als mit Männern. Und obwohl sein politisches Vorbild Ron Paul ist, der Libertäre aus Texas, verehrt er heimlich Hillary Clinton, allerdings auch Coulter. Manche halten den Südstaatler mit den braunen Augen für schwul; er streitet das ab. Drudge – beschreibt *New York Magazine* – war ein schwieriger Teenager, unsicher, in der Schule gemobbt; kurz davor, in der Psychiatrie zu landen. Nach der High School jobbte er bei McDonalds. Schon damals war sein Markenzeichen ein breitkrempiger Hut, womit er aussah wie ein Journalist aus einem Schwarz-Weiß-Film. Aber erst, als er nach Hollywood zog, fand er seine Bestimmung. Er schnappte dort so viel Klatsch auf, dass er den *Drudge Report* gründete. Die Macht des Internets habe er begriffen, sagte er, als er sah, wie Ruddys Geschichte über Vince Foster begann, im Netz zu zirkulieren. Damals hatte Drudge einen Verteiler von mehreren hunderttausend Leuten, und damit machte er Ruddys Artikel landesweit bekannt.

Es war Drudge, der (zusammen mit dem Klatschblatt *Natio-*

nal Enquirer) 1998 Clintons Affäre mit Monica Lewinsky ans Licht brachte. Die 22-jährige Praktikantin hatte Linda Tripp, einer Kollegin aus dem Pentagon, von ihrer Affäre mit dem Präsidenten erzählt. Tripp zeichnete Lewinskys Plaudereien heimlich auf. Lange zirkulierte die Geschichte als Gerücht in Washington, aber kein Blatt griff sie auf. Dann erfuhr Drudge, dass *Newsweek* darüber hatte schreiben wollen, aber kalte Füße bekommen hatte, und preschte vor. Wie Drudge selber an diese Information gekommen war, weiß bis heute keiner. Drudge beschäftigte damals allerdings einen Blogger namens Andrew Breitbart, der im selben Villenvorort von Los Angeles aufgewachsen war wie Lewinsky.

Danach fingen Politiker an, Drudge Infos zu stecken, wenn sie dem politischen Gegner schaden wollten, eine Methode, die heute noch üblich ist – erst einmal veröffentlicht, wandert die Nachricht dann in größere Medien und der ursprüngliche Informant kann sich darüber aufregen. Das traf zumeist Demokraten. Drudge stellte Al Gore als Buddhisten dar und John Kerry als Drückeberger in Vietnam. Als er über John Edwards 400 Dollar teuren Haarschnitt schrieb, fing dessen Karriere an zu bröckeln. Auf seinem Höhepunkt erreichte er laut *New York Times* drei Millionen Leser. NBC nannte ihn »Amerikas schwarzes Brett«, und Pat Buchanan hielt ihn für den »mächtigsten Journalisten der USA«. Zuletzt bot Fox News ihm eine Show an, aber er verließ den Sender bald wieder. Danach trat er als Gast bei Limbaugh auf. Heute lebt er zurückgezogen bei Miami, sein Einfluss hat nachgelassen. Aber er bleibt das Vorbild vieler Rechter, denen er bewiesen hat, dass ein einzelner Medienkämpfer etwas ausrichten kann.

Der Tempel des Todes:
Rupert Murdochs News Corporation

Fox News ist das Rückgrat der konservativen Medien; der Nachrichtensender im Kabel, der rechten Kommentatoren, Kolumnisten und Politikern die größte Plattform der USA bietet. Fox News gehört News Corporation, einem der größten Medienkonzern der Welt, der Zeitungen, Magazine und TV-Sender in Australien, Asien, Russland, Europa, Südamerika und natürlich Nordamerika unter seinem Dach hat – und der ohne politische Unterstützung nicht so groß hätte werden können. News Corp ist eine Aktiengesellschaft, an der die Murdoch-Familie zwölf Prozent und ein Drittel der stimmberechtigten Aktien hält. Gegründet hat sie Rupert Murdoch, 1931 in Australien geboren, Sohn des Medienbarons Keith Murdoch und der »Antichrist«, wie ihn der frühere *New York Times*-Chefredakteur Bill Keller nennt.

Murdoch begann seinen weltweiten Aufstieg in England, wo er Zeitungen übernahm und die Journalistengewerkschaften entmachtete. Seinen Siegeszug in Amerika trat er in den achtziger Jahren an, mit dem *San Antonio Express-News*, es folgten die *Village Voice*, *New York Magazine* und die damals noch liberale *New York Post*. Die *Post* erwarb er von Dorothy Schiff, der Enkelin des aus Frankfurt stammenden Bankers Jacob Schiff. Später kaufte er den Verlag HarperCollins, den christlichen Verlag Zondervan, der die Bibel herausgibt, und das *Wall Street Journal*.

Noch in den achtziger Jahren gelang Murdoch sein zweiter großer Coup. Er übernahm das Filmstudio 20th Century Fox und die Metromedia Group, die damals aus einer Handvoll darbender TV-Stationen bestand. Die baute er zu einer neuen Sendeanstalt aus: Fox. Fox wurde – neben NBC, CBS und ABC, die vor dem Siegeszug des Kabels das Fernsehen beherrschten – die vierte terrestrische Anstalt. Da die USA den Besitz einer Rundfunkanstalt nur ihren Bürgern gestatten, nahm er 1985 die US-Staatsbürgerschaft an. 1986 ging Fox TV auf Sendung, damals arm, aber experimentierfreudig (Fox sendet Serien und ist nicht zu verwechseln mit Fox News). Zu den frühen Fox-Hits zählen *Die Simpsons* – der herzlose Milliardär C. Montgomery Burns soll nach Rupert Murdoch geformt sein – sowie die Verschwörer-Serie *Akte X*. Weder Fox TV noch der 20th Century Fox ist eine republikanische Agenda anzumerken. Das Studio produzierte *Avatar* und *Star Wars*, wo blaue Indianer respektive schwule Droiden den militärisch-industriellen Komplex im Weltall bekämpfen.

Die *New York Post* allerdings musste Murdoch erst einmal

wieder verkaufen – US-Mediengesetze gestatteten es Unternehmern damals nicht, Märkte mit Fernsehsendern und Zeitungen zugleich zu dominieren. Erst 1993 schaffte es Murdoch mit der politischen Unterstützung von Mario Cuomo, dem demokratischen Gouverneur von New York, die *Post* zurückzukaufen. Murdoch machte aus der *Post* ein rechtes Revolverblatt, wobei er sorgfältig darauf achtete, China nicht zu beleidigen. Einmal ordnete er an, einen Artikel über einen betrunkenen Auftritt des chinesischen Botschafters zu kippen. Als dann 1996, unter Clinton, der Telecommunications Act verabschiedet wurde, der es Medienunternehmen erlaubt, ihre Besitzungen monopolartig auszudehnen, konnte sich Murdoch in ganz Amerika ausbreiten.

Das war die Geburtsstunde von Fox News, der rechten Konkurrenz zu CNN, die mit dem orwellesken Slogan »fair and balanced« wirbt, fair und ausgewogen. CNN war wenig begeistert. Time Warner Cable, die damals zum selben Konzern gehörten, weigerten sich, Fox News im Kabel zu verbreiten. Zum Glück bekam Murdoch Schützenhilfe vom New Yorker Bürgermeister Rudy Giuliani, der Time Warner Cable zwang, Fox News zu senden. Das führte zu einem öffentlichen Kleinkrieg zwischen CNN-Gründer Ted Turner und Murdoch; Turner verglich Murdoch mit Hitler und Murdoch meinte, Turner sei geisteskrank.

Diese Zeiten sind lange vorbei. Heute sitzt Fox News gegenüber dem Rockefeller Center, in einem Betonhochhaus, dem »Tempel des Todes«, wie Late-Night-Komiker Jon Stewart einmal spottete. Präsident ist Roger Ailes. »Chairman Ailes« werde er genannt, analog zu »Chairman Mao«, schrieb das Magazin *Rolling Stone*. Für Rush Limbaugh ist Ailes eine »Vorbild und Vaterfigur«. Der Rechtsaußen, der ständig eine Waffe trägt, weil er Angst hat, von Al Qaida ermordet zu werden, kommt aus der Politik: Er war Medienberater für mehrere prominente republikanische Amtsträger, darunter Nixon, Reagan, Bush sen. und Giuliani. Reagan wurde von Ailes so für seine Auftritte präpariert, dass die Zuschauer dessen beginnende Alzheimer-Krankheit nicht bemerkten. Und für Bush sen. ging Ailes mit rassistischer TV-Werbung auf Stimmenfang, die vor dem »kriminellen schwarzen Mann« warnte. Insbesondere Nixons Wahlsieg gilt als das Verdienst von Ailes. Ailes machte den wenig telegenen Politiker fernsehtauglich. Zudem ließ er Nixon nur mit Wählern debattieren statt mit Journalisten, um unangenehme Reporterfragen zu umgehen, eine Taktik, die auch Reagan praktizierte und an der sich Donald Trump versucht.

Die Pläne für Fox News gehen weit zurück. Ailes hatte bereits während der Nixon-Regierung die Idee für solch einen Sender, berichtete CNN, das sich auf ein Memo aus den siebziger Jahren aus der Nixon Library beruft. Das Memo trägt den Titel *A Plan for Putting the GOP on TV News*. Darin wird beschrieben, wie eine pro-republikanische Nachrichtenagentur aufgebaut werden könnte. Das Memo stammte von Bob Haldeman, Nixons Stabschef, der später wegen Watergate im Knast landete. Auf dem Papier sind aber auch Notizen von einem »Roger«.

In den Clinton-Jahren verließ Ailes Washington. Im Oktober 1996 stellte Murdoch ihn als Fox News Chef ein, ein halbes Jahr nach der Gründung des Senders. Als erstes feuerte Ailes alle Journalisten, die ihm zu liberal erschienen. Später lud er Matt Drudge ein, auf Fox News die neuesten Gerüchte über Monica Lewinsky zu verbreiten. Und 2000, als George W. Bush gegen Al Gore kandidierte, engagierte er John Prescott Ellis als Verantwortlichen für die Berichterstattung in der Wahlnacht. Ellis war ein Cousin von Bush. Er erklärte auf Fox News, dass Bush Florida gewonnen habe, noch bevor die Stimmen ausgezählt waren. Damit, meinte der *Rolling Stone*, habe Fox das Momentum geschaffen, das Bush letztlich den Wahlsieg brachte.

Fox News hielt George W. Bush lange die Treue: Als eine Senatskommission die Hintergründe von 9-11 untersuchte, sandte Ailes' Stellvertreter ein Memo an alle Reporter, das Gedenken nicht durch unbotmäßige Fragen zu entweihen. Die Bush-Regierung erwiderte die Liebe: Die Federal Communications Commission (FCC) blockierte den Verkauf des Satellitensenders DirectTV an einen Murdoch-Konkurrenten, sodass News Corp die Firma billig erwerben konnte. Es versteht sich von selbst, dass Fox News

Obama als muslimisch-marxistischen Black Panther aus Kenia darstellen, der Abtreibungen und die Arztkosten illegaler Immigranten aus Steuergeldern finanziere. In Leserkommentaren auf FoxNews.com wird Obamas Blackberry »Niggerberry« genannt. Mit alledem schaffte der Sender einen Jahresgewinn von 800 Millionen Dollar, eine Reichweite von hundert Millionen Zuschauern und eine höhere Sehbeteiligung als CNN.

Viele republikanische Politiker treten als Kommentatoren bei Fox News auf, darunter Mike Huckabee, Rick Santorum und Newt Gingrich. Manche Konservative, wie der frühere Bush-Redenschreiber David Frum, finden das bedenklich. »Republikaner dachten einmal, dass Fox News für uns arbeitet«, sagte er. »Aber nun finden wir heraus, wir arbeiten für Fox!« Andererseits, für Fox News zu arbeiten, kann durchaus die Karriere beflügeln. Das prominenteste Beispiel ist John Kasich, der Gouverneur von Ohio und einer der erfolgreicheren republikanischen Präsidentschaftskandidaten. Von 2001 bis 2007 moderierte Kasich *Heartland with John Kasich* auf Fox News und sprang auch gelegentlich für Bill O'Reilly ein. Hauptberuflich arbeitete er damals für die Investmentbank Lehman Bros bis zu deren Konkurs in 2008, der zu der noch heute spürbaren Bankenkrise führt. Zuvor hatte er Ohio im Kongress vertreten; er war 18 Jahre im *House Armed Services Committee*, das den Verteidigungsaushalt kontrolliert. Kasich hat Bill Clintons Reform der Sozialhilfe – de facto deren Abschaffung – mitgetragen, aber auch Newt Gingrichs Bemühungen, Clinton abzusetzen. Er gilt im heutigen politischen Klima als moderat, aber er begann als Gefolgsmann von Gingrich. Als Kasich 2010 mit der Unterstützung der Tea Party als Staatschef von Ohio kandidierte, spendierte News Corp 1,25 Millionen Dollar für seinen Wahlkampf. Heute hat Kasich das Wohlwollen von moderat konservativen Medien. Selbst die *New York Times* sprach sich für ihn aus, wenngleich nur aus Antipathie gegen Trump und Cruz.

Fox News bedient alle Flügel der Konservativen. Der Moderator auf dem Prime-Time-Platz um acht ist Bill O'Reilly, der die Paleocons – kurz für Paleoconservatives –, repräsentiert, die Republikaner alter Schule. Die Libertären können sich bei John

Stossel und Lou Dobbs auf Fox Business wiederfinden. Für die Neocons, deren Flagschiff der *Weekly Standard* ist, der ebenfalls Murdoch gehört, treten Fred Barnes und William Kristol auf. Für den unpolitischen Zapper gibt es *Fox und Friends* mit auswechselbaren Blondinen. Die Nachrichten werden von Sean Hannity präsentiert, ein Apparatschik, mit dem auch die RINOs können, die Republicans in Name Only. Die wichtigste Stimme der Tea Party war lange Zeit Glenn Beck, ein Mormone, den Ailes von CNN abwarb, bis er kurz vor Obamas Wiederwahl abstürzte. Beck hatte nicht nur einen zweistündigen Sendeplatz, wo auch Sarah Palin regelmäßig auftrat; der Sender rief sogar zu »Fox Network Tax Day Tea Parties« auf, wo Zuschauer animiert wurden, nach Washington zu den Rallys der Tea Party zu fahren.

Beck wirkt wie eine Parodie auf einen Verschwörungstheoretiker im Akte-X-Stil, wenn er, augenrollend und händewedelnd, vor der unmittelbar bevorstehenden Machtübernahme durch die Kommunisten warnt. Schuld daran sind laut Beck »die Rockefellers«, »die Rothschilds«, »die Bilderberger«, »die Wall Street« und »die New York Times«, kurz: eine »internationale Weltverschwörung von (meist jüdischen) Bankern und marxistischen Journalisten«. Vor allem warnt Beck vor George Soros. Soros, ein Demokrat, hat im Alter sein Herz für die Linke entdeckt, und hat viele liberale Initiativen finanziell unterstützt, darunter die einflussreiche Internetplattform Moveon.org. Deshalb gilt er Tea Partiern und anderen Rechten als Hauptfeind. Beck stellte Soros, der sich als jüdischer Junge mit vierzehn im faschistischen Ungarn vor den Nazis verstecken musste, als »Drahtzieher« und »Puppenspieler« dar, der eine geheime Eine-Welt-Regierung wolle. Beck widmete ihm gar eine dreistündige Sondersendung, wo er schwarz-weiße Bilder aus einem jüdischen Stetl mit entstellten Soros-Zitaten aneinanderschnitt. Dies gipfelte darin, dass er Soros vorwarf, »Juden in die Gaskammer« geführt zu haben.

Und dabei blieb es nicht: Beck pries auch das 1935 erschienene Buch *Das Rote Netz* der Autorin Elizabeth Dilling, die den Kommunismus als Teil der jüdischen Weltverschwörung sieht, von der die USA unterwandert seien. Nach 1945 sagte sie, Roosevelt, Eisenhower und der Koreakriegs-General Douglas McArthur seien Juden, sie beschimpfte John F. Kennedy, weil er Staatsanleihen für Israel ausgegeben hatte, und behauptete, JFK sei nur von Juden, Schwarzen und Kommunisten gewählt worden.

Das Maß war voll, als Beck auf Fox News eine Liste von neun Leuten vorstellte, die für die »großen Lügen des 20. Jahrhunderts« verantwortlich seien. Acht dieser Leute waren jüdischen Glaubens, wie Sigmund Freud, dessen Neffe Edward Bernays – der Vater der modernen PR –, der Journalist Walter Lippmann, aber auch wenig bekannte Gestalten wie der New Yorker Gewerkschaftler Andy Stern, und natürlich Soros. »Ist ihm niemand sonst eingefallen, der im 20. Jahrhundert ›große Lügen‹ verbreitet hat?«, fragte M.J. Rosenberg von der linken Israellobby J-Street spitz. Jedenfalls, Joseph Goebbels stand nicht auf Becks Liste.

Beck parierte derartige Kritik damit, dass er israelfreundlich und mithin des Antisemitismus unverdächtig sei. Das half ihm lange, aber nicht ewig. Warum Murdoch den Vertrag auflöste, weiß keiner so genau. Womöglich hat Murdochs Schwiegersohn Matthew Freud – selber ein Großenkel von Sigmund – darauf gedrängt. Dazu beigetragen hat sicherlich, dass Firmen ihre Werbung bei Beck zurückgezogen haben. Es gibt linke Netzaktivisten, die sich diesen Boykott zugutehalten, aber möglicherweise war Beck diesen Konzernen einfach zu schmuddelig.

Aber Beck schweigt noch lange nicht. Im September 2011 hat er seinen eigenen Internetauftritt gegründet; GBTV, Glenn Beck TV, aus dem *TheBlaze* wurde. *TheBlaze* sitzt in Texas, im Großraum Dallas, mit Büros in New York, Washington und Los Angeles. Die Webseite streamt Becks Fernseh- und Radioauftritte, die auch von zwei dutzend Kabelanbietern in die Wohnzimmer übertragen werden. Nach einem anfänglich steilen Aufstieg in den Quoten – bis dahin, dass Beck anbot, die neunte Debatte der Republikaner vom November 2015 zu streamen – musste *TheBlaze,* sinkenden Quoten und Anzeigeneinnahmen geschuldet, massiv Stellen abbauen. Der Hauptgrund für den Einbruch ist, ironischerweise, dass Beck Ted Cruz auf mehreren Reisen begleitet hat. Beck ist ein begeisterter Cruz-Unterstützer, nicht nur, weil Cruz sich als Verteidiger der Verfassung verkauft, sondern auch, weil beide zu den Religiösen Rechten zählen. Die vielen Termine mit Cruz aber ließen Beck nicht mehr genug Zeit, sich um seine eigenen Medienauftritte zu kümmern. Immerhin: Trotz der Entlassung von mehreren dutzend Mitarbeitern blieb Beck noch genug Geld übrig, sich einen privaten Jet und einen 200 000 Dollar teuren Maybach Sedan zu kaufen.

Beck ist nicht der einzige, der mit anti-semitischen Ressentiments spielt. Brent Bozell, ein konservativer katholischer Aktivist, der das Media Research Center gegründet hat und der oft bei Fox auftritt, sprach ebenfalls bei der Tea Party Conference in Phoenix im Februar 2011. Er erklärte dem laut jubelndem Publikum: »Die Medien hassen euch!« Und um es klarzumachen, wen er meint, zählte er fünf Namen auf, die das Publikum mit lauten Buhrufen quittierte. »Frank Rich!«, rief Bozell – der damalige Kulturkolumnist der *New York Times* – »Paul Krugman!«, Wirtschaftskolumnist der *Times*; »Eliot Spitzer!«, der frühere New Yorker Gouverneur, der nach seinem Rücktritt vorübergehend bei CNN unterkam; »Keith Olbermann!«, der für das Al-Gore-Fernsehen *Current* moderierte »und« – nun donnerte Bozell geradezu –, »Bill Maher!«. Daraufhin brach die Menge in ganz lautes Buhen aus. Maher ist ein libertärer Satiriker, der auf dem Premiumkabelsender HBO gnadenlos über die Tea Party (und Trump) herzieht. Aber nicht mehr lange, hofft Bozell. »Wir, das amerikanische Volk, sagen zu den Medien, ›fallt tot um‹!« Und das geschehe ja auch, denn die verlören allesamt Auflage und Einschaltquoten. Hingegen die erfolgreichen Nachrichtensendungen, das seien die von Sean Hannity, Bill O'Reilly, und Glenn Beck! Nun jubelt die Menge wieder. Es mag Zufall sein, aber vier dieser fünf meistgehassten Journalisten sind säkulare Juden.

Roger Ailes musste inzwischen den Hut nehmen. Mehrere Moderatorinnen von Fox News bezichtigten den Mann, der eine erstaunliche Ähnlichkeit mit Jabba the Hut hat, sie über Jahre sexuell belästigt zu haben; eine davon – Gretchen Carlson, eine frühere Miss America – zog gar vor Gericht. Und Murdoch war bereits zuvor unter Beschuss geraten: Im Sommer 2011 kam heraus, dass die Journalisten seiner britischen Boulevardzeitung *News of the World* Handys gehackt hatten. Murdoch schloss das Blatt und konzentrierte sich auf sein amerikanisches Imperium: Er engagierte Howard Rubenstein, New Yorks PR-König (der auch Trump vertritt), dazu den Strafrechtsanwalt Brendan V. Sullivan, der zuvor Oliver North, einen Hauptverdächtigen in der Iran-Contra-Affäre herausgehauen hatte (North hat heute ebenfalls eine Sendung auf Fox News), sowie den Anwalt Joel Klein, ein Demokrat, der unter Bill Clinton die Kartellermittlungen gegen Microsoft geführt hat. Wenn es darauf ankommt, kennt Murdoch keine Parteien mehr, sondern nur noch Anwälte. Demokraten riefen nach seinem Kopf, aber das *Wall Street Journal,* die *Washington Times* und *NewsMax* verteidigten ihn: Wer fordere, dass ein US-Medium für etwas bestraft werde, das in England passiert sei, gefährde die Pressefreiheit.

Das erstaunlichste an der Liebe der Tea Party für das Murdoch-Imperium ist, dass dessen Ränge nicht gerade uramerikanisch besetzt sind. Murdoch hat bis heute seinen australischen Akzent nicht abgelegt. In dritter Ehe war er mit Wendi Deng verheiratet, die Tochter eines chinesischen kommunistischen Funktionärs, deren originärer Name Deng Wen Ge »Kulturrevolution« bedeutet. Das Paar hatte Wohnsitze in Sydney, London und Peking, und der chinesische Premierminister hat Murdoch sogar gebeten, die Staatsbürgerschaft anzunehmen. Als wäre das nicht genug, ist Deng auch noch Demokratin. Murdochs vierte Frau ist Jerry Hall, die mit dem Rolling Stone Mick Jagger verheiratet war. Der zweitgrößte Anteilseigner von News Corp ist der saudische Prinz Al-Waleed bin Talal al-Saud. Zwei Chefredakteure – Col Allan, der die *New York Post* leitet, und Robert James Thomson vom *Wall Street Journal* – kommen aus Australien. Für Hardcore-Rechte ist Murdoch denn auch ein ausländischer Verräter. Auf rechtsradikalen Webseiten wie Stormfront wird verbreitet, der (irischstämmige) Murdoch sei Jude und besorge heimlich die Geschäfte der Rothschilds.

Rechtsextreme Trendsetter
verbreiten sich im Internet

Das Treffen bei den jungen Republikanern in New York City im Frühjahr 2011 ist höchst klandestin und nur für Mitglieder, denn heute spricht James O'Keefe. O'Keefe ist ein konservativer Tea-Party-Aktivist, nennt sich aber lieber investigativer Reporter, Guerilla-Dokumentarfilmer oder »Gonzo-Journalist«, der – nach dem Schriftsteller Hunter S. Thompson – selber Teil der Story ist. Tatsächlich hat O'Keefe in einer einzigartigen Serie von Attacken praktisch alle Institutionen, denen die Tea Party feindlich gesonnen ist, schwer beschädigt. Das macht ihn dort zum Helden; für Liberale ist er natürlich einer der Oberschurken.

Seinen ersten großen Einsatz hatte James O'Keefe im September 2009. Damals kreuzte er, gekleidet wie ein Zuhälter in einem schlechten Hollywoodfilm – Cowboyhut, Dandystöckchen, Sonnenbrille, Chinchillamantel –, in mindestens acht Büros von ACORN auf, zusammen mit einer Freundin, die wie eine Prostituierte angezogen war. ACORN (Association of Community Organizations for Reform Now) ist, oder vielmehr war, ein Dachverband von Vereinen, die sich für gering verdienende Familien einsetzten (was heißt, meist hispanisch oder schwarz). ACORN sorgte auch dafür, dass sich Amerikaner als Wähler registrieren. Rund 1,3 Millionen Wähler hatte ACORN alleine zur Präsidentschaftswahl von 2008 angemeldet. Selbstredend gaben die meisten derart Organisierten ihre Stimme den Demokraten, weshalb ACORN bei den Republikanern nicht so furchtbar beliebt war. Es gab auch oft Vorwürfe, die Organisation sei unfair. So hat ACORN Afro-Amerikaner aus New Orleans, die vom Hurrikan Katrina nach Houston oder Atlanta vertrieben worden waren, per Bus zur Bürgermeisterwahl herangekarrt, sodass der (schwarze) Demokrat Ray Nagin wiedergewählt wurde.

Und so marschierten O'Keefe samt Freundin mit einer versteckten Kamera in acht ACORN-Büros und erzählten den – allesamt schwarzen – Frauen, die dort arbeiteten, sie wollten ein

Bordell aufmachen und dazu minderjährige Zwangsprostituierte aus El Salvador in die USA schmuggeln. Wie sie das tun könnten, und dabei auch vermeiden, Steuern zu zahlen?

Einige Mitarbeiter antworteten auch brav und gaben Ratschläge. O'Keefe gab Ausschnitte aus diesen Videos an Fox News und die *Washington Times* weiter. Noch mehr Furore machten die Videos auf einer neuen Webseite; Breitbart.com, die dem rechten Blogger Andrew Breitbart gehörte. Breitbart kam aus dem Stall von Matt Drudge, und O'Keefe war einer von Breitbarts ersten Mitarbeitern gewesen. Über ACORN brach eine Welle der Empörung herein. Staatsanwälte schalteten sich ein, Sponsoren wandten sich ab, und zuletzt kappte der Kongress in Washington die finanzielle Unterstützung. ACORN musste dichtmachen und O'Keefe wurde berühmt. Sean Hannity lud ihn ins Fox-News-Studio ein und nannte ihn einen »Pionier des Journalismus«. Glenn Beck lobte ihn, und Bill O'Reilly schlug ihn für die Medaille des Kongresses vor. Das *Wall Street Journal* wies darauf hin, dass ACORN nicht nur von Gewerkschaften unterstützt werde, auch Obama habe einst für die Organisation gearbeitet. Die *New York Post* nannte ACORN »linke Gauner«, die mit »unseren Steuergeldern« Hurenhäuser finanzierten. Und Breitbart wünschte ihm den Pulitzerpreis. Es war die rechte »Echo Chamber«, wie sie schöner und effektiver nicht hätte sein können.

Und nun kommt O'Keefe endlich, ein langer, dünner, trotzig aussehender Mittzwanziger mit halblangen blonden Haaren. Die New Yorker Republikaner klatschen. Erst erzählt er von seiner Webseite *Project Veritas*, die Lügen der liberalen Presse entlarve. Die sei gemeinnützig, Spenden könnten von der Steuer abgesetzt werden. Leider müsse er vorsichtig sein, denn sein letzter Coup in Baton Rouge, Louisiana, ist schiefgegangen. Mit zwei Mitstreitern war er – als Mitarbeiter einer Telefongesellschaft getarnt – in das Büro von Mary Landrieu eingedrungen, eine demokratische Abgeordnete. Er wollte ihr Telefon verwanzen. Sie wurden erwischt, er bekam drei Jahre auf Bewährung – was er total unfair findet. Aber, fährt er fort, und der Trotz in seiner

Stimme flackert wieder auf, das zeige doch, wie sehr das System ihn fürchte: So bezahle der Spekulant George Soros einen Mitarbeiter einzig dafür, dass sein Wikipedia-Eintrag dauernd umgeschrieben werde; ins Negative natürlich. Beifälliges Nicken.

Nun erzählt O'Keefe, wie er in jüngeren Jahren zur Symbolfigur des Protests gegen politische Korrektheit wurde. Als Student an der Rutgers University in New Jersey habe er bei der Universitätsleitung dagegen protestiert, dass die Cafeteria Cornflakes der Marke »Lucky Charms« servierte, die grüne Kobolde auf der Packung zeigt. Dieses Stereotyp beleidige ihn als Iren, sagte er. »Ich habe die in eine Zwickmühle gebracht, entweder ethnisch unsensibel zu sein, oder aber sich lächerlich zu machen.« Zu seinem Erstaunen versprach die Unileitung, die Beschwerde ernst zu nehmen. Sie tat aber nie etwas. »Bloß die anderen Studenten haben mich danach mit Lucky Charms beworfen.«

O'Keefe ist aber kein spontaner Student, er ist ein ausgebildeter Politaktivist. Die Washingtoner Netzzeitung *Politico* schreibt, dass er damals beim Leadership Institute in Arlington beschäftigt war, eine Privatuniversität, deren journalistische Fakultät von Steven Sutton geleitet wird. Das Institut wurde von Morton Blackwell gegründet, einem früheren Delegierten von Barry Goldwater und Ronald Reagan. Es bekommt mehr als sechs Millionen Dollar im Jahr an Spenden aus konservativen Kreisen. Auch Karl Rove, »Bushs Gehirn«, hat hier gelehrt. Die Idee mit den Lucky Charms kam von Sutton, aber bald darauf distanzierte er sich von seinem Zögling, der ihm in seinem Eifer ein wenig zu unheimlich wurde. O'Keefe wechselte zum Collegiate Network, das ebenfalls rechte Journalisten ausbildet; darunter war auch Ann Coulter. Das Network wird von Richard Mellon Scaife unterstützt, der konservative Verleger der *Pittsburgh Tribune-Review*, Erbe von Gulf Oil und Mentor von Chris Ruddy.

O'Keefe nächstes Ziel nach ACORN war der öffentlich-rechtliche Sender NPR, National Public Radio, der in den USA eigentlich sowieso ein Schattendasein fristet. Anfang 2011 trafen sich er und zwei Mitstreiter mit Ronald Schiller, einem Spendensammler für NPR. Die drei gaben sich als Mitglieder des Muslim

Education Action Center Trust aus. Dieser Trust, sagten sie, sei eine Tarnorganisation der Muslimbruderschaft, und die wolle fünf Millionen Dollar an NPR spenden. Schiller traf sich mit dem Trio zum Lunch und schmierte den vermeintlichen Spendern, die eifrig auf die Republikaner schimpften, Honig ums Maul. Schiller klagte, dass die Tea Party die Republikaner übernommen habe, und die sei nicht nur islamophob, sondern auch xenophob, alles Leute, die an das »weiße, gewehrschwingende Amerika des Mittleren Westens« glaubten, und die »wirklich, wirklich rassistisch« seien. Auch diese – heimlich mitgeschnittenen – Aufnahmen wurden in rechten Medien veröffentlicht.

Nach einem Sturm der Entrüstung musste auch Schiller gehen, die Chefin des Senders verlor ebenfalls ihren Job. Republikaner im Repräsentantenhaus forderten, die Bundeszuschüsse für NPR zu streichen. O'Keefe ist darauf heute noch stolz. »Der hat all diese linken Sprüche gebracht, etwa, dass die Juden die Medien kontrollieren«, erzählt er den Republikanern in New York. Auch das ist unwahr: Auf dem Video, das im Internet zirkuliert, ist zu hören, dass O'Keefe diese Sprüche reißt, in der Hoffnung, dass Schiller ihm zustimmt. Aber dieser nimmt den Köder nicht an. »Mich ärgert an den Linken vor allem, dass sie ihre Ideale verraten haben«, meint O'Keefe. »In den sechziger Jahren ging es denen noch darum, den Herrschenden die Wahrheit ins Gesicht zu sagen. Jetzt sind sie selber die Herrschenden.« Danach – der Vortrag ist zu Ende – plaudert er mit ein paar republikanischen Bewunderern. Doch seine Adresse, seine Telefonnummer oder auch nur seine E-Mail verrät er nicht. »Ich lebe praktisch im Untergrund«, sagt er. Am meisten fürchte er, von Anwälten verklagt zu werden, bis er arm ist. »Umbringen werden sie mich nicht, das würde zu viele Schlagzeilen machen.« Aber auch er habe Anwälte. Wikipedia schreibt, dass er auf einem Hausboot in New Jersey wohnt. Das war wohl der Mitarbeiter von George Soros.

Bald sollte sich herausstellen, dass die Verhaftung in Louisiana der Anfang von Ende für O'Keefe war. Der frühere Generalstaatsanwalt von Massachusetts, den ACORN mit einer Untersuchung beauftragt hatte, fand heraus, dass O'Keefe keineswegs in seinem albernen Aufzug bei ACORN gewesen war, vielmehr waren diese Bilder nachträglich in die Videos hineingeschnitten worden. Auch waren die Fragen von O'Keefe mit neuem Ton unterlegt worden. Ein Ex-Mitarbeiter von ACORN klagte, und erstritt hohen Schadensersatz. O'Keefe machte zwar weiter, aber heute werden seine Videos nicht mehr so ernst genommen. Fox News fasst sie nur noch mit spitzen Fingern an, und sogar Breitbart distanzierte sich von seinem übereifrigen jungen Freund.

Andrew Breitbart ist, wie sein Mentor Matt Drudge, ein vom Glauben abgefallener Demokrat. Newt Gingrich nannte ihn einmal den »innovativsten Pionier, was konservativen Medienaktivismus in Amerika betrifft«. Der Blogger, der im März 2012 überraschend früh an einem Herzinfarkt starb (heute gehört das Unternehmen seiner Frau und hat wechselnde Verantwortliche), repräsentierte die neue Generation des konservativen Journalismus, der sich vollständig im Internet abspielt. Breitbart war, anderes als Erickson, Hannity oder Limbaugh, immer ein Latte Macchiato-Großstädter, kein *Heartland*-Konservativer. »Ich bin kulturell links, denn die Linke definiert in Amerika die Kultur«, sagte er im Frühjahr 2011 bei einer Bloggerkonferenz in New York. In einem Kurzfilm, der dort gezeigt wurde, mischt er eine Demo gegen die Koch-Brüder mit »Ho Chi Minh«-Rufen auf – auf Rollerskates. »Ich höre linke Musik wie The Jam, die Lieder gegen Ronald Reagan spielten, ich mag Videospiele wie Angry Birds, kaufe Bio-Lebensmittel bei Whole Foods und meine Inspiration ist der Anarchist Abbie Hoffman«, erklärte er. Er saß auch im Beirat der konservativen Schwulengruppe GOProud.

Das ist kein Wunder, denn Breitbart wuchs, wie Drudge, in einem liberalen jüdischen Haushalt auf. Seine Mutter konvertierte zum Judentum, als sie seinen Stiefvater heiratete. Aber mit Religion hat er so wenig am Hut wie sein Mentor. Schon als junger Mann beschloss er, die Identität seines leiblichen Vaters zu adaptieren, der Ire war. Und er wurde ein Reagan-Konservativer. Breitbart glaubt, er sei mit seiner Einstellung nicht alleine in Hollywood, aber gleichwohl einsam. »Ich habe dort viele Freunde, die rechts sind, aber die machen den Mund nicht auf, weil sie Angst haben, für Nazis gehalten zu werden.« Er hingegen findet, man solle mit Linken diskutieren – nach seinem Job bei Drudge schrieb er für die liberale *Huffington Post* –, außerdem sei er sowieso für Redefreiheit. Er verteidigte den Fernsehkomiker Bill Maher, der nach dem Anschlag auf das World Trade Center gefeuert wurde, weil er gesagt hatte, die Terroristen seien weniger feige gewesen als die US-Luftwaffe, die Raketen aus Tausenden von Meilen Entfernung abschieße.

Breitbart tat nie so, als sei er ein objektiver Berichterstatter. Seine Webseiten *Big Government, Big Journalism* und *Big Hollywood* spielen sich als Beschützer des einfachen Amerikaners vor den bösen Medien und der bösen Regierung auf. Das ist generell die Masche der neuen, rechten Internetmedien, aber Breitbart hat sie perfektioniert. Von O'Keefe hat Breitbart sich getrennt, weil er den übereifrigen Gesetzesbrecher als Hemmschuh auf dem Weg nach oben sah, aber dessen Ehrgeiz, linke (und schwarze) Politiker abzuschießen, teilte er nach wie vor. Dabei hat er durchaus Erfolge erzielt. So hat er Ausschnitte aus einem Video gepostet, bei der Shirley Sherrod, eine (schwarze) Obama-Mitarbeiterin, berichtete, wie sie einem weißen Farmer geholfen hatte; Breitbart ließ das Video so schneiden, dass sie wie eine Rassistin wirkte. Erst als das Video in voller Länge auftauchte, wurde Sherrod rehabilitiert.

Breitbart unterstellte auch Obamas Verteidigungsminister Chuck Hagel, der habe Geld von einer Organisation »Freunde der Hamas« bekommen (die gar nicht existiert), und er behauptete ebenso fälschlich, Obamas (schwarze) Generalstaatsanwältin Loretta Lynch habe für Bill Clinton in Sachen Whitewater gearbeitet. Sein prominentestes Opfer war Anthony Weiner, ein linker, demokratischer Abgeordneter, der den Fehler begangen hat, laszive Handyfotos von seinem besten Stück an mehrere junge Frauen zu senden. Als Breitbart die veröffentlichte, musste Weiner zurücktreten. Breitbarts eigentliches Ziel war allerdings Weiners Frau, Huma Abedin, eine Muslimin mit pakistanisch-indischen Wurzeln, die rechte Hand von Hillary Clinton. Abedin gehört – glauben Rechte – zu der ominösen muslimischen Verschwörung, die mit der Hilfe von Obama Amerika unterwandert.

Man sollte meinen, dass Murdoch ein großer Fan von Trump ist – beide sind rechtslastige New Yorker Milliardäre mit einem Hang zur Macht –, aber das ist keineswegs der Fall. Trump hat sich bereits in einer der ersten Debatten mit Fox-Moderatorin Megyn Kelly angelegt, die ihm zu kritische Fragen stellte. Ihr sei das Blut aus den Augen gekommen und auch »sonstwo«, sagte er, und verlangte, dass Kelly nicht mehr mit ihm debattieren dürfe. Das stieß anderen Konservativen auf. Der entschiedenste Trump-Gegner ist Erick Erickson, der Gründer des erzkonservativen Blogs *Redstate*, das sich unabhängig gibt, tatsächlich aber Republikanern aus Texas wie Tom DeLay und, natürlich, Ted Cruz nahesteht. Erickson, der auch bei Fox News kommentiert, lud Trump von einer geplanten Veranstaltung wieder aus. Inzwischen haben sich Trump und Kelly wieder zusammengerauft. Für Christopher Ruddy von *NewsMax* ist das alles großes Kino. »Die schöne Blonde und das Biest, was will man mehr«, sagt er

Aber Trump geht es nicht nur um großes Kino. Er hat die Lehren, die Ailes für die Republikaner formuliert hat, internalisiert und nutzt sie nun für seinen eigenen Wahlkampf. Und das erfolgreicher als irgendjemand sonst bei den Republikanern. Trump, der im Zweifelsfall schon mal so tut, als sei er sein eigener Pressesprecher, dominiert den Diskurs in Amerika, indem er selber zu seinen Wählern spricht – über die Köpfe der Medien hinweg. Das macht er vor allem auf Twitter, dem Kurznachrichtendienst, wo ihm inzwischen mehr als acht Millionen Amerikaner folgen – Tendenz steigend. Insbesondere die *New York Times* knöpft er sich auf Twitter regelmäßig vor: Als das Blatt in einer mehrseitigen Reportage ausbreitete, wie machoartig Trump mit Frauen umging, beschimpfte er die Times als »Lügenblatt«. Das wichtigste sind ihm, natürlich Quoten. So twitterte er im Mai, der Tod von Vince Foster sei »sehr, sehr merkwürdig«.

Aber auch im Fernsehen ist Trump omnipräsent und dominant: Es vergeht keine Stunde ohne einen Trump-Auftritt; bei

Fox News – Bill O'Reilly ist praktisch ein Wahlkampfhelfer von Trump – aber auch anderswo. Und das sind meist keine Interviews, bei denen ein Journalist kritisch nachfragt, sondern abgefilmte Wahlkampfauftritte. CNN, das Rechten als liberaler Nachrichtenkanal gilt, überträgt sogar einstündige Reden des Kandidaten, als sei dieser Fidel Castro (und CNN in Kuba). Kein Zufall: Jerry Zucker, der langjährige Unterhaltungschef von NBC, der den Vertrag über die Reality-TV-Show *The Apprentice* mit Trump unterzeichnet hat, steht heute CNN vor. Müsste Trump sich all diese Sendezeit kaufen, hätte ihn das Branchenschätzungen nach mehr als zwei Milliarden Dollar gekostet.

Die liebedienerische Attitüde der Medien hat etwas Masochistisches an sich, denn Trump ist kein Verfechter der Pressefreiheit – ganz im Gegenteil, er hat angekündigt, möglichst rasch Gesetze verabschieden zu wollen, die es einfacher machen, Zeitungen zu verklagen, die jemanden beleidigen oder die etwas Falsches geschrieben haben (was in den USA, des First Amendment wegen, der Redefreiheit, fast unmöglich ist, vor allem für einen Prominenten). Einer von denen, der Erfahrungen mit Trump hat, ist Charles Bagli, bei der *New York Times* für Immobilien zuständig. »Trump kann sehr charmant sein«, sagt er. »Als ich bei der *Times* angefangen habe, hat er mich angerufen und gefragt, ob ich mit ihm zu den US-Open gehen würde, das Tennisturnier in Queens. Ich bin mit meiner Frau hingegangen, er und Melania waren auch da; sie hat die ganze Zeit kein einziges Wort gesagt.« Dann launchte Trump *The Apprentice* auf NBC, und im Trailer sagt er, wie immer, er sei der Größte. »Ich schrieb daraufhin, er sei mitnichten der größte Developer in New York; er besitze noch nicht einmal die meisten Gebäude, auf denen sein Name steht.« Daraufhin rief Trump bei ihm zuhause an und schrie ihn am Telefon an. »Am nächsten Tag kam ein Brief von seinem Anwalt, gefolgt von sechs oder sieben weiteren Briefen, wo er drohte, die *New York Times* zu verklagen.« Trump behauptete auch, Bagli habe ihn ständig um Tickets angebettelt. »Die *Times* hat wirklich gute Anwälte, deshalb würde Trump niemals riskieren, dass ein Richter feststellt, er ist wirklich nicht der Größte, aber das zeigt, wie wichtig es ihm ist, diese Trump-Mythologie zu erhalten.« Pressefeindlich ist Trump noch heute. Er verweigert linken, kritischen, und natürlich ausländischen Medien die Akkreditierung, er nennt Journalisten »ekelhafte Lügner«, und er hat auch schon Journalisten von muskelbepackten Ordnern aus seinen Veranstaltungen werfen lassen, schreibt die linke kalifornische Zeitung *Mother Jones*. Mehr noch: Ordner in Zivil suchen in der Menge gezielt nach Leuten, die nicht wie begeisterte Trump-Unterstützer wirken. Es kommt auch vor, dass Trump-Ordner Fotografen würgen oder zu Boden werfen. Trump Manager Cory Lewandowski zerrte eine Reporterin (ausgerechnet von *Breitbart*) an ihrem Arm aus einer Veranstaltung, und Trump ruft bei Rallys auch seine Anhänger unverhohlen dazu auf, Journalisten niederzubuhen und niederzubrüllen.»Das sind Taktiken wie bei den Demagogen der dreißiger Jahre«, meinte Robert Reich, Professor aus Berkeley und früher Mitglied der Clinton-Regierung. Dabei blieb es nicht: Trump hat Mitte Mai gedroht, kartellrechtlich gegen Amazon vorzugehen. Ihm hatte die Berichterstattung der *Washington Post,* die Amazon-Chef Jeff Bezos gehört, nicht gefallen. Inzwischen entzog er der Washington Post die Akkreditierung. Und sein inoffizieller Berater Roger Stone legte noch einmal nach: Er sagte auf *Breitbart,* Trump könne auch CNN die Sendelizenz entziehen.

Dass die Presse und mehr noch das Fernsehen sich dem Kandidaten zu Füßen wirft, hat durchaus Gründe. Les Moonves, der Vorstandsvorsitzende von CBS, sagte, Trump sei zwar schlecht für Amerika, aber er sei gut für CBS. Denn er bringe Quoten. Ross Douhat, konservativer Kolumnist der *New York Times* und Trump-Kritiker findet es besonders ärgerlich, dass auch liberale Medien das Spielchen mitmachen. Trump sei nicht vom konservativen TalkRadio geschaffen worden, schreibt er, von rechten Webseiten wie Breitbart, oder von Jerry Falwell oder dem republikanischen Strategen Karl Rove. Er sei eine Kreatur der New Yorker Medien, von *Vanity Fair, Time*, NBC und dem *New York Observer*. Der Zeitung, die seinem Schwiegersohn gehört.

Erstaunlicherweise sind es heute die Konservativen in den Medien, die einander wegen Trump beharken. Sie sind nicht mehr Freunde, sondern – wie Carry Bradshaw es in *Sex and the City* nannte – Frenemies (aus *friends* und *enemies*, Feinde). *Redstate* und Glenn Beck versuchen alles, um Trump zu unterminieren; sie haben lange Cruz unterstützt. Das gleiche gilt für die Blätter der Neokonservativen. *WorldNewsDaily* hingegen hält Cruz für einen »Globalisten«, der für Freihandel sei und der Verbindungen zur Investmentbank Goldman, Sachs habe. *Breitbart* wiederum hat sich zu einem »boshaftes Gefäß voller wildgewordenen Trumpismus« entwickelt, wie *Redstate* es formuliert. Das geht so weit, dass auch der entschiedene Trump-Gegner Bill Kristol angefeindet wird – David Horowitz, ein konservativer Zionist, beschimpfte Kristol auf *Breitbart* als »aufsässigen Juden«, der Trump daran hindern wolle, den Vertrag mit dem Iran aufzukündigen. Für *Breitbart* lohnt sich Trumpismus offenbar: Innerhalb eines Jahres sind die Besucherzahlen um 120 Prozent gestiegen. Dabei ist deren Nähe zu Trump nicht nur dem Wunsch nach besseren Quoten geschuldet: Mittlerweile stellte sich heraus, dass Trump einem *Breitbart*-Schreiber 8000 Dollar gezahlt hat. Und das war möglicherweise nicht die einzige finanzielle Zuwendung. Darauf kündigte der leitende Redakteur, da die Webseite bloß noch ein »Media Super-PAC für die Trump-Kampagne« sei.

Chris Ruddy von *NewsMax* sympathisiert persönlich zwar mit Trump, er findet aber, es sei ein Fehler, dass *Breitbart* den Kandidaten so offen unterstütze. »Wir sind neutral, deshalb sind wir glaubwürdiger«, sagt er. Auch von Fox News distanziert er sich vorsichtig. »Roger Ailes ist ein Politfunktionär, ich bin Journalist. Fox fragt sich jeden Morgen, ›Was sollen die Zuschauer denken‹? Unsere Leser sollen selber denken.« Selbst mit Bill Clinton hat sich Ruddy inzwischen ausgesöhnt – und mit Obama sowieso. »Ich scherze gerne, dass Obama der beste republikanische Präsident ist, den wir ja hatten.« Und Hillary? »Hillary ist fantastisch. Sie kommt mit dem Kongress großartig aus.« Jetzt muss sich nur noch Rupert Murdoch einen Ruck geben, und Hillary könnte es tatsächlich wieder ins Weiße Haus schaffen.

6) BANKIERS UND PLEITIERS
Die Wut um den verlorenen Groschen

Chicago ist eine legendäre Großstadt, berühmt für ihr Nachtleben, Jazz und politischen Filz. Während der Prohibition wurden Al Capone und John Dillinger (der vom FBI erschossen wurde) beim Schwarzhandel mit Alkohol reich; nach ihnen beherrschten Gangster wie Hymie Weiss und Frank Calabrese die Stadt. Legendär ist das Musical *Chicago*, wo es um Mord, Gier, Korruption, Gewalt, Ausbeutung, Ehebruch und Verrat geht. Stand-up Comedians wie Tina Fey und Steven Colbert starteten im Chicagoer Club *Second City* ihre Karriere. Der Billy-Wilder-Klassiker *Some Like It Hot* wurde hier gedreht, und die *Blues Brothers*. Unzählige Clubs für Jazz, House-Music, Blues und Hip Hop finden sich in der Stadt, in der Nat King Cole und Benny Goodman lebten, aus der Hillary Clinton und Barack Obama kommen, und auch das *Bete Noire* der Republikaner, Saul Alinsky. Alinsky war ein linker, jüdischer Politaktivist, der das Buch *Rules for Radicals*, Regeln für Radikale geschrieben hat und auf den sich Obama und Hillary in ihrer Jugend berufen haben.

Chicago ist die stolze Metropole des Mittleren Westens. Hier standen einst die Schlachthäuser, in die Millionen von Kühen von den Weiden in Kansas, Wisconsin, Iowa, Oklahoma und Texas gekarrt wurden. Darüber schrieb Upton Sinclair in seinem Roman *Der Dschungel*. Chicago ist rauer als Los Angeles oder New York. Gegen die berüchtigte South Side, ein schwarzes Viertel, wo Michelle Obama aufwuchs, wirkt Harlem zahm. Ein gutes Drittel der Stadt ist schwarz; bei den Weißen sind die drei größten ethnischen Gruppen die Deutschen, die Iren und die Polen. Auch zwei arabische Viertel hat Chicago, das moslemische im Südwesten, und das christliche, wo vornehmlich Immigranten aus dem Irak und Palästina leben, im Nordwesten. Der Lake Michigan, an dem Chicago liegt, ist einer der großen Seen zwischen den USA und Kanada, die zusammen so groß sind wie die Nordsee. Oft bläst vom Lake Michigan ein kalter Wind in die Häuserschluchten. Deswegen nennt man Chicago Windy City. Allerdings auch deshalb – schrieb der New Yorker Journalist Charles Dana –, weil hier so viele »Windbeutel« lebten, die dauernd davon redeten, wie großartig ihre Stadt sei.

Die Stadt ist aber auch für ihren revolutionären Geist berühmt, der sich im Aufstand vom Haymarket, dem *Haymarket Riot*, manifestierte. Damals, im Mai 1886, standen sich auf dem Heumarkt hunderte vom Polizisten und tausende streikende Arbeiter gegenüber. Es war der Höhepunkt des Kampfes um den Acht-Stunden-Tag, den irische und deutsche Immigranten führten. Als eine Bombe geworfen wurde, fielen Schüsse; ein Dutzend Polizisten starben. Die Aufständischen wurden verhaftet, vier Männer wurden gehenkt. Gut achtzig Jahre später, im Sommer 1968 protestierten Zehntausende von Studenten zum Parteitag der Demokraten gegen den Vietnamkrieg. Auch damals prügelte die Polizei auf Demonstranten ein, und setzte Tränengas und Wasserwerfer ein. Sieben Studentenführer, die »Chicago Seven«, wurden vor Gericht gestellt, darunter der Anarchist Abbie Hoffman, der Schwarze-Panther-Führer Bobby Seale und der Aktivist Tom Hayden (der später die Schauspielerin Jane Fonda heiratete). Crosby, Stills, Nach & Young widmeten dem Aufstand den Song *Chicago*. Auch die Protestbewegung der Sechziger berief sich auf Saul Alinsky.

Als Donald Trump im März 2016 in Chicago auftrat, um eine Wahlkampfrede zu halten, gab es tumultartige Proteste vor allem von schwarzen Bürgern, die von Trump-Sympathisanten rassistisch beleidigt wurden – einige streckten die rechte Hand zum Nazi-Gruß aus. Trump rief die Polizei und brach den Auftritt ab. Und Chicago wurde, wieder einmal, seinem Ruf gerecht.

Die Hauptachse von Chicago ist die Michigan Avenue. Sie läuft vom North Lake Shore Drive nach Süden zum George Washington Memorial im Süden. Dort, wo sie den Chicago River kreuzt, steht der neogotische Chicago Tribune Tower. Die *Chicago Tribune,* die größte Zeitung der Stadt, gehörte Colonel Robert McCormick, einem Isolationisten, der sie eine »amerikanische Zeitung für Amerikaner« nannte. Als McCormick seinen ersten Korrespondenten nach Europa schickte, wählte er einen aus, der weder Deutsch noch Französisch sprach, damit sein *good American boy* nicht durch Ausländer verdorben würde. In der Lobby ist heute eine kleine Ausstellung über die großen Momente der Zeitung zu sehen, etwa, wie sie bereits zwei Tage vor Pearl Harbor die Kriegspläne von Franklin D. Roosevelt enthüllt hatte. Roosevelt hätte die *Tribune* daraufhin fast dichtgemacht.

Die Michigan Avenue führt am Cadillac Palace Theatre vorbei, unter dem *Loop* hindurch, der alten rostigen Hochbahn, die ihre Runden um den Stadtkern dreht. Am Lake Michigan liegt der Millennium Park mit seiner Promenade. Die Landungsbrücken wurden schick renoviert, mit Restaurants und Riesenrädern. Hier stehen moderne Skulpturen wie *Cloud Gate,* eine riesige verspiegelte Bohne, in die Passanten hineingucken können. Auch das Haus des Chicago Symphony Orchestra liegt hier, und das Art Institute of Chicago. Dessen moderner Flügel wurde – wie auf einer Tafel steht – von dem langjährigen Bürgermeister Richard M. Daley eröffnet, dem Sohn von Richard J. Daley, der seinerseits Chicago von 1955 bis 1976 regierte. Beide Daleys waren Demokraten. Als gute irische Katholiken gingen sie täglich zur Messe, als gute *machine politicians* schlossen sie Hinterzimmerdeals mit Gewerkschaftlern, Geschäftsleuten und irischen, deutschen und polnischen Gemeindeführern. Heute ist Rahm Emanuel Bürgermeister – noch. Obamas früherer Stabschef, eigentlich ein harter Knochen, bekam die wachsende Kriminalität von Chicago nie in den Griff. Die Stadt war zu widerspenstig.

Weiter westlich, am Bahnhof Union Station, steht der Willis Tower, das höchste Hochhaus der Stadt. Und natürlich erbaute auch Donald Trump einen Wolkenkratzer in Chicago, den Trump International Hotel and Tower. Er liegt an der Trump Plaza; Konstruktionsmanager war der Sieger von Trumps Reality

TV Show *The Apprentice*. Auf der Baustelle wurde der Showdown zwischen Batman und dem Joker in *The Dark Knight* gedreht. Eigentlich sollte der Tower das höchste Hochhaus der Welt werden, aber nach dem Anschlag von 9-11 überlegte Der Donald es sich anders. Heute steht immerhin Trumps Name in sechs Meter hohen Leuchtbuchstaben am Gebäude, schwer umstritten bei Architekturkritikern natürlich. Im sechzehnten Stock ist das Restaurant *Terrace at Trump* mit einem T-förmigen Grundriss.

Nur wenige Schritte von dem Hochhaus entfernt liegt die Börse, im Chicago Board of Trade Building von 1930. Der Wolkenkratzer aus rosa Sandstein ist mit Statuen geschmückt, darunter einem Ägypter, der Weizenähren trägt, und einem Indianer mit einem Büschel Mais in der Hand. Von der Spitze grüßt eine fast zehn Meter hohe, vergoldete Statue von Ceres, der römischen Fruchtbarkeitsgöttin. Dies hier ist der Geburtsort der Tea Party.

Die Geburt der Tea Party: Der Aufstand der Derivatehändler

Es war auf dem Parkett der Chicagoer Börse, wo Rick Santelli am 19. Februar 2009 öffentlich einen Wutausbruch hatte. Santelli ist ein Finanzjournalist, der für den NBC-Wirtschaftssender CNBC arbeitet. Gerade war die Nachricht hereingekommen, dass Barack Obama, der vor sechs Wochen sein Amt angetreten hatte, ein Programm aufgelegt hatte, den Homeowners Affordability and Stability Plan. Damit sollte Leuten geholfen werden, die ihr Häuschen nach dem Platzen der Immobilienblase zu verlieren drohten. Das fand Santelli empörend. Der Börsenjournalist und gebürtige Chicagoer mit dem Akzent der südosteuropäischen Immigranten forderte zum Widerstand auf: »Wie wäre es mit einem Referendum darüber, ob wir wirklich die Hypotheken dieser Versager subventionieren sollen!«, rief er, live auf CNBC. »Wollen wir nicht lieber die belohnen, die das Wasser tragen, als die, die es trinken?« Er wurde von den Börsenmaklern, die sich um ihn versammelt hatten, bejubelt. Santelli wurde lauter. »Das ist Amerika!«, rief er und wandte sich an die Börsianer neben ihm. »Wie viele von euch wollen die Hypothek ihres Nachbarn bezahlen, der sich ein zweites Badezimmer geleistet hat? Hebt eure Hand! Präsident Obama, hören Sie zu? Das hier ist moralischer Schiffbruch!« Die Börsenmakler pfiffen und klatschten. »Wie wäre es, wenn wir alle nicht zahlen?«, rief einer in Santellis Mikrofon. »Wie wäre es mit einer Tea Party am Lake Michigan, wo wir einige Derivate in den See werfen!«, schlug Santelli vor. »Ich höre, dass Bürgermeister Daley schon die Polizei mobilisiert!«

Dann deutete er auf ein paar Börsianer auf dem Parkett, die ihn anfeuerten. »Das hier ist ein typischer Querschnitt Amerikas, die schweigende Mehrheit.« – »Nicht ganz so schweigend«, entgegnete der Moderator im Studio trocken. Und auch nicht die Mehrheit. Und zudem handelte es sich um die gleichen Derivatehändler, die die Krise zu verantworten hatten. Der Moderator schlug nun vor, Santelli solle als Senator kandidieren – worauf der entgegnete, er wolle sich nicht stündlich duschen müssen. »Na, dann herzlichen Glückwunsch zu deiner Reinkarnation als revolutionärer Führer«, meinte der Moderator. Und Santelli: »Lies mal die Gründungsväter, Benjamin Franklin und Thomas Jefferson! Die würden sich im Grab umdrehen, wenn sie wüssten, was wir heute in unserem Land machen.« Derweil hieß es in den Schlagzeilen am Bildrand, dass die Aktien der Technologiebörse Nasdaq die Hälfte ihres Wertes verloren hatten.

Dabei war das Programm, über das sich Santelli aufregte, bescheiden. Ursprünglich waren es 75 Milliarden Dollar gewesen, aber der Kongress hatte nur 30 Milliarden bewilligt – ein Bruchteil dessen, was der Steuerzahler wenige Monate zuvor den Banken gegeben hatte. Am 15. September 2008 war Lehman Brothers zusammengebrochen, gefolgt von Washington Mutual und den Beinahe-Pleiten von Citibank und Merrill Lynch, und der Kongress wollte eine globale finanzielle Kernschmelze verhindern,

Unter Hausbesitzern herrschte aber durchaus mehr Not als bei Bankern. Im Nachgang des Bankenkrachs wurden Häuser zwangsgeräumt. Familien, viele davon Afro-Amerikaner, standen auf der Straße oder mussten in Zeltstädten hausen, ganze

Stadtviertel drohten abzustürzen. In Amerika ist es nicht üblich, dass Hypothekenkredite zu Festzinsen vergeben werden. Das heißt, wenn Schuldner ins Straucheln kommen, ziehen die Banken die Zinsen an. Zudem waren viele dieser Hypotheken sogenannte *subprime loans* mit von Anfang an überhöhten Zinsen, weil der Schuldner als unsolide eingestuft wurde. Und so ist Santellis Tea Party letztlich eine Bewegung von Bankern, die sich darüber empören, dass der Staat die Leute retten will, die sie durch ihre Spekulationen in den Bankrott getrieben haben.

Die Ursachen der Bankenkrise sind mannigfaltig, aber sie haben viel mit Deregulierung und Überschuldung zu tun. Einer der Verantwortlichen ist Alan Greenspan, der von Ronald Reagan ernannte Chairman der Federal Reserve. Greenspan propagierte eine Politik des »leichten Geldes«; er ermunterte Hausbesitzer, ihre Immobilien zu belasten, um das Geld in den Konsum zu stecken. Das setzte sein Nachfolger Ben Bernanke fort. Als die Immobilienblase dann platzte, saßen viele Hausbesitzer plötzlich mit Krediten da, die höher waren als der Wert ihres Heimes. Aber auch die Demokraten sind nicht unschuldig. Bill Clintons Finanzminister Robert Rubin hat kommerziellen Banken, die im Massengeschäft tätig sind, erlaubt, mit schwer verständlichen Produkten wie Derivaten und Credit Default Swaps zu handeln. Das sind Kreditausfallversicherungen, die letztlich nichts anderes waren als Wetten auf einen kommenden Immobiliencrash.

Als Lehman in Konkurs ging, brach Panik aus. So schnell wie möglich verabschiedeten Demokraten und Republikaner gemeinsam das Troubled Assets Relief Program (TARP), um die Banken zu retten. Dafür hatte der Kongress zunächst 700 Milliarden Dollar vorgesehen. Bald stellte sich heraus, dass mehr Geld gebraucht wurde, etwa auch für den Versicherungsriesen AIG, der Darlehensausfälle über Credit Default Swaps versichert hatte. Allein AIG bekam 182 Milliarden Dollar an Staatshilfen. Nach und nach wuchs der Betrag auf rund 2,5 Billionen an – so ganz genau weiß das bis heute keiner. Millionen von wütenden Wählern schrieben Protestbriefe und riefen empört in Washington an – aber TARP wurde bewilligt. Kaum hatte sich die Aufregung gelegt, fand die

New York Times heraus, dass Banken, die TARP-Gelder beansprucht hatten, ihren Managern hohe Boni auszahlten. Dafür hatten alleine die Großbanken 36 Milliarden Dollar beiseitegelegt, noch während die TARP-Gelder flossen. Sogar Richard Fuld, der Vorstand von Lehman Bros, hatte für seine letzten acht Dienstjahre noch eine halbe Milliarde Dollar mitgenommen. Aber es waren nicht diese Milliarden, es waren die Regierungsgelder für Not leidende Hausbesitzer, die aus Santelli den »Katalysator der Tea Party« machten, wie das *Wall Street Journal* schrieb.

Aber war der Ausbruch wirklich so spontan, wie Santelli, auch noch Monate später, versicherte? Als er live vom Leder zog, sahen ihn ein paar Hunderttausend Zuschauer. Vier Tage später waren es bereits 1,7 Millionen. Dabei war weder Santelli sonderlich bekannt, noch hat CNBC substanzielle Einschaltquoten. Aber das Video von seinem Auftritt machte sofort die Runde. Der rechte Blogger Matt Drudge stellte es auf seine Webseite, die konservative Heritage Foundation lud es auf YouTube, es wurde von der rechten Webseite WND und der *National Review* beworben.

Und nicht nur das: Es gab bereits seit 2008 die – lange inaktive – Webseite ChicagoTeaParty.com, auch die zeigte binnen Stunden das Video, und postete Reaktionen. Die Webseite war von Zack Christenson registriert, dem Produzenten des konservativen Talkradios *Extension 720 with Milt Rosenberg*, der beim Heartland Institute für Social Media verantwortlich war. Heartland ist ein Think Tank aus Chicago, der »freie Marktlösungen« bei Gesundheit und Erziehung sucht und der gegen die »Klimalüge« kämpft. Finanziert wird er von der Exxon-Mobil-Stiftung sowie den Stiftungen von Richard Mellon Scaife und den Koch-Brüdern. Binnen Stunden wurden weitere derartige Webseiten registriert, alle unterstützt von konservativen Geldgebern. Schließlich griffen NBC und die großen Zeitungen das Thema auf.

Innerhalb einer Woche wurden mehr als vierzig Tea Partys gegründet, mit der Unterstützung von Dick Armeys Verein FreedomWorks – der dafür auch eine Facebook-Seite geschaltet hatte – und der von den Koch-Brüdern finanzierten Organisation Americans for Prosperity: in Chicago, aber auch in New York,

Boston, Atlanta, Dallas, Phoenix, Los Angeles, Denver, Seattle und Oklahoma City. In Pittsburgh stellten empörte Bürger die historische Boston Tea Party nach – wenngleich nur mit Teebeuteln, die sie in den Allegheny und Monongahela River warfen. Die Wut kulminierte am Tax Day von 2009, dem 15. April, der Tag, an dem Amerikaner ihre Steuererklärung abgeben. An diesem Tag fanden mehr als 750 Tax Day-Tea Partys statt, von Seattle bis Washington. Tausende von erbosten, meistenteils weißen Steuerzahlern sammelten sich, bewaffnet mit Teebeuteln und Klapperschlangenfahnen. Sie protestierten nicht nur gegen die Staatshilfen für Immobilienkredite, sondern auch gegen den Stimulus, ein von der Obama-Regierung beschlossenes Paket von 787 Milliarden Dollar, das sich aus Steuernachlässen und Ausgaben zusammensetzte. Der Stimulus enthielt eine Finanzspritze für die Krankenversicherung Medicaid und für Langzeitarbeitslose, aber auch Investitionen für Schulen, Straßen, Brücken und den Umweltschutz. Das, hoffte Obama, werde Arbeitsplätze schaffen. Auch eine Abwrackprämie war dabei (»cash for clunckers«), dazu dreizehn Milliarden Dollar für Hochgeschwindigkeitszüge.

Fox News hatte gleich drei Reporter zu den Demonstrationen geschickt, darunter Sean Hannity, der aus Atlanta berichtete. Und Glenn Beck kommentierte: »Ich habe lange davor gewarnt. Diese Entrechtung wird sich irgendwann in Wut verwandeln und was dann geschieht, weiß nur Gott.« Damit entdeckten auch Republikaner, die bereits im Kongress gegen den Stimulus gestimmt hatten, ihre Nähe zur Tea Party. Einer davon war Rick Perry, der Gouverneur von Texas, der gerne ins Weiße Haus wollte. In New York trat Newt Gingrich vor die Massen. Die Bürger sollten ihrer Legislative sagen: »You're fired«, falls sie nicht gegen den Stimulus stimmen würden. Offenbar fühlte er sich wie Donald Trump, der den Begriff in seiner Reality TV-Show geprägt hatte.

Gingrich ist einer der ersten Republikaner, die sich an die Spitze der Rechtspopulisten gestellt haben, aber er ist eigentlich Urgestein aus Washington. Der weißhaarige, joviale Berufspolitiker, der Georgia vertritt, ist seit 1978 im Repräsentantenhaus. In den neunziger Jahren stieg der wortgewaltige Gingrich erst zur

Minority Whip auf, verantwortlich dafür, die Fraktion zusammenzuhalten (als Nachfolger von Dick Cheney), und dann zum Fraktionsvorsitzenden. Und er wurde Bill Clintons Nemesis.

Gingrich ist der geistige Vater des *Contract with America*, ein Pamphlet, das er 1994, zwei Jahre nachdem Clinton Präsident wurde, veröffentlicht hatte, zusammen mit Dick Armey und Tom DeLay, beides ultrarechte Abgeordnete aus Texas. Auch John Boehner, der spätere Fraktionschef der Republikaner, war dabei. Im *Contract with America* forderte die GOP, die Grand Old Party, eine schlankere Regierung, weniger Steuern, einen ausgeglichenen Staatshaushalt und eine Reform des Sozialstaats. Das hieß, weniger Sozialausgaben. Es war ein Neuaufguss der Politik von Ronald Reagan, der 1976 in einer Wahlkampfrede über eine *welfare queen* geschimpft hatte, eine Frau, die sich mit falschen Papieren 150 000 Dollar an Sozialhilfe erschlichen habe, die aber Cadillac fahre. Diese (fiktive) Frau lebte – selbstredend – in der South Side von Chicago, dem schwarzen Ghetto der Stadt. Reagan setzte damals Einschnitte im sozialen Netz durch.

Reagans »Southern Strategy« wurde von Lee Atwater entwickelt, einem republikanischen Apparatschik aus South Carolina. Nach Aufzeichnungen, die nach seinem Tod freigegeben wurde, sagte Atwater: »1954 haben wir noch gesagt, ›Nigger, Nigger, Nigger.‹ 1968 durfte man nicht mehr ›Nigger‹ sagen. Deshalb sagte man nun Sachen wie ›aufgezwungenes Busing, States' Rights und so Zeug.‹ Dann wird man ganz abstrakt, man spricht darüber, Steuern zu senken und über die Wirtschaft. Das wird im Unterbewusstsein so verstanden, dass sich das mehr gegen die Schwarzen richtet als gegen die Weißen.«

Unter Gingrich erlangte GOP wieder die Mehrheit im Repräsentantenhaus, und er selber wurde mit dieser »republikanischen Revolution« ein Star. 1995 kam er auf das Cover von *Time Magazine* als »Mann des Jahres«; er trat kurz darauf sogar (als er selbst) in der TV-Comedy *Murphy Brown* auf, die in Washington spielt. Da denkt er laut darüber nach, das First Amendment abzuschaffen, den Verfassungsartikel, der die Redefreiheit garantiert.

Gingrich hatte einen Verbündeten: Grover Norquist. Der *New*

Yorker nannte den libertären Juristen einen »Visionär«; seine Vision ist, dass die Regierung so klein wird, dass man »sie in einer Badewanne ertränken kann«. Anders als viele Tea Partier hat Norquist keine Berührungsängste mit Moslems oder Asiaten, solange sie nur konservativ sind. Und noch heute er ist einflussreich bei allen rechten Gruppierungen: Evangelikale, Neocons, Libertäre, Vertreter des *big business* und die Tea Party.

Norquist, ein WASP (*White Anglo-Saxon Protestant*) aus Boston, der in Harvard studiert hat, kam nach Washington, als Reagan Präsident war. Er reiste in den achtziger Jahren nach Afghanistan, um die Mudschaheddin zu unterstützen und er engagierte sich in der Waffenlobby NRA. Norquist gewann rasch Freunde in der Partei, allen voran Karl Rove und Jack Abramoff, ein Lobbyist, der ein paar Jahre später wegen Betrugs im Knast landete. Und er machte Karriere: 1985 berief ihn Reagans Stabschef an die Spitze des Vereins *Americans for Tax Reform*, dessen Ziel es ist, unter keinen Umständen die Steuern zu erhöhen. Er gründete auch den Verein *K Street Project*, der Konzerne – erfolgreich – davon abbrachte, Geld an Demokraten zu geben, und der Spenden von einer Koch-Stiftung bekommt.

Es war Norquist, der für Gingrich den *Contract with America* formulierte. Damit schafften es die Republikaner, Druck auf Clinton auszuüben. Sie brachten den Präsidenten dazu, die Kapitalertragssteuer zu senken und die Sozialhilfe zu demontieren. Heute ist die Wohlfahrt praktisch auf ledige Mütter begrenzt. Außerdem gelang es den Konservativen, die Pläne der Clinton-Regierung für eine Krankenversicherung zu sabotieren, die am Widerstand der Pharma- und der Gesundheitsindustrie und deren Lobbyisten scheiterte. Einer dieser Lobbyisten war Roger Ailes, der heutige Chef von Fox News. Ailes wurde damals von zwei Zigarettengiganten bezahlt, die gegen eine Sondersteuer von einem Dollar pro Päckchen opponierten; das Geld sollte in die geplante Krankenkasse fließen. Ailes schaffte Busladungen von empörten Rauchern nach Washington und ließ sie pausenlos bei Kongressmitgliedern anrufen. Und Norquist half ihm dabei.

Die GOP zwang Clinton auch, einen ausgeglichenen Bundeshaushalt vorzulegen – nach monatelangem Tauziehen, das darin gipfelte, dass Behörden wochenlang geschlossen waren und Angestellte nicht bezahlt wurden. Letztlich schadete dies den Republikanern erheblich, und sie sackte in den Umfragen ab. Es gab daraufhin eine innerparteiliche Revolte gegen den Fraktionsvorsitzenden, angeführt von Boehner. Die konnte Gingrich zunächst noch niederschlagen. Als die GOP aber bei den Wahlen von 1998 viele Sitze verlor, trat er von allen Ämtern zurück.

Gleichwohl hat die GOP bis heute ihr Ziel nicht aus den Augen verloren: die Demontage aller Sozialprogramme – vor allem Medicaid, Medicare und Social Security, die Rente. Unter George W. Bush versuchte die GOP bereits, die Rente zu privatisieren, wenngleich erfolglos Während der ersten Amtszeit von Obama wollte sie Medicaid und Medicare mit Hilfe der Tea Party sabotieren. Und heute ist es Ted Cruz, der sich an die Spitze der Bewegung zum Sozialabbau gestellt hat. Donald Trump hingegen, der Erzkapitalist, hält sich zurück, was Sozialabbau angeht. Er sagt lieber, dass auch für den kleinen Mann gesorgt werden müsse. Er ist nicht gegen einen Mindestlohn, und von Sozialkürzungen ist bei ihm überhaupt nicht die Rede. Andererseits: Trump hat schon alles und das Gegenteil davon versprochen.

Redlining und der Niedergang von Detroit

Die Union Station in Chicago ist ein mächtiger alter Bahnhof, benannt nach der Union Pacific Railroad, die 1869 die erste transkontinentale Linie nach San Francisco eröffnet hat. Die Station ist ein beeindruckendes Bauwerk aus Marmor und Granit mit dorischen Säulen. Der Verkehr der meisten Bahnlinien wurde allerdings inzwischen eingestellt. Aber noch fährt der *Wolverine* von hier nach Detroit. Für den Weg von knapp 500 Kilometern braucht der Dieselzug mehr als sechs Stunden. Das ist für die Verhältnisse von Amtrak, der amerikanischen Eisenbahngesellschaft, noch recht schnell. Eigentlich soll aus der Strecke von

Chicago nach Detroit ein Hochgeschwindigkeitskorridor werden, dafür gab es sogar Bundesmittel. Nur gebaut wurde nichts.

Der *Wolverine* rattert am Ufer des Lake Michigan vorbei, wo die riesigen, feuerspuckenden Fabriken Indianas stehen. Dies hier ist der nördlichste Teil des so genannten *Rust Belts* im Nordosten der USA, der von Cleveland und Cincinnati in Ohio bis nach Gary, Indiana, reicht. Hier war einst das Kernland der Stahlindustrie. Aber viele Arbeitsplätze sind nun nach China ausgelagert. Die Reise geht weiter: durch die Wälder und die Seenlandschaft Michigans, die Universitätsstadt Ann Arbor und Dearborn, wo Henry Ford seine legendäre Autofabrik gründete. Endstation: Detroit. Wie Chicago, so hat auch Detroit einen Prachtbahnhof aus Marmor und Granit, mit Säulen und hohen Gewölbegängen, die alte Michigan Central Station. Aber das Gebäude ist leer und verfallen. Der Zug hält an einem provisorischen Bahnhof zwischen dem Henry Ford Hospital und dem Edsel Ford Freeway, an der Woodward Avenue, dem zentralen Boulevard der alten Autostadt. Auch Detroit liegt an einem der großen Seen, dem Lake Erie. Die Stadt von Ford, Chrysler und General Motors wurde von Franzosen gegründet, als Fort im Indianerland. Sie ist mehr als 300 Jahre alt und damit fast doppelt so alt wie Chicago.

Detroit – einst das »Paris des Westens« genannt – ist gleichfalls berühmt für seine Architektur, seine Art-Deco-Wolkenkratzer, wie das Cadillac Hotel oder das Fisher Building. Berühmte Architekten wie Albert Kahn haben hier gebaut, Frank Lloyd Wright und Ludwig Mies van der Rohe. An achtspurigen Alleen reihen sich Beaux-Art-Prachtbauten, wie das Detroit Institute of Arts, das Detroit Science Center und die Wayne State University. Aber die Straßen der Downtown sind gespenstisch leer, auch tagsüber. Es gibt kaum Geschäfte oder Restaurants, nicht einmal Fast Food, außer in ethnischen Vierteln wie Greektown.

Am Detroit River, der die USA von Kanada trennt, liegt das Renaissance Center, ein Ensemble von gläsernen Wolkenkratzertürmen. Hier befindet sich das Hauptquartier von General Motors – noch. Der einst größte Autobauer der Welt zieht sich nach und nach aus Detroit zurück. Der Prozess begann bereits in den sechziger Jahren, als japanische, dann deutsche und koreanische Autobauer auf den Markt drängten. Bei den »großen Drei«, GM, Ford und Chrysler, arbeiteten gewerkschaftlich organisierte Arbeiter, die Sozialleistungen bis ins Rentenalter bekamen. Toyota, Honda und Mercedes aber bauten Fabriken im Süden, wo es keine Verpflichtung gibt, Gewerkschaftler einzustellen. Die Cadillac-Fertigung in Detroit machte bereits 1987 dicht. Weitere Fabriken folgten. Und mit den Autobauern verschwanden die Zulieferbetriebe und deren Arbeitsplätze.

Am Tag nach der Lehman-Pleite (und der Tag nach dem hundertjährigen Bestehen von General Motors) reisten die drei Vorstandsvorsitzenden von GM, Chrysler und Ford nach Washington, jeder in seinem eigenen Firmenjet natürlich, und baten den Kongress um Subventionen von 7,5 Milliarden Dollar. Das war noch unter George W. Bush. Zwei Monate später wollten sie 25 Milliarden haben. Unter Obama sollten dann mehr als achtzig Milliarden Dollar fließen. Das bewahrte GM aber nicht vor einem Konkurs. Aktionäre und Steuerzahler verloren viel Geld. General Motors wurde restrukturiert und baut heute wieder Autos, aber als deutlich verschlankter Konzern. Mitt Romney hatte damals in der *New York Times* gefordert, die Autobauer in den Konkurs gehen zu lassen, um sie zum Umbau zu zwingen. Er wurde dafür viel gescholten, aber letztlich war es auch das, was Obama tat.

Aber nicht nur wegen des Niedergangs von General Motors verließen Detroiter die Stadt in Scharen. Auch die Suburbanisierung Amerikas trug dazu bei. Detroit war einst die viertgrößte Stadt der USA mit fast zwei Millionen Menschen gewesen. Heute sind es noch 714 000. Von denen sind achtzig Prozent schwarz (zwölf Prozent sind hispanisch oder arabisch und acht Prozent weiß). Viele sind arm. Die Arbeitslosenrate liegt offiziell bei zwanzig Prozent, inoffiziell ist sie doppelt so hoch. Der Stadtkasse fehlt es an Geld für die Feuerwehr und die Polizei. Detroit liegt in der Kriminalitätsrate an dritter Stelle in den USA (an erster Stelle liegt St. Louis, Missouri, gefolgt von Camden, New Jersey).

Die schwarzen Detroiter kamen mit der *Great Migration*, die um 1910 begann. Damals flohen Millionen von Afro-Amerikanern vor der Diskriminierung in den Südstaaten in die Städte des Nordens: New York, Chicago, Baltimore, Washington und eben Detroit. Sie brachten den Jazz mit, den Blues und die Armut. Die Weißen wehrten sich, erst mit politischen Mitteln, dann mit illegalen, auch mit Gewalt, bis hin zur Brandstiftung. Zuletzt zogen sie weg, in die Suburbs, um »bessere Schulen zu finden und um der Kriminalität zu entgehen«, wie der Historiker Thomas Sugrue in der *New York Times* erläuterte. Das sei die Umschreibung für »von den Schwarzen wegziehen«. Damals verlor Detroit die Hälfte der Bevölkerung, fast alles Weiße.

Seit den fünfziger Jahren subventioniert die Regierung in Washington die Häuslebauer in den Suburbs, aber Schwarze bekamen dort keinen Kredit. Banken und Makler betrieben *redlining*: Rote Linien auf einem Stadtplan markierten, wo Kredite restriktiv gehandhabt werden sollten. Das änderte sich aber, als mit der Bürgerrechtsbewegung afro-amerikanische Lobbys wie die NAACP (*National Association for the Advancement of Colored People*) Einfluss gewannen. Clinton und sein Wohnungsbauminister Henry Cisneros setzten sich gegen *redlining* ein, mit Subventionen und Sanktionen, Zuckerbrot und Peitsche. Nun konnten endlich auch Afro-Amerikaner der Mittelklasse Häuser in den Suburbs erwerben. Damit zog aber auch die schwarze Mittelklasse aus Detroit fort, was hieß, noch einmal ein Viertel der Bevölkerung, Das war mehr als in jeden anderen amerikanischen Stadt (New Orleans ausgenommen). Zurück blieben eben die Menschen, von denen Rick Santelli glaubt, dass sie durch ihre Anspruchshaltung »den amerikanischen Staat ausplündern«. Aber auch die Schwarzen, die in die Suburbs gezogen waren, fanden »zu ihrem Ärger heraus, dass Integration nur eine vorübergehende Phase meinte«, schreibt Sugrue. »Nämlich die Phase zwischen dem Tag, an dem die ersten Schwarzen einzogen, und dem Tag, an dem die letzten Weißen ihre Kinder aus den öffentlichen Schulen nahmen.«

Im Sommer 2011 kamen Stadtplaner von der New Yorker Columbia University zu einer Tagung nach Detroit. Sue Mosey von der örtlichen halbstaatlichen Gesellschaft Midtown Development

Group Inc., eine resolute Frau, führt die Gäste durch einige mehr oder weniger desolate Stadtviertel. Dazu zählt »Indian Village« mit seinen Stadtvillen, die trotz der blätternden Farbe noch imposant wirken und wo die Eigentümergemeinschaften dafür sorgen, dass verlassene Gärten nicht verwahrlosen, damit die Grundstückspreise nicht sinken. Es gibt auch einfachere Gegenden, die einmal Mittelklasse waren und wo heute jedes dritte Haus verrammelt ist. »Detroit war einmal berühmt dafür, dass sich hier auch Handwerker ein Häuschen leisten konnten«, sagt Mosey.

Von der Immobilienkrise von 2008 wurde die Stadt härter getroffen als viele andere. Nun zog jeder, der es sich noch leisten konnte, möglichst schnell weg. Deshalb brachen die Hauspreise in Detroit noch stärker ein als andernorts, im Schnitt fielen sie von 77 000 Dollar auf 45 000 Dollar. Einer von 68 Haushalten musste private Insolvenz anmelden, weil die Kreditzinsen zu teuer wurden. »Viele ließen ihr Haus marode und leer zurück und gingen einfach«, sagt Sue Mosey. Dann fragt sie, ob wir noch mehr *blight*, urbanen Verfall, sehen wollen. Sie könne uns aber auch urbane Gärten zeigen, wo die Detroiter Gemüse züchten, für den eigenen Kochtopf. Die Gärten liegen zwischen Abbruchhäusern; die drei jungen schwarzen Männer, die dort arbeiten, wirken nicht so, als verstünden sie viel von Landwirtschaft. Ich frage Mosey, ob es hier eine Tea Party gibt. Sie grinst. »Eher nicht«, sagt sie. Es gibt ein *message board* für eine Detroiter Tea Party im Internet, aber die letzte Nachricht ist Jahre alt. Dass der linke Kandidat Bernie Sanders – der Michigan bei den Vorwahlen von 2016 gewann – in Detroit beliebt ist, versteht sich von selbst.

Am Abend diskutieren vier Bürgermeister aus dem *Rust Belt* über die Krise, darunter David Bing aus Detroit und Dayne Walling, der aus Flint kommt, der Heimatstadt des linken Filmemachers Michael Moore. Flint machte kürzlich Schlagzeilen, weil das Leitungswasser dort so stark mit Blei vergiftet ist, dass es nicht mehr trinkbar ist. Die Staatsregierung kümmert das nicht. Alle Städte haben massiv Einwohner verloren, alle Bürgermeister – außer Walling – sind schwarz; alle klagen, dass die Stadtkassen genauso wenig Geld haben wie die Bewohner: »Früher war der Reichtum in den Städten, heute ist er in den Suburbs«, sagt Bing. »Deshalb sind die viel besser versorgt, was Schulen, Krankenhäuser oder Polizei angeht. Das muss anders verteilt werden.« Aber die Leute in den Suburbs wollten nichts abgeben, die seien ja deshalb weggezogen. Walling meint, man dürfe noch nicht einmal reden über die *shrinking cities*, die schrumpfenden Städte des *Rust Belt*. »Ich habe den Begriff einmal in der *New York Times* verwendet, danach hat mich Rush Limbaugh im Radio drei Tage lang als Verschwörer, Sozialist und Wachstumsgegner bezeichnet.«

Nun kommt der Stargast des Abends: Henry Cisneros, Clintons Chef des HUD (*Department of Housing and Urban Development*), des Wohnungsministeriums. Cisneros, der frühere Bürgermeister der texanischen Stadt San Antonio, war ein aufstrebender Politstar, bis dem verheirateten Politiker eine Affäre zum Verhängnis wurde, bei der er städtische Gelder an seine Geliebte abgezweigt hatte. Aus Sicht der Tea Party ist er einer der Hauptschuldigen an der Bankenkrise. Cisneros hat die Politik des *Fair Housing* und die Fair Lending Laws zu verantworten; unter ihm wurden die Regeln der Kreditvergabe beim Hausbau gelockert, und er ging mit Strafzahlungen gegen Banken vor, die Kredite verweigerten. Am Ende von Clintons Amtszeit besaßen 67,5 Prozent der Amerikaner ihre eigene Bleibe, ein Zuwachs von vier Prozent. Das lag vor allem daran, dass nun auch Ärmere und ethnische Minderheiten Häuser erwerben konnten.

Cisneros ist ein begnadeter Redner. Er schlägt den Bogen von der Großen Depression 1929, dem Zweiten Weltkrieg und der Bürgerrechtsbewegung zu den Krawallen von 1967, als Schwarze in Detroit einen Aufstand veranstalteten, bei dem 43 Tote und tausende ausgebrannte Gebäude zurückblieben. Der Aufstand wurde beendet, als Michigans Gouverneur George Romney – der Vater von Mitt Romney – die Nationalgarde schickte, und Präsident Lyndon B. Johnson die Armee. Aber erst nach fünf Tagen Bürgerkrieg. Es dauerte so lange, bis die Politik reagierte, weil sich die Verantwortlichen uneins waren (schrieb Geschichtsprofessor Sidney Fine in *Violence in the Model City*): Detroits Bürgermeister Jerome Cavanagh, ein irischer Katholik, mochte

Gouverneur Romney, einen Mormonen, nicht um Hilfe bitten. Johnson hingegen zögerte aus politischen Gründen: Der Demokrat wusste, dass Romney, ein Republikaner, gegen ihn als Präsident kandidieren wollte. Und so ließen sie die Stadt brennen.

Cisneros spricht nun über die Wende in den Achtzigern, als die Restaurierung der Innenstädte einsetzte – nur eben leider nicht in Detroit. »Unsere Städte sind unsere Identität«, sagt Cisneros. Ich frage ihn, was er von Sarah Palins Ansicht hält, dass echte Amerikaner aus Suburbs und Kleinstädten kommen. Er schüttelt den Kopf. »Amerika wurde in den Städten geschaffen, von den Immigranten«, sagt er. Aber einen Gegensatz zu konstruieren, sei sowieso falsch. »Wir müssen unser Land gemeinsam aufbauen.«

Cisneros war in seinem Kampf gegen das *redlining* erfolgreich, aber leider zeitigte dies unschöne Nebenwirkungen: Damals gab es drei große Institute, die das Gros der Kredite vergeben hatten, Fannie Mae und Freddie Mac (die im Rahmen des New Deal gegründet wurden und die den Demokraten nahestehen) und Countrywide. Allein auf Countrywide entfielen zwanzig Prozent aller Häuslekredite. Dem Druck aus Washington und den gelockerten Regulierungen geschuldet, vergaben die drei nun zwar Hypotheken an ärmere und an schwarze Amerikaner, aber eben diese ominösem *subprime loans* zu schlechteren Konditionen und überhöhten Zinsen. Countrywide hatte sogar gezielt schwarze und hispanische Familien kontaktiert, um ihnen Verträge mit hohen Zinsen anzudienen. Als die Immobilienblase platzte, gingen diese Familien als erste unter. 2009, auf dem Höhepunkt der Krise, bewilligte der Kongress anderthalb Billionen Dollar aus Steuergeldern, um Fannie, Freddie, Countrywide und andere Sparkassen aufzufangen – sehr zum Ärger der Tea Party, die darin eine indirekte Subvention der schwarzen Bevölkerung witterte.

Der Ärger war aber auch deshalb groß, weil die Tea Party diese Hypothekenbanken als Selbstbedienungsläden für die Demokraten ansah. Und nicht zu Unrecht: Noch vor der Lehman-Krise, im Juli 2008, hatte das Wirtschaftsmagazin *Condé Nast Portfolio* herausgefunden, dass Angelo Mozilo, der Vorstand von Countrywide, eine Liste namens »Friends of Angelo« führte. Wer darauf stand, bekam bessere Kreditzinsen und musste weniger oder gar keine Gebühren zahlen. Zu diesen »Freunden« zählte etwa Kent Conrad, der Chairman des Senate Budget Committee, und Christopher Dodd, der Chairman des Senate Banking Committee – beides Demokraten; außerdem zwei leitende Manager von Fannie Mae. Auch Cisneros, der nach dem Rücktritt beim HUD Aufsichtsrat von Countrywide geworden war, war ein »Freund« von Angelo. Allerdings standen auch Republikaner auf dieser Liste, wie etwa Ed Royce, der dem House Committee on Financial Services vorstand. Nach dem Crash von 2008 wurde Countrywide von der Bank of America aufgekauft, die vierzehn Milliarden Dollar für deren faule Kredite in die Bilanz einstellen musste.

Und ewig grüßt das Murmeltier: Der Contract from America

Im Frühjahr 2010, anderthalb Jahre nach dem Zusammenbruch von Lehman, hatten sich die Banken und der Immobilienmarkt zwar noch nicht erholt. Aber die Krise hatte die Staatskasse weniger gekostet als befürchtet. Viele Banken haben TARP-Gelder zurückgezahlt, als der Kongress drohte, dass sie sonst keine Millionenbonusse an ihre Manager zahlen dürften. Von dem Homeowners Affordability and Stability Plan, über sie sich Santelli so erregt hatte, waren allenfalls vier Milliarden Dollar abgerufen worden, von insgesamt 750 000 Familien. Aber die Tea Party hatte ihr neues Thema gefunden: die Sanierung der Staatsfinanzen. Tatsächlich ging es darum, Kürzungen bei Sozialprogrammen durchzusetzen. Und da tauchte bald die gleiche alte Garde auf, die das in der Vergangenheit schon mehrmals versucht hatte.

Am 12. April 2010, drei Tage vor dem Tax Day, legten die Tea Party Patriots ein Papier vor: den *Contract from America*. Das sollten alle Republikaner im Kongress unterschreiben, forderten sie. Autor war der Anwalt Ryan Hecker aus Texas, ein ehemaliger Mitarbeiter des New Yorker Bürgermeisters Rudy Giuliani. Und nicht zufällig klang der Titel nach Newt Gingrichs altem

Contract with America, denn der Politrentner hatte die ein oder andere Idee beigesteuert, publiziert im konservativen Magazin *NewsMax*. Auch Dick Armeys Organisation FreedomWorks hatte an dem Papier mitgewirkt, desgleichen John Boehner, der inzwischen Fraktionsvorsitzender der Republikaner geworden war. Nur Tom DeLay war nicht mehr dabei: Er war wegen Geldwäsche zu drei Jahren Haft verurteilt worden. Immerhin: Er hat die Zeit genutzt, ein Buch zu schreiben, mit Vorworten von Rush Limbaugh und Sean Hannity, wo er Liberale mit Rassisten, Holocaust-Leugnern und Hitler vergleicht. Der *Contract from America* fordert das, was Gingrich schon zu Clintons Zeiten hatte durchsetzen wollen: Der Bundeshaushalt müsse ausgeglichen sein, die Ausgaben dürfen nur mit der Inflation und der Bevölkerung wachsen, und es solle ein Moratorium, einen vorübergehenden Stopp, für *Earmarks* geben. *Earmarks* sind Subventionen für Kommunen, die in längeren Gesetzestexten versteckt werden, ein Dreh, den Wahlkreis daheim zu bedienen. Auch die Steuern sollten stark vereinfacht werden. Angeregt wurde eine *flat tax*, eine Steuer, die für jeden gleich ist, oder auch die gänzliche Abschaffung der Einkommenssteuer, die durch eine bundesstaatliche *sales tax* ersetzt werden soll, die der Mehrwertsteuer entspricht. Außerdem sollen die unter Bush ergangenen Kürzungen der Einkommenssteuer, der Erbschaftssteuer und der Kapitalertragssteuer beibehalten werden. Und: Die neue Krankenversicherung ObamaCare soll abgeschafft werden.

Nicht nur Gingrichs Ideen kamen damit zurück wie ein Vampir aus der Gruft, auch er selber gelangte wieder ins Rampenlicht. Und er versilberte seine erneuerte Berühmtheit. Er ließ sich als Berater von Think Tanks wie dem neokonservativen American Enterprise Institute und der libertären Hoover Institution engagieren. Er hielt bezahlte Vorträge und trat als Gastkommentator bei Fox News auf. Und er schrieb Bücher, darunter eines, in dem er die Ansicht vertrat, dass die Gründungsväter ein christliches Amerika gewollt hatten. Das brachte ihm eine Einladung des Über-Evangelisten Jerry Falwell ein. Daraufhin beschloss er, als Präsident zu kandidieren. So richtig christlich war der Kandidat allerdings nicht: Nicht nur ist er zwei Mal geschieden, er hat auch seine krebskranke Ehefrau auf dem Krankenbett verlassen (der zum Katholizismus Konvertierte sagt dazu, Gott habe ihm vergeben). Dann fanden Zeitungen heraus, dass er beim New Yorker Luxusjuwelier Tiffany einen Kreditrahmen von einer halben Million Dollar hat. Die Sparsamkeit, die Republikaner predigen, pflegen sie selber nicht unbedingt. Und so kam Gingrichs Kampagne nie richtig vom Fleck. Immerhin: Seine stetige TV-Präsenz half ihm, seine Bücher und DVDs anzupreisen. Die Erlöse daraus ließ er natürlich seiner Privatschatulle zukommen; während er sich den eigentlichen Wahlkampf von Spendern finanzieren ließ. Gingrich war übrigens einer der ersten Republikaner, der sich auf die Seite von Trump stellte. Vizepräsident wurde er trotzdem nicht, aber vielleicht wird er ja Außenminister.

Für Gingrich war die Tea Party nur ein neues Vehikel, ein Comeback in Washington zu inszenieren. Die Tea Party allerdings hatte sich mit dem *Contract* endgültig von einer außerparlamentarischen Bewegung, die sich über Steuergeschenke für Banker erregt, zu einer politischen Strömung gewendet, die für Sozialabbau eintritt; das Programm der alten Garde von Gingrich bis George W. Bush, die schon mehrmals versucht hatte, die Social Security zu privatisieren und die Altersversorgung stattdessen der Wall Street anzuvertrauen. Unter Bush hieß es, dass ein Aktienpaket höhere Erträge bringen würde. Nach dem Wall Street-Crash von 2008 wurde die Parole ausgegeben, dass die Social Security angesichts der maroden Staatsfinanzen und der vielen in Rente gehenden Babyboomer bald austrocknen werde, deshalb seien Einschnitte notwendig (wobei unterschlagen wird, dass auch die Zahl der Beitragszahler durch Immigration ständig wächst).

Das Fußvolk der Tea Party hört so was allerdings ungerne. Sozialkürzungen, vor allem bei der Rente und bei Medicare, sind bei den tendenziell eher älteren Sympathisanten sehr unpopulär. In der Anfangsphase zogen Anhänger der Bewegung gar vor dem Capitol in Washington mit Schildern auf, auf denen stand: »Government, hands off my Medicare«, Regierung, Finger weg von

meiner Medicare. Offenbar glaubten viele, dass Medicare eine private Versicherung ist und kein staatliches Sozialprogramm.
Deshalb sprachen die Tea Partier im Kongress lieber davon, dass sie die Staatsverschuldung eindämmen wollten, denn das ist populärer als Rentenkürzung. Die Republikaner wollten es Obama nur erlauben, über die gesetzliche Höchstgrenze für die Staatsverschuldung zu gehen, wenn er ihre Bedingungen erfüllte: keine Steuererhöhungen, erhebliche Einsparungen durch Einschnitte ins soziale Netz, sowie das Versprechen, künftig einen ausgeglichenen Haushalt vorzulegen. Und die Steuerrebellen hatten einen Washingtoner Insider, der ihnen half: Grover Norquist und seine *Americans for Tax Reform*. Der drängte Republikaner einen *Pledge*, ein Ehrenwort unterschreiben zu lassen, dass sie unter keinen Umständen höheren Steuern zustimmen würden.

Dabei entspricht diese neue Sparsamkeit keineswegs republikanischer Tradition. Schon Ronald Reagan hatte die Staatsverschuldung angehoben, und unter George W. Bush, als die Staatsschulden mit den Kriegen im Irak und in Afghanistan stiegen, hatte dessen Vize Dick Cheney die Parole ausgegeben, »deficits don't matter«, Haushaltsdefizite spielen keine Rolle. Cheney berief sich auf Reagan und den neokonservativen Vordenker Irving Kristol. Und auch John Boehner gehörte damals zu dieser Schule. Er hatte schon aus dem Grund dem TARP-Programm zugestimmt. Zuvor hatten er – und auch der heutige Fraktionssprecher Paul Ryan – übrigens noch Aktien verkauft, von denen sie wussten, dass sie mit TARP sinken würden.

Aber die Republikaner setzten sich nicht durch. Nach wochenlangem Streit bis tief in die Nacht hinein erreichten Boehner und Obama einen Kompromiss, mit dem niemand zufrieden war (und dem viele Tea Partier die Stimme verweigerten): Die Schuldenobergrenze wurde erhöht, nicht aber die Steuern. Kürzungen wurden beschlossen, aber dort, wo die Tea Party gar nicht sparen wollte, bei Medicare, Veteranen, und beim Pentagon. Als daraufhin die Kreditwürdigkeit Amerikas – zum ersten Mal in der Geschichte des Landes – von einer Ratingagentur herabgestuft wurde, gaben viele Amerikaner der Tea Party die Schuld. Die

New York Times nannte deren Anhänger »Terroristen« und »Geiselnehmer«, und die Beliebtheit der Tea Party fiel auf zwanzig Prozent. Noch mehr allerdings brach allerdings die Beliebtheit des Kongresses ein; sie ist nun im einstelligen Bereich.

Einen kleinen Sieg hat die Tea Party jedoch errungen: Die Bundesgelder für den ungeliebten Hochgeschwindigkeitszug wurden gestrichen. Und nicht nur dafür: Zurück in der Union Station in Chicago, auf dem Weg nach Madison, Wisconsin, stelle ich fest, dass überhaupt kein Zug mehr dorthin fährt. Nur noch ein Bus.

Revoluzzer von Rechts und Links: Bernie Sanders lässt grüßen

Im November 2012 wurde Obama wiedergewählt, aber die Republikaner hatten im Kongress die Mehrheit errungen. Nun unternahmen sie einen neuen Anlauf, Kürzungen, vor allem bei ObamaCare durchzusetzen. An die Spitze der Rebellion stellte sich ein Anwalt aus Texas, der neu in den Senat gewählt worden war: Ted Cruz. Die *Washington Post* nannte seine Nominierung gegen den Parteifavoriten David Dewhurst und den folgenden Wahlsieg einen »true grassroots victory«. Sarah Palin hatte Cruz unterstützt, auch der rechte Blogger Erick Erickson, FreedomWorks, der Tea Party Express sowie Ron und Rand Paul.

Und so war es kein Wunder, dass sich Cruz als die Speerspitze der Tea Party gerierte und als Verteidiger der »Original Constitution«. Kaum gewählt, führte er den zweiten Versuch an, durch eine Blockade bei den Haushaltsverhandlungen die Regierung lahmzulegen, mit dem Ziel, ObamaCare abzuschaffen. Für konservativ-christliche Politiker wie Cruz, Marco Rubio, oder John Kasich ging es sowieso nie um einen stabilen Haushalt, sondern vielmehr darum, über Mittelkürzungen ihre Ziele durchzusetzen, was heißt: Abschaffung von ObamaCare, keine Finanzierung von Abtreibung, Verhütungsmitteln und »Pille danach« .

Cruz schaffte es, die Regierung sechzehn Tage lang praktisch stillzulegen, unter anderem, indem er 21 Stunden am Stück sprach, um die Abstimmung hinauszuzögern. Während seiner Rekordrede las er aus einem Kinderbuch von Theodor »Dr. Seuss« Geisel vor (der übrigens ein bekennender Sozialist war). Die Blockade beendete ObamaCare nicht, sie brachte aber Cruz kräftigen Ärger mit seinen Kollegen ein. Denn der Stunt katapultierte zwar den frischgebackenen Senator in die Schlagzeilen, schadete aber den Republikanern, die vom Wahlvolk als die Schuldigen gesehen wurden. Lindsey Graham, einer von Cruz innerparteilichen Kritiker scherzte, man könne den Senator vor aller Augen im Senatssaal umbringen, und straffrei davonkommen. Das einzige, was für Cruz spreche, sei: Trump ist noch schlimmer.

So »Grassroots« und Tea-Party-nah wie Cruz es behauptet, ist er übrigens gar nicht. Er vor seiner Karriere als Tea-Party-Senator George W. Bush rechtlich beraten – unter anderen stand er dem juristischen Team des Präsidenten vor, als es um die umstrittenen Wahlen in Florida ging, als Bush gegen Al Gore antrat. Und Cruz' Frau Heidi arbeitet für Goldman, Sachs. Die Investmentbank gab Cruz auch einen Niedrigzinskredit, den er »vergaß«, bei seiner Kandidatur offenzulegen.

Heute erinnern sich die Republikaner nur noch ungern an die Blockade, und von der Staatsverschuldung wird auch nicht mehr viel geredet. Nur Cruz hält auch 2016 noch das Fähnlein hoch: Der Rechtsaußen hat sich das Steuersenkungsprogramm von FreedomWorks, Heritage und der alten Garde um Newt Gingrich auf die Fahnen geschrieben. Er will die Steuern für Reiche senken, die Erbschaftssteuer abschaffen und dafür eine »Flat Tax« von zehn Prozent und eine föderale Mehrwertsteuer einführen (zusätzlich zur Sales Tax, die die meisten Staaten erheben), eine nie dagewesene Umverteilung von unten nach oben. Und auch die Payroll Tax, die Sozialversicherungsbeiträge, will er abschaffen, eine Steuer, die jeder Angestellte zahlt, und aus der Medicare und Social Security finanziert werden. Er verkauft das dem Wähler als Steuerentlastung, aber damit fielen natürlich auch die daraus finanzierten Sozialleistungen flach. Aber nicht einmal Norquist unterstützt Cruz. Er verglich den Kandidaten mit den Cartoon-Chaoten der Comicserie *South Park*.

Die Tea Party, die mit der Wut über die Banken und über das Establishment angefangen hatte, hat sich bald von der Kritikerrolle verabschiedet. Erst mehrere Jahre später bildete sich eine neue Bewegung, die sich gegen übermächtige Wall Street-Banken richtete, diesmal von links: »Occupy Wall Street«. New Yorker, viele davon jung oder Studenten, campierten nahe der Börse an der Liberty Street, in einem Park zwischen dem Neubau des World Trade Centers und dem Hochhaus der Bank Brown Brothers, Harriman, wo Bushs Großvater Prescott sein Geld verdiente. Erst Hunderte, dann Tausende protestieren gegen die Banken, gegen die Arbeitslosigkeit, und dagegen, dass weniger als ein Prozent der Amerikaner mehr als die Hälfte des Vermögens besitzt.

Die »Occupier« hielten Versammlungen und öffentliche Foren ab, wo »menschliche Megaphone« die Redebeiträge in die letzten Ecke des Parks weitertrugen. Auf Schildern wurde gefordert: «Enteignet die Banken« und «Schafft die Fed ab«. Die Demonstranten wurden von der New Yorker Polizei mit Pfefferspray und Gummiknüppeln attackiert. Einmal wurden sogar ein paar hundert von ihnen festgenommen, die bei dem Versuch, über die Brooklyn Bridge zu laufen, die Fahrbahn betraten.

Aber es gab auch Solidarität: Arbeiter von der World-Trade-Center-Baustelle schauten vorbei, sogar ein paar Banker, und als sich Mitglieder der städtischen Gewerkschaften dem Protest anschlossen, schwoll die Menge der Protestler vorübergehend auf 20 000 an. Auch Intellektuelle und Hollywood-Celebrities unterstützen »Occupy Wall Street«: Joseph Stieglitz von der Columbia University in New York hielt allabendlich Reden, auch Cornell West von der Princeton University, und Schauspieler wie Susan Sarandon, Roseanne Barr, Alec Baldwin und Yoko Ono. Jon Stewart und Keith Olbermann berichten im Fernsehen über den Aufstand. Filmemacher Michael Moore versicherte seine Solidarität. Bald wurde auch in anderen Städten demonstriert; Zeltstädte sprangen in Boston, Washington, Phoenix, Los Angeles, Iowa City, Atlanta, Detroit, Chicago und andernorts aus dem Boden. Wie die Tea Party, beriefen sich die Demonstranten auf die Verfassung, auf die Rede- und Versammlungsfreiheit.

Auch deshalb verglichen Journalisten und Politiker – darunter der *New York-Times*-Kommentator Paul Krugman und der Vizepräsident Joe Biden – die neue Protestwelle mit der Tea Party. Die Tea Party selber war allerdings gar nicht begeistert von der linken Konkurrenz. Der republikanische Senator Eric Cantor nannte die Occupanten einen »Mob«. Fox-Moderator Bill O'Reilly fand, die bräuchten eine Dusche und einen Job. Brendan Steinhauser von FreedomWorks sagte, die Occupanten seien »unglücklich und wütend«, während die Tea Partier »glücklich und fröhlich« seien; eine absurde Behauptung angesichts der Fotos von empörten waffentragenden Rednecks, die Obama als afrikanischen Hexendoktor mit Hitlerbärtchen zeigen. Die Wall-Street-Occupanten, fügte Steinhauser hinzu, agierten in der Tradition des radikalen Schwarzenführers Malcolm X, die Tea Party hingegen sei in der von Martin Luther King. Offenbar hatte Steinhauser vergessen, dass auch bei den von King angeführten Protesten Tausende im Gefängnis gelandet waren. Amy Kremer, die Vorsitzende vom Tea Party Express war wenigstens ehrlich, als sie erklärte, was der wirkliche Unterschied sei: Die Tea Party kämpfe für den Kapitalismus, und diese Leute seien dagegen.

Den Vogel schoss, wie so oft, Glenn Beck ab, der Occupy Wall Street für eine weltweite, von Kommunisten gesteuerte Verschwörung hielt, mit dem Ziel die Wirtschaft der USA zu zerstören. Dahinter, glaubt er, stecke letztlich der Oberkommunist im Weißen Haus, Barack Obama. Andere behaupteten, Occupy Wall Street werde von George Soros finanziert. Der Beweis: Soros hatte vor einigen Jahren 3,5 Millionen Dollar an das liberale Tides-Center in San Francisco gegeben, das wiederum 185.000 Dollar an die kanadische Zeitung AdBusters gespendet habe. Und AdBusters unterstützt Occupy Wall Street. Eine dünne Verbindung, aber für den rechten Radiotalker Rush Limbaugh reichte das, zu behaupten, das Geld von Soros stecke hinter alledem.

Die zeitweilige Tee-Postille *New York Post* wiederum warf den Occupanten vor, sie zahlten keine Steuern – war die Tea Party nicht ursprünglich eine Bewegung gegen Steuern gewesen? –; und druckte Bilder, die Demonstranten ungewaschen aussehen ließen. Auch Mark Meckler, Gründer der Tea Party Patriots, distanzierte sich von der linken Konkurrenz. Diese habe, sagte er auf Fox News, ganz und gar keine Ähnlichkeit mit der Tea Party. »Diese Leute sind keine gesetzesfürchtigen Bürger«, meinte er. »Sie campieren in einem Park, was verboten ist. Sie brechen das Gesetz, indem sie die Brooklyn Bridge betreten, was ebenfalls verboten ist. So benimmt sich keiner, der Amerika liebt.« Daraufhin erinnerte Jon Stewart daran, was die originäre Tea Party in Boston getan habe: Die Patrioten hatten ein Schiff geentert, Lagerräume aufgebrochen, Kisten mit Tee gestohlen und ins Meer geworfen. »Das war ein Verbrechen«, sagte Stewart. »Eine Fahrbahn zu betreten, ist eine Ordnungswidrigkeit.«

Als Bewegung hat sich Occupy Wall Street nicht lange gehalten, aber bei der Wahl von 2016 haben die Occupanten tatsächlich ihren Kandidaten gefunden: Bernie Sanders. Sanders, der Linksaußen der Demokraten, übt die gleiche Kritik an der Wall Street und den oberen Zehntausend, die fünf Jahre vorher auf der Straße artikuliert wurde und die viele Amerikaner immer noch teilen. Sanders, ein in Brooklyn geborener Jude und linker Sozialdemokrat, der einzige im Kongress, tritt für eine stärkere Regulierung der Wall Street sein, für eine Krankenversicherung für alle, für einen doppelt so hohen Mindestlohn und für die Abschaffung von Studiengebühren. Damit laufen ihm vor allem die jungen Wähler in Scharen zu; so viele, dass er zwischendurch eine ernsthafte Konkurrenz für Hillary Clinton darstellte, die Kandidatin des demokratischen Establishments. Und so ist Bernie Sanders, der Kandidat, den die Tea Party letztlich hervorgebracht hat, der wahre Erbe von Saul Alinsky.

7) Follow the Money
Wie zwei Milliardäre die Tea Party finanzieren

In Madison, Wisconsin, fegt ein eiskalter Schneeregen über den State Capitol Square. Mitten auf dem Platz ragt das Capitol auf, in dem die Staatsregierung tagt, auf einem Hügel wie in Rom, heute allerdings leicht eingeschneit. Es ist ein imposantes Bauwerk aus weißem Marmor mit griechischen Säulen, klassizistischen Figuren und einer weißen Kuppel. Oben auf der Kuppel steht eine goldene Statue, die Pallas Athene ähnelt, jedoch »Wisconsin« heißt. Vom State Capitol Square führen sternförmig Boulevards in alle Richtungen. Hier liegen zwei und dreistöckige Bürgerhäuser, etwas älter, aber durchaus stattlich.

Doch der biedere Eindruck täuscht: Madison hat noch den Geist der Revolution bewahrt. Madison war immer eine Bastion der Abolitionisten, die die Sklaverei abschaffen wollten. 1924 wurde hier die Progressive Party von Robert La Follette gegründet, dessen Sohn Bob La Follette Jr. Wisconsin regierte. Berühmte Linke kommen aus Wisconsin, wie Russ Feingold, der einzige Senator, der gegen den Patriot Act stimmte, aber auch das Filmgenie Orson Welles und die israelische Premierministerin Golda Meir. Die satirische Zeitung *The Onion* wurde in Madison gegründet. Und hier liegt die University of Wisconsin, an einem der vier Seen, die die Stadt umgeben. Das Universitätsgelände ist ein klassischer Campus im Grünen mit roten Ziegelbauten. In der »Memorial Union«, einem wuchtigen Universitätsbau von 1928, sitzt das amerikanische Äquivalent des Studentenwerks. Es gibt eine Mensa, ein Café und einen »Rathskeller«. 230 000 Menschen leben in dieser Stadt, der zweitgrößten Wisconsins, ein knappes Viertel davon sind Studenten oder Mitarbeiter der Universität.

Das Capitol mit seiner weißen Kuppel ist ein Ehrfurcht gebietender Bau; das kalte Aprilwetter und die neblige Luft nehmen ihm jedoch einiges von seiner Wirkung. Trotz des schlechten Wetters haben sich ein paar tausend Leute auf dem großen Platz versammelt. Es ist der 16. April 2011 – der Tag nach dem Tax Day, und die Tea Party hat zu einer Demonstration aufgerufen. Unterstützt wird sie von Americans for Prosperity, einer Organisation, die von den Milliardärsbrüdern Charles und David Koch gesponsert wird. Americans for Prosperity hat einen Star einfliegen lassen, der zur Menge spricht: Sarah Palin.

»Hallo, Wisconsin«, ruft Palin von der Bühne herab: »Madison, ich bin stolz, hier zu sein, an der Frontlinie des Kampfes in unserem Land ... als Steuerzahlerin, als frühere Gewerkschaftlerin, als Frau eines Gewerkschaftlers, als Tochter von Lehrern ... «. Palin ist schwer zu verstehen, nicht nur wegen des zugig kalten Windes, sondern weil die meisten der dick eingemummten Demonstranten aus vollem Hals brüllen, pfeifen, kreischen und buhen: »Shame!« und »Go home!« schreien sie. Manche schwenken Plakate, auf denen »Fox News will lie about US!«, Fox News wird über uns lügen, und »We love Tina Fey!« steht. Andere blasen in Tröten. Amerikanische Fahnen wehen und fliegende Händler verkaufen T-Shirts, auf denen neben einer geballten Arbeiterfaust Solidarität mit Wisconsin gefordert wird.

Sarah Palin ist gekommen, um Scott Walker zu unterstützen. Der Republikaner, der der Tea Party zugerechnet wird und der seit Januar 2011 regiert, versucht, die staatlichen Gewerkschaften kleinzukriegen, ein wichtiges Ziel der Republikaner. Seit Monaten gibt es Zoff zwischen den Gewerkschaften, die von Studenten und Professoren der Universität unterstützt werden, und dem Gouverneur. Das Capitol hat schon viele Demonstrationen gesehen, aber schon lange keine mehr mit so vielen Menschen.

Palin wird von dem rechten Medienmogul Andrew Breitbart auf die Bühne begleitet, der den Protestierenden zurufen wird, sie sollten doch zur Hölle fahren. Hier kommt Palin nicht mit ihrem Trick durch, sich als die »bessere Amerikanerin« aus dem *Heartland* zu präsentieren. Das hier ist das *Heartland*. So versucht sie es mit fürsorglicher Umarmung. »Gouverneur Scott Walker geht es doch nur darum, dass die Bundesstaaten zahlungsfähig bleiben, er will den Gewerkschaften nicht schaden. Er will eure Jobs und eure Pensionen sichern.« Die Menge buht und ruft wieder: »Shame! Shame!«

Palin, im schicken weißen Mantel für das Dreckswetter gänzlich unpassend gekleidet, sieht aus, als friere ihr Gesicht gleich ein. »Die Tea Party steht für echte Solidarität, echte Integrität, echten Mut, euer Gouverneur hat den Mut, trotz Todesdrohungen das Richtige tun«, versucht sie es noch mal. Die Menge schreit nun »Lie! Lie!«, Lüge. Palins Stimme wird, um gegen den Lärm anzukommen, hoch und kreischend, sie nennt die Menge einen »gewalttätigen, bestellten Mob«. Das bringt ihr einen noch lauteren Pfeifchor ein. Nun appelliert Palin an die Parteivertreter auf der Bühne: »Das Establishment der GOP sollte uns beistehen«, ruft sie. »Wir werden kämpfen und gewinnen, weil Amerika gewinnt, wir werden nicht lediglich die Liegestühle auf der Titanic neu aufstellen, wie Obama, der das Defizit verdreifacht hat, aber wenn die GOP gar nicht kämpfen will, sollte ich vielleicht das Hockey-Team der Frauen fragen.« Dann feuert sie noch, verbissen, über die immer lauter werdenden »Shame!« and »Shut up!!«-Rufe hinweg: »Die Tea Party gäbe es gar nicht ohne Obama! Und was ich den Medien noch sagen will: Wir rufen hier nicht zur Gewalt auf. Wir sind hier, wir sind klar, gewöhnt euch an uns!«

Libertäre Drahtzieher:
Die Brüder Koch

Wisconsin liegt zwischen Minnesota, Iowa und den großen Seen. Sechs Millionen Menschen leben hier, davon anderthalb Millionen im Großraum Milwaukee am Lake Michigan. Milwaukee, eine Gründung französischer Pelzjäger, galt einmal als das »deutsche Athen«. Nach der gescheiterten Märzrevolution von 1848 immigrierten hierher zehntausende von Deutschen, die Turnvereine, Bibliotheken und Parteien gründeten. Noch heute sind »Schmidt« und »Schmitt« die häufigsten Nachnamen. Milwaukee hatte, einmalig in der Geschichte der USA, drei sozialistische Bürgermeister; sie waren ebenfalls deutschstämmig. 1912 versuchte hier ein Immigrant aus Bayern, den Präsidentschaftskandidaten Theodore Roosevelt zu erschießen. Auch Victor Luitpold Berger lebte hier, Gründer der Sozialistischen Partei Amerikas, die in Milwaukee mehr Stimmen hatte als irgendwo sonst. Er war Chefredakteur des *Social Democratic Herald* und des *Vorwärts*. Ein anderer Genosse war Eugene Debs, Gründer der Industrial Workers of the World, der »Wobblies«. Die beiden hatten sich kennengelernt, als Berger dem Gewerkschafter ein handsigniertes Exemplar von *Das Kapital* ins Gefängnis sandte. Debs saß im Knast, weil er einen Streik gegen die Eisenbahngesellschaften organisiert hatte. Als Berger gegen den Eintritt der USA in den Ersten Weltkrieg protestierte, wurde er als Spion verurteilt. 1929 überfuhr ihn eine Straßenbahn.

Der berühmteste Linke von Wisconsin war Robert La Follette, »Fighting Bob«, der 1901 als Gouverneur ins Capitol einzog. Er focht für Frauenrechte und soziale Sicherheit, gegen Eisenbahnbosse, Großkonzerne, und Kinderarbeit, gegen den US-Imperialismus in Südamerika und den Kriegseintritt der USA. Das war 1917, als La Follette Senator in Washington war. Das machte ihn zum meistgehassten Mann Amerikas, fast verlor er seinen Senatssitz. Zeitweise wurde sogar das First Amendment, die in der Verfassung garantierte Meinungsfreiheit, für Kriegsgegner ausgesetzt. La Follette kämpfte auch dagegen, vergebens.

1924 kandidierte La Follette als Präsident. Den Republikanern hatte er sich entfremdet, so versuchte er es mit der neuen Progressive Party. Wisconsin stimmte für La Follette, aber es reichte nicht. Die Familie sollte in Wisconsin noch lange den Ton angeben. Roberts Sohn Philip, ebenfalls ein Progressiver, regierte zwölf Jahre während des New Deal, wo er Franklin D. Roosevelts Sozialreformen noch vor der Bundesregierung umsetzte. Sein ältester Sohn, der ebenfalls Robert hieß, übernahm 1925 den Senatorensitz seines Vaters. Er stand dem La Follette Civil Liberties Committee vor, das ermittelte, wie Konzerne mit

Drohungen und Bespitzelung verhindern wollten, dass sich Arbeiter organisierten; darunter Bethlehem Steel, Dupont, General Electric, General Motors und Standard Oil, die Ölfirma der Rockefellers. Er wollte verhindern, dass Amerika in den Zweiten Weltkrieg eintrat. 1946 löste sich die Progressive Party auf, und La Follette jr. wurde wieder Republikaner. Aber er verlor seinen Senatssitz an Joseph McCarthy. McCarthy sollte in Washington einen Kampf beginnen gegen das, was er als die »kommunistische Infiltration« Amerikas ansah. Und so repräsentiert Wisconsin die linkeste und die rechteste Seite Amerikas.

Nach der Demo treffe ich mich mit Brendan Fischer im Restaurant »The Oldfashioned« am State Capitol Square, mit Blick auf die goldene »Wisconsin«-Statue. Hier gibt es Kaffee in dicken Keramikpötten und Bisonburger mit einer doppelten Portion Pommes Frites. Am Tresen werden Käsestücke verkauft, die die Form des Staates Wisconsin haben. Fischer, blond und hochgewachsen, angehender Anwalt, arbeitet beim Center for Media and Democracy und dessen Online-Ableger Media Matters, der von mehreren Stiftungen unterstützt wird, darunter dem Open Society Institute von George Soros und der Rockefeller Family Foundation. Fischer hat den Kampf zwischen Walker und den Gewerkschaften tagtäglich mitgefochten. »Bei einer Demonstration waren hier mehrere hunderttausend Menschen«, sagt er.

Walker ist der Sohn eines Baptistenpfarrers aus Colorado und früherer Pfadfinder. Der Berufspolitiker gewann mit dem Versprechen, die Gewerbesteuer zu senken und den Staatshaushalt zu verschlanken. Aber nach der ersten Steuersenkung erfuhren die Wähler, wo das Geld eingespart werden sollte: bei Lehrern, Sozialarbeitern, Waldhütern und Straßenbauarbeitern. »Dabei hat Wisconsin gerade mal 200 000 Staatsbedienstete, nur noch halb so viel wie vor zwanzig Jahren«, sagt Fischer. Walker wollte auch den Gewerkschaften das Recht nehmen, über Manteltarifverträge zu verhandeln und über Lohnerhöhungen, was noch Robert La Follette durchgesetzt habe. Und er wollte die Regelung ändern, dass die Gewerkschaftsbeiträge vom Lohn abgezogen werden, was in Amerika üblich ist. «Nur die Feuerwehr und die Polizei waren davon ausgenommen«, sagt Fischer. »Angeblich aus Gründen der inneren Sicherheit, aber welcher Gouverneur legt sich schon mit der Polizei an?«

Madison erlebte einen Aufruhr; Zehntausende von Gewerkschaftlern belagerten das Capitol. »Wir standen wochenlang in Kälte und Schneetreiben«, sagt Fischer. Die Demokraten weigerten sich, zuzustimmen. Vierzehn demokratische Senatoren reisten sogar über die Grenze nach Illinois, damit bei der Abstimmung die notwendige Mindestzahl an Abgeordneten nicht vertreten war. Walker drohte, ihnen das FBI hinterherzuschicken.

Wisconsin ist nur ein Akt in einem Kampf gegen Arbeitnehmerrechte, der von Industriellen finanziell unterstützt wird. »Und der richtet sich nicht nur gegen die Gewerkschaften, sondern noch mehr gegen die Demokraten«, sagt Fischer. »Die meisten Konzerne unterstützen den Wahlkampf von Republikanern, deshalb sind die Gewerkschaften die letzte Bastion, nur sie können aus ihren Beiträgen noch größere Spenden an die Demokraten abführen.« Ähnlich hat es der abtrünnige Demokrat Dick Morris auf der Tea Party Convention in Phoenix formuliert: »Die Lehrergewerkschaften sind das Rückgrat der Demokratischen Partei – und wir werden dieses Rückgrat brechen.«

Heute sind nur noch sieben Prozent der Amerikaner gewerkschaftlich organisiert. Dieser Niedergang fing an, als Ronald Reagan den Streik der Gewerkschaft der Fluglotsen gebrochen habe, sagt Fischer. Das war in den siebziger Jahren. Dahinter steckte eine klandestin operierende Lobbygruppe aus Industriellen, Abgeordneten und Senatoren, die 1973 entstand und die erst vierzig Jahre später aufgedeckt wurde: ALEC, American Legislative Exchange Council. ALEC, sagt Fischer, sei eine *Public Private Partnership*, sie formuliere Mustergesetze, um sie in einzelnen Bundesstaaten durchzusetzen. Dem Center for Media and Democracy wurden 800 derartige Gesetzesvorlagen zugespielt, und es hat diese, zusammen mit der linken Zeitschrift *The Nation*, ins Internet gestellt. Zu den Gesetzen, die auf ALEC-Vorlagen zurückgehen, zählen beispielsweise der Senate Bill 1070 in

Arizona, der die Rechte von Ausländern und Immigranten einschränkt; aber auch die Anti-Gewerkschaftsgesetze von Walker. Zwei dutzend Gouverneure sind nun dabei, ähnliche Gesetze gegen Gewerkschaften in ihren Staaten zu formulieren. Darunter sind Michigan, New Hampshire, Florida, der Staat von Jeb Bush und Marco Rubio und Ohio, wo John Kasich regiert. In Tennessee wurde es den Lehrergewerkschaften sogar verboten, für Parteien zu spenden. »Aber Konzerne dürfen weiter Geld in Wahlkämpfe stecken«, meint Fischer. »Und nicht nur das, der Supreme Court hat neulich geurteilt, dass Konzerne wie individuelle Spender, wie Personen, behandelt werden müssen, sodass es für die nun praktisch keine Obergrenzen mehr gibt.«

Sieben Millionen Dollar beträgt der Etat von ALEC; das Geld kommt aus Spenden der Industrie. Die wichtigsten Finanziers der *Public-Private-Partnership* sind zwei Brüder, die der Schätzung der *Nation* zufolge eine Million Dollar gespendet haben: Charles und David Koch. Sie sind die wichtigsten Industriellen, die Walker, aber auch andere Konservative unterstützen.

Charles und David Koch sind die Besitzer von Koch Industries. Der Konzern sitzt in Wichita, Kansas, und ist in der Chemie-, Energie-, Kunststoff- und Ölbranche tätig; er besitzt Ölraffinerien, Pipelines und Fabriken. Mit hundert Milliarden Dollar Jahresumsatz sind Koch Industries laut dem Wirtschaftsmagazin *Forbes* das zweitgrößte Unternehmen der USA in Privatbesitz, das also nicht börsennotiert ist. Bis vor kurzem kannten nur Insider die Koch-Brüder, obwohl sie seit Jahrzehnten konservative, libertäre und businessfreundliche Politiker, Vereine, Lehrinstitute und Think Tanks unterstützen. Mehr als hundert Millionen Dollar haben sie dafür ausgegeben. Charles Lewis vom Center for Public Integrity sagte zum *New Yorker*, er arbeite seit Watergate in Washington, aber er habe noch nie eine derartige Ballung von Ungesetzlichkeit, politischer Manipulation und Vertuschung erlebt. »Die Kochs«, so schreibt *New Yorker*-Autorin Jane Mayer, »waren schon immer Libertäre, die glauben, Steuern müssten drastisch gesenkt werden, für die Armen reiche minimale Wohlfahrt, und für die Industrie solle es viel weniger Regulierungen gegeben, vor allem im Umweltbereich.« Greenpeace zufolge hat nicht einmal der Ölkonzern ExxonMobil so viel Geld ausgegeben wie Koch Industries, um Klimaschutzgesetze zu verhindern. Kein Zufall: Nach einer Studie der University of Massachusetts zählen Koch Industries zu den zehn größten Luftverschmutzern Amerikas.

In Wisconsin besitzen Koch Industries eine Kohleunternehmen mit vier Minen, sechs Holzfabriken und mehrere Pipelines, und es könnten noch mehr werden. Walker hat durchgesetzt, dass der Staat seine Elektrizitätswerke privatisieren darf – ohne öffentliche Ausschreibung. Dafür zeigten sich die Kochs erkenntlich. Walker, so berichtete die linke Organisation Common Cause, habe vom PAC der Koch-Industries 43 000 Dollar für seinen Wahlkampf bekommen. Zudem habe der PAC der Republican Governors Association eine Million Dollar überlassen. Die Association investierte insgesamt 3,4 Millionen Dollar in TV-Werbung für Walker. Und das soll so bleiben: »Wir sind fest entschlossen, weiterhin für Politiker wie Scott Walker zu spenden, die für einen Sparkurs eintreten«, erklärte Charles Koch im *Wall Street Journal.*

Der 80-jährige Charles de Ganahl Koch lebt mit seiner Familie in Wichita, inmitten der spärlich besiedelten Prärien des *Heartland.* Wie viele Libertäre ist er ein Fan des liberalen Ökonomen Ludwig von Mises. Er findet, dass Lohnerhöhungen, die nur wegen steigender Lebenshaltungskosten gewährt werden, »destruktiv« seien, schrieb *New York Magazine* in einem Koch-Porträt. Charles' Bruder hingegen, der 76-jährige David Hamilton Koch, lebt im urdemokratischen Manhattan, allerdings standesgemäß: Er besitzt eine Maisonette im berühmten Apartmenthaus 740 Park Avenue, das der Gegenwartsautor Tom Wolfe in *Fegefeuer der Eitelkeiten* abbildete. Im Oktober 2011 demonstrierten hier die Aktivisten von »Occupy Wall Street«. Zu Kochs Nachbarn zählt der Milliardär Ronald Lauder, aber auch der deutsche Konsul. Auch David Rockefeller lebte einst hier. Zuvor hatte David Koch an der Fifth Avenue residiert, im früheren Apartment von Jacqueline Kennedy Onassis – aber das war ihm für seine

23 Jahre jüngere Frau, seine drei Kinder, deren Kindermädchen und seine Schwiegermutter zu klein geworden.

Die beiden Kochs sind laut *Forbes* zusammen fünfzig Milliarden Dollar schwer, das macht David Koch zum reichsten Mann New Yorks (noch vor George Soros, dem langjährigen Bürgermeister Michael Bloomberg, Rupert Murdoch und um ganze Größenklassen vor Donald Trump). 1980 machte er seinen ersten Ausflug in die Politik, als *running mate*, Kandidat für die Vizepräsidentschaft für den libertären Kandidaten Ed Clark. Die beiden traten mit dem Wahlversprechen an, die Rente abzuschaffen, die Sozialhilfe, den Mindestlohn, Unternehmenssteuern und Agrarsubventionen; dafür wollten sie Prostitution und weiche Drogen legalisieren. Auch wollten sie die US-Notenbank Federal Reserve abschaffen, das FBI, die CIA, die Börsenaufsicht SEC und die Umweltschutzbehörde EPA. Sie bekamen ein Prozent der Stimmen. Danach trat Koch den Republikanern bei und beschränkte sich darauf, mit seinem Bruder Charles jene Institute zu fördern, die beider Politik verbreiteten.

Dazu zählt das Cato Institute, 1977 gegründet. Es liegt an der Massachusetts Avenue im Washingtoner Regierungsviertel, nahe der K-Street, wo sich so viele Lobbygruppen, *Think Tanks* und Anwaltskanzleien sammeln, dass George Clooney und Stephen Soderbergh der Straße eine (kurzlebige) Serie gewidmet haben. Das Institut tritt für weniger Steuern, Wohlfahrt und Umweltschutz ein. Unter Bush wollte Cato die Rente privatisieren. Cato wird von der Tabakindustrie, der Pharmaindustrie, Energiekonzernen und Wall-Street-Banken gesponsert, wie der medienkritische Verein FAIR feststellte, übrigens auch von Volkswagen. Im Aufsichtsrat sitzen Rupert Murdoch, John Malone, der Vorstand von Liberty Media und David Koch. Alleine die Kochs spendeten dem Cato Institute elf Millionen Dollar.

Die 1980 gegründete Charles G. Koch Charitable Foundation listet auf ihrer Webseite mehrere Dutzend *Think Tanks* und Stiftungen als Partner auf, darunter die Heritage Foundation. Heritage, ein paar Jahre älter als Cato, formulierte die Reagan

Doctrine, die Unterstützung antikommunistischer Bewegungen von Nicaragua bis Afghanistan, und plädierte für Reagans »Star-Wars-Programm«. Personell ist Heritage prominent aufgestellt: Chairman ist der JP-Morgan-Banker Thomas A. Saunders III; im Aufsichtsrat sitzen Richard Mellon Scaife, Verleger der *Tribune-Review* und Steven Forbes, der erzkonservative Verleger von *Forbes Magazine*. Der mittlerweile verstorbene Gründer von Heritage war der Bierbrauer Joseph Coors, der zu Reagans Küchenkabinett gehörte und von seinem privaten Geld einmal ein Frachtflugzeug für die Contras in Nicaragua gekauft hat. Heritage gibt jedes Jahr den Index of Economic Freedom heraus; an dessen Spitze stand 2011 Hongkong. Die größte Unterschied zwischen Cato und Heritage ist, das letztere für eine interventionistische Außenpolitik eintreten.

Mitte der achtziger Jahre gründeten die Kochs einen weiteren *Think Tank* in Washington, das Mercatus Center. Es gehört zur George Mason University, der die Kochs dafür dreißig Millionen Dollar gaben. Mercatus ist der »wichtigste *Think Tank*, von dem Sie noch nie gehört haben«, meinte das *Wall Street Journal*. »Das Mercatus Center ist Ground Zero der Deregulationspolitik in Washington«, sagte der demokratische Stratege Rob Stein Jane Mayer vom *New Yorker*. Mercatus wichtigstes Anliegen ist es, den vermeintlich schädlichen Einfluss von Umweltschutzgesetzen auf die Wirtschaft anzuprangern. So veröffentlichte Mercatus 1997 eine Studie, in der neue Gesetze zur Smog-Bekämpfung attackiert wurden. Denn weniger Smog, so hieß es, bedeute mehr Hautkrebs. An der Spitze des *Think Tanks* steht der Koch-Vertraute Richard Fink. Fink und David Koch gründeten auch Citizens for a Sound Economy (CSE), in den Verein steckten beide Kochs fast acht Millionen Dollar. Auch CSE kämpfte gegen Umweltgesetze – in den Neunzigern ging es vor allem um sauren Regen – und gegen Energiesteuern. Die Kochs kämpften gegen Bill Clinton, während sie Bush unterstützten, unter dem (natürlich) die Ölindustrie florierte. Aufgrund der Lobbyarbeit von CSE – schreibt John Nichols in der *Nation* – wurden die Bankenregulationsgesetze aus den dreißiger Jahren widerrufen.

2004 spaltete sich CSE nach einem internen Streit in zwei Organisationen: FreedomWorks und Americans for Prosperity, AFP. Letztere wurde lange von Nancy Pfotenhauer geführt, der Cheflobbyistin von Koch Industries. (Pfotenhauer wechselte 2008 in die Wahlkampftruppe von John McCain und wurde danach Kommentatorin für Fox News.) AFP unterstützte nicht nur die Rally von Palin in Wisconsin, sondern viele Aktivitäten, die sich gegen Gewerkschaften richteten. Chairman von FreedomWorks ist Dick Armey, zusammen mit Newt Gingrich einer der Vordenker der »Republican Revolution« von 1994. Im Aufsichtsrat sitzt auch hier Steven Forbes. FreedomWorks geriet in Verruf, als die *Washington Post* Verträge mit privaten Krankenversicherern aufdeckte; wer bei diesen eine Versicherung abschloss, wurde automatisch zahlendes Mitglied bei FreedomWorks, allerdings ohne dass er vorher davon erfuhr. Präsident des Vereins ist Matt Kibbe; er hat, sagt er, die Methoden von Mahatma Gandhi, Martin Luther King und Saul Alinsky studiert.

»Wir haben lange über die Idee einer ›Boston Tea Party‹ nachgedacht, als Beispiel für einen gewaltlosen sozialen Umbruch«, erzählte Kibbe dem *New Yorker*. Man habe gelernt, dass man Leute brauche, um Ideen zu verkaufen. Folgerichtig stellte FreedomWorks achtzig Außendienstmitarbeiter ein, die zur Wahl von 2007 Wähler in 26 Staaten mobilisierten. Und das war auch nötig: »Das Problem der Libertären ist, dass sie nur Häuptlinge haben und keine Indianer«, meinte der Wirtschaftshistoriker Bruce Bartlett, der damals für einen von Koch finanzierten Think Tank gearbeitet hat, heute aber vollständig mit den Republikanern gebrochen hat. Dem durchschnittlichen Wähler seien die Ziele der Libertären völlig egal. Deswegen sei es auch so schwer für die Kochs, eine Volksbewegung zu schaffen. Aber das habe sich dank der Tea Party geändert. »Jetzt kann jeder sehen: Es gibt auch Indianer«, sagt Bartlett. Deshalb hätten die Kochs alles versucht, die populistische Tea Party für ihre Ziele zu instrumentalisieren.

Schon bald, nachdem Obama angetreten war, organisierte oder unterstützte AFP überall Demos; in Sacramento, in Austin, in Madison, sie richteten sich gegen das Stimulus-Paket der Regierung, das als Geldverschwendung dargestellt wurde. AFP organisierte auch einen National Tea Party Tax Day in Washington. Das Mercatus Center veröffentlichte gleichzeitig eine Studie, wonach der Stimulus vornehmlich demokratischen Bezirken zugute komme. Das musste zwar später berichtigt werden; was aber Rush Limbaugh nicht davon abhielt, den Stimulus als »Obamas Krokodils-Fonds« zu bezeichnen, als ob der illegitim wäre. Im April 2009, kurz nach dem Tag, an dem sich Rick Santelli im Fernsehen über den Homeowners Affordability and Stability Plan echauffiert hatte, meldete AFP eine Webseite an, die für Sympathisanten »Tea Party Talking Points« auflistete, Diskussionshilfen. In North Carolina kreierte sie eine »Tea Party Finder«-Webseite. In Arizona schlugen AFP-Vertreter Wählern vor, Obama Teebeutel zu schicken, und in Missouri warben sie für Wählerregistrierung. Im Frühjahr 2010 organisierte Peggy Venable eine Veranstaltung in Austin, Texas. Venable arbeitet sowohl für AFP als auch für die Koch-Gründung Americans for Prosperity Foundation. Auf der Bühne huldigte sie der Tea Party: »Wir lieben, was die Tea Party tut, denn so werden wir unser Amerika zurückholen«, rief sie den jubelnden Massen zu.

Die American Liberty League und die Black Legion gegen Roosevelt

Nicht zum ersten Mal riefen amerikanische Industrielle eine »Freiheitsbewegung« gegen einen demokratischen Präsidenten ins Leben. 1934 gründeten mehrere Wirtschaftsbosse die American Liberty League mit Sitz in New York, die Front gegen Franklin D. Roosevelts New Deal machen sollte, vor allem gegen die Einführung der Social Security, der Rente. Der mächtige Mann dahinter war Irénée du Pont, Erbe des Konzerns E. I. du Pont de Nemours and Company, kurz: DuPont, wie Koch Industries ein Chemiegigant, der auch Sprengstoff herstellt. Zu ihrem Höhepunkt hatte die Liberty League 36 000 Mitglieder.

Sie kämpfte gegen den New Deal und gegen Gewerkschaften. Sie wollte etwa den National Labor Relations Act, den Roosevelt 1935 unterzeichnet hatte und in dem es um das Streik- und Organisationsrecht ging, wieder abschaffen. Aber sie scheiterte damit vor dem Supreme Court, dem Verfassungsgericht.

Irénée du Pont, einer der zwanzig reichsten Männer Amerikas, war ein Anhänger von Benito Mussolini; er behauptete, Roosevelt sei ein Kommunist, der von Juden kontrolliert werde. Er und seine Brüder Pierre und Lammot finanzierten die Liberty League mit mehr als einer halben Million Dollar, damals eine beträchtliche Summe. Außerdem gab du Pont Geld an die Crusaders und die Black Legion, die dem Ku-Klux-Klan nahestand. Beides waren Bürgerwehren, die Gewerkschaftler überfielen. Anfang 1934 planten die du Pont-Brüder gar einen Putsch gegen Roosevelt, zusammen mit dem Präsidenten von General Motors und einem J.P.-Morgan-Banker. Lammot du Pont fragte Smedley Butler, General im Ersten Weltkrieg und Gegner des New Deal, ob er den Putsch anführen wolle. Der aber weihte Roosevelt ein und die Pläne gelangten an die Presse. Du Pont stritt ab, dass irgendetwas an diesen Putschgerüchten wahr sei. Als Roosevelt 1936 wiedergewählt wurde, löste sich die Liberty League auf.

In dieser Zeit wurde der Grundstein des Koch-Vermögens gelegt. Und dabei spielte zwei europäische Diktatoren eine wichtige Rolle, wie es Jane Mayer in ihrem Buch *Dark Money* erforscht: Josef Stalin und Adolf Hitler. Fred Koch, der Vater von David und Charles, war der Sohn eines Druckers und Verlegers aus Holland, der nach der Jahrhundertwende nach Texas gezogen war, wo er sich im Land der Comanche an der Grenze zu Oklahoma niederließ. Dort gab er eine Zeitung heraus. Einmal lief der junge Fred weg, um mit den Comanche zu leben. Aus dem Hobbybastler wurde ein Erfinder, und 1927 erfand er eine effizientere und billigere Art, Benzin aus Öl zu gewinnen. Aber die großen Konzerne, allen voran Standard Oil, drängten den jungen Konkurrenten aus dem Markt, indem sie ihn wegen Verletzung ihrer Patente vor Gericht zerrten. Er kämpfte fünfzehn Jahre lang und verlor, weil seine Gegner einen Richter bestachen. Seitdem beschwerte er sich über den Staatsmonopol-Kapitalismus in den USA, schreibt Mayer. Und so ging er erst nach Großbritannien und 1930 in die Sowjetunion. Denn die Bolschewisten brauchten Benzin.

Seine Fima Winkler-Koch baute für Stalin fünfzehn Raffinerien, das Rückgrat der russischen Petroleum-Industrie. Koch bildete auch russische Ingenieure aus. Mit dem Export von Benzin gelangte die Sowjetunion zudem an Devisen. Koch verdiente daran die damals stolze Summe von einer halben Million Dollar. Aber 1932 begannen die Sowjets, selber Raffinerien zu bauen und behielten Koch nur als Berater, was weniger lukrativ war.

Ein Jahr später verließ Koch die UdSSR und ging nach Deutschland, wo der gerade an die Macht gekommene Diktator Adolf Hitler ebenfalls Benzin brauchte – ein Kapitel der Familiengeschichte, das lange in den Archiven unterschlagen wurde, schreibt Mayer. Winkler-Koch beaufsichtige die Konstruktion einer Raffinerie an der Elbe in Hamburg, für welche die Firma auch die Pläne zeichnete. Geschäftsführer war William Rhodes Davis, ein Amerikaner und ein Freund von Reichswirtschaftsminister Hermann Göring. Davis starb nach dem deutschen Angriff auf die Sowjetunion an einem Herzinfarkt, bei dem vermutlich der britische Geheimdienst seine Finger im Spiel hatte.

1935 war die Raffinerie in der Lage, tausend Tonnen Rohöl am Tag zu verarbeiten; bald stellte sie auch Flugbenzin für die Wehrmacht her. Davon profitierte auch Fred Koch. Der Industrielle reiste immer wieder nach Deutschland; er soll sogar einmal – schreibt Mayer – eine Reise auf dem Zeppelin *Hindenburg* gebucht haben, der bei der Landung in New Jersey verbrannte (er verpasste den Flug). Koch begeisterte sich für das Nazi-Regime; er hielt die Deutschen, aber auch die Italiener und Japaner unter dem Faschismus für harte und fleißige Arbeiter. Erst mit Kriegseintritt der USA brach er den Kontakt ab. 1944 wurde die Raffinerie, die Koch zum Millionär gemacht hatte, von amerikanischen Bomben zerstört; bei dieser und anderen Attacken gegen die Elbindustrie starben mehr als 40 000 Zivilisten.

Zwischen 1933 und 1940 kamen seine vier Söhne in Kansas, auf die Welt; der Industrielle engagierte ein Kindermädchen, das er aus Deutschland mitgebracht hatte und das die Buben mit harter Hand aufzog. Auch er selber schlug sein Kinder, und er hielt sie früh zur Arbeit an. Koch wandelte sich damals zum Antikommunisten, als Stalin mehrere seiner Ingenieure ermorden und ihm drohen ließ, die Kommunisten würden die USA erobern. Inzwischen hielt er sein Engagement für die Sowjets für einen Fehler. 1958 wurde Koch Gründungsmitglied der John Birch Society (JBS), deren erster Vorsitzender Robert Welch war. Die JBS, damals ein Geheimbund, kämpfte gegen den Wohlfahrtsstaat, gegen Bürgerrechte für Schwarze sowie gegen »Rassenmischung« und eine befürchtete Machtübernahme der Kommunisten. Sie trieb es so weit, dass sie in dem Stanley-Kubrick-Klassiker *Dr. Seltsam oder wie ich lernte, die Bombe zu lieben* parodiert wurde. Welch glaubte, dass die USA und die Sowjetunion von demselben verschwörerischen Zusammenschluss aus Internationalisten, gierigen Bankern und korrupten Politikern kontrolliert würden. Dazu zählte er Roosevelt, Truman und Dwight D. Eisenhower, die Rockefellers und die »Bilderberger«. Die JBS, auch »Bircher« genannt, unterstützten Barry Goldwater als Präsidentschaftskandidaten gegen Richard Nixon, weil der ihnen zu links war. Fred Koch warnte damals davor, der »farbige Mann« spiele »im Plan der Kommunisten, Amerika zu übernehmen« eine wichtige Rolle. Dieser Geheimplan sei, mithilfe von Wohlfahrtszahlungen Schwarze vom Land in die Städte zu locken, wo sie Rassenkriege führen würden. »Die Kommunisten werden die USA so lange infiltrieren, bis auch der Präsident ein Kommunist ist, aber im Verborgenen«, meinte er. Er empörte sich auch darüber, dass die Regierung ihn zwang, Steuern zu zahlen, und verwendete sein Geld lieber für Organisationen wie die JBS, der er Millionen von Dollars zukommen ließ, steuerlich absetzbar, natürlich. Er klingt wie ein Tea Partier von heute.

Und auch die JBS gibt es heute noch. Mittlerweile sitzt sie in Wisconsin, in einem Vorort des Städtchens Appleton, dem Geburtsort von Joe McCarthy. Noch immer warnen die Bircher vor der *New World Order*, die von den Vereinten Nationen, den Rockefellers, den Rothschilds, den Kommunisten und der Medienelite der Ostküste angestrebt werde. Eigentlich müsste David Koch mit seinen New Yorker Freunden eines ihrer Feindbilder sein, übrigens auch Donald Trump, aber dem ist nicht so. Die neueste Bedrohung ist, wie sie glauben, die Vereinigung von Mexiko, den USA und Kanada – dies sei ein Plan, der schon vor 200 Jahren von den Illuminati ausgeheckt worden sei.

Präsident der Bircher ist heute John F. McManus, ein ultrakonservativer Katholik. Seine Lieblingsgegner sind die Freimaurer, die, sagte er einmal, von militanten Juden infiltriert worden seien und hinter den Illuminati steckten. McManus klingt wie ein Funktionär der Tea Party auf Anabolika. Er imitiert auch gerne deren Verfassungs-Rhetorik: Er sagt, in der US-Verfassung stehe nichts von einer Demokratie, Amerika sei eine Republik. Das müsse auch so sein, denn die Demokratie sei die Herrschaft eines Mobs, der sich nicht an Gesetze halte (das Wort »Demokratie« kommt übrigens tatsächlich nicht in der Verfassung vor). Die Bircher scheren auch gerne Nazis und Kommunisten über einen Kamm und sie lehnen *big government* ab. Mit der Wahl von Obama hat die Organisation – die zwischendurch fast von der politischen Bildfläche verschwunden war – neuen Zulauf bekommen. Die Mitgliederzahl habe sich verdoppelt, sagte JBS-Geschäftsführer Arthur Thompson der *New York Times*.

Auch bei den Tea Partiern, die auf den Straßen von Madison für Gouverneur Walker demonstrieren, klängen rassistische Untertöne durch, meint Brendan Fischer vom Center for Media and Democracy. Wisconsin ist ein fast »weißer Staat«. Aber, so Fischer: »Es wandern immer mehr Hispanics zu, und in Milwaukee leben bereits ein paar Schwarze. Das beunruhigt manche. Außerdem fühlen sie sich eingeschüchtert von einem schwarzen Präsidenten.« Für das konservative *big business* allerdings seien diese Rassisten und Verschwörungstheoretiker ein Klotz an Bein. Das sähen auch die Tea-Party-Funktionäre so: »Die haben schlaue Leute an der Spitze, die ein paar Schwarze ins Scheinwerferlicht stellen, aber von denen haben sie halt nicht viele«, sagt Fischer. Die Konzernchefs hätten auch nichts gegen Immigranten. »Die bedienen nur die Rhetorik der Nativisten.«

Warum lassen sich seiner Meinung nach so viele Bürger vor den Karren des *big business* spannen? »Die glauben an den Trickle-down-Effekt; daran, dass irgendetwas finanziell bei ihnen ankommt«, erklärt Fischer. Viele hielten es für realistisch, einmal mehr als eine Viertelmillion Dollar im Jahr zu verdienen – das ist die untere Einkommensgrenze für Besserverdienende, für die unter Bush die Steuern gesenkt wurden. »Dabei sind die meisten viel ärmer.« Und für freie Märkte seien Tea Partier auch nur im Inland. Im Außenhandel wollten sie durchaus Restriktionen und Strafzölle. »Die Industriellen sehen das natürlich anders, aber das erzählen sie den Tea Partiern auf der Straße nicht.«

Die Infiltration von Youtube, Facebook und Wikipedia

Die Kochs teilen den Antikommunismus ihres Vaters. Von ihm haben sie gelernt, Think Tanks, Vereine und Organisationen zu unterstützen, die ihnen nahestehen, und dabei Steuern zu sparen. Sie streiten aber ab, dass sie etwas mit der Tea Party zu tun haben. Vor allem David Koch ärgert sich darüber, dass er als Finanzier dieser »weißen, männlichen, wütenden Massen« dargestellt werde, wie er dem *New York Magazine* anvertraute. »Ich war noch nie auf einer Tea-Party-Veranstaltung und niemand, der die Tea Party repräsentiert, hat mich jemals angesprochen«, versicherte er. »Das ist nur die radikale Presse, die gegen uns hetzt.«

Und tatsächlich gibt sich David Koch kulturell beflissen und weltoffen. Er hat hundert Millionen Dollar für das Lincoln Center for the Performing Arts in New York gespendet sowie zwanzig Millionen für das American Museum of Natural History. Dem Massachusetts Institute of Technology gab er hundert Millionen für die Krebsforschung, nachdem er selbst an Prostatakrebs erkrankt war, der Johns Hopkins University in Baltimore zwanzig Millionen. Er sitzt im Aufsichtsrat des American Ballet Theatre, und ist Ehrengast bei der jährlichen Gala des Metropolitan Museum of Art. Er hat einmal sogar der Bürgerrechtsorganisation ACLU Geld gegeben; das war zu George W. Bushs Zeiten. Er unterstützt Stammzellenforschung, ist für die Schwulenehe und war sogar gegen den Irakkrieg, wenngleich nur leise. Und auch Charles Koch kann unideologisch sein. Das bewies er, als er Friedrich von Hayek 1973 als Gastprofessor nach Kalifornien einlud. Hayek lebte damals wieder in Österreich; er sagte, er sei wegen einer Gallenoperation auf die österreichische Krankenversicherung angewiesen und könne das Land nicht verlassen. Koch riet dem Wirtschaftliberalen, Medicare in Anspruch zu nehmen.

Aber die Umarmung der Schönen Künste ist auch Strategie. Schon 1976 schrieb Charles Koch an seinen Bruder, es sei für die Durchsetzung ihrer Ziele notwendig, ein positives Image zu kreieren, sich von den reaktionären Birchern abzusetzen und mit »Leuten in den Medien und den Künsten zu arbeiten«, schreibt Mayer in *Dark Money*. Inzwischen haben die Kochs auch Lobbyisten engagiert, die ihr negatives Bild in der Öffentlichkeit korrigieren sollen. Auf der konservativen Webseite *NewsMax* erklärten die Kochs, es sei eine »Verschwörungstheorie«, dass Americans for Prosperity die Tea Party finanziere.

Freilich: Die Brüder bestreiten nicht, dass sie gegen Obama sind, gegen ObamaCare, gegen Klimaschutzgesetze und gegen Regularien für die Wall Street sowie gegen den Dodd-Frank Act, der nach dem Beinahe-Crash der amerikanischen Banken von 2008 verabschiedet wurde, um die Finanzmärkte strenger zu kontrollieren. Im Oktober 2010 hielt David Koch eine Rede im Marriott Hotel in Arlington, Virginia. Zur »Defending the American Dream Summit«, die von der AFP Foundation organisiert worden war, kamen 2000 Teilnehmer. Der Festredner war Newt Gingrich. »Als wir diese Organisation vor fünf Jahren gegründet haben, hatten wir eine Massenbewegung vor Augen, bei der Hunderttausende von amerikanischen Bürgern von überall her sich erheben und für die Freiheit der Wirtschaft kämpfen, die unser Land zum Wohlhabendsten in der Weltgeschichte gemacht hat«, sagte Koch. »Und zum Glück zeigen die Unruhen von Kalifornien bis Virginia, von Texas bis Michigan, dass immer mehr unserer Mitbürger die gleichen Wahrheiten erkennen wie wir.«

Die Kochs sind tatsächlich nicht alleine. Das linke Blog *Think-Progress* veröffentlichte ein Memo, wonach sich im Juni 2010 rund hundert Konzernchefs, Banker und Ölmogule, Chefs von Unternehmen wie Merrill Lynch, Goldman Sachs, Blackstone, Gulfstream Aerospace und die Bechtel Group getroffen haben, auf Einladung der Kochs, in Aspen, Colorado, wo David Koch eine seiner vier Sommerresidenzen hat. Zwei Tage lang diskutierten die Industriellen über die beste Strategie, Obama loszuwerden. Ein Vortrag von Glenn Beck, »Ist Amerika auf dem Weg in die Leibeigenschaft«, der lose auf dem Buch von Friedrich Hayek, *The Road to Serfdom* basierte, wechselte sich ab mit Cocktailempfängen und Reden von Nancy Pfotenhauer, Richard Fink und Vorträgen von Experten des Cato Institute, des Mercatus Center, des American Enterprise Institute, der Charles G. Koch Charitable Foundation und der AFP, die entlarvenderweise im Programm »front group« genannt wurde.

Einer der Gäste war Eric O'Keefe, Investor, Buchautor und konservativer Aktivist aus Wisconsin. O'Keefe ist ein dunkelblonder Naturbursche, der gar nicht wie ein Erzkonservativer aussieht. Aber er steht im Mittelpunkt einer Schwindel erregenden Zahl von Initiativen, die alle sehr wirtschaftsfreundlich agieren und miteinander zusammenhängen. Darunter ist der Wisconsin Club for Growth, der Verein Americans for Limited Government und das Institute for Humane Studies, eine Schwesterorganisation des Mercatus Center, in dessen Aufsichtsrat Charles Koch sitzt.

Dem neokonservativen *Weekly Standard* sagte O'Keefe, ein erfolgreicher Stratege müsse die Fähigkeit haben, Vorurteile in den »alten Medien« zu bekämpfen und in den »neuen Medien« präsent zu sein. In der Praxis heißt das, YouTube, Facebook, Wikipedia und Twitter zu infiltrieren. Dazu hat O'Keefe die Sam Adams Alliance (SAM) in Chicago gegründet. Die unterhält (zusammen mit AFP) das Institut Rightonline, das konservative Blogger in Suchmaschinenoptimierung schult; dazu Webseiten, die MoveOn, Daily Kos und Wikipedia Konkurrenz machen, wie Judgepedia, Ballotpedia oder Blogivists, das rechte Blogger vernetzt.

Eine weitere SAM-Gründung ist das Franklin Center in North

Dakota. Es lehrt Journalisten, »vorurteilsfrei« zu berichten. SAM finanziert auch das Institut »American Majority«, das ebenfalls einen dieser orwellesken Namen trägt. Das Institut schult Politiker, wie sie in den Medien auftreten. Dem Fußvolk bringen die SAM-Strategen bei, wie sie das »liberale Meinungsmonopol« der *Mainstream Media* brechen; etwa, indem sie Büchern von liberalen Autoren bei Amazon kritisieren. Gegründet wurde das Institut von zwei Brüdern, Drew and Ned Ryun, der eine Funktionär des Republican National Committee, der andere Redenschreiber von Bush. American Majority hat Anhänger von Scott Walker mit Bussen nach Madison gekarrt. Walker schaffe es nicht, hieß es, genügend Leute zu aktivieren, die gegen »die vielen demonstrierenden Lehrer« auf die Straße gingen. Eine merkwürdige Einstellung von Leuten, die sagen, sie verträten das Volk.

Wie nahe Walker den Kochs steht, erfuhr Wisconsin, als ein Reporter der Webseite *Daily Beast* beim Gouverneur anrief und sich als David Koch ausgab. Walker gab dem vermeintlichen Industriellen brav Auskunft. Er erzählte ihm, dass er den demokratischen Senatoren keine Schecks mehr schicke, die müssten sie nun selbst in seinem Büro abholen (in den USA war damals die Überweisung noch nicht erfunden); außerdem werde er ein paar tausend Staatsangestellten die Kündigung zustellen, nur um sie einzuschüchtern. Nebenbei erwähnte er seinen Baseballschläger, den er für politische Gegner in seinem Büro aufbewahre.

Scott Walker trat 2016 als Präsidentschaftskandidat an, aber obwohl er nach wie vor die finanzielle Unterstützung der Koch-Brüder hatte, musste er sich bereits in den ersten Monaten verabschieden. Er ist immer noch Gouverneur von Wisconsin, aber seine Popularität hat schwer gelitten. Das ließ die Koch-Brüder zunächst ohne Kandidaten zurück. Und bisher haben sie keinen Republikaner gefunden, hinter den sie sich stellen wollen.

Nicht, dass sie sich nicht bemüht hätten. Aber Jeb Bush, mit dem sie sich hätten anfreunden können, schied überraschend frühzeitig aus. Marco Rubio, nach Walker ihre zweite Wahl, schaffte es nicht einmal, seinen Heimatstaat Florida in den Vorwahlen zu gewinnen. Auch Carly Fiorina, die frühere Vorsitzende von Hewlett Packard blieb im einstelligen Bereich. Und Ted Cruz, ihre letzte Hoffnung, verabschiedete sich im Mai 2016. Bleibt Donald Trump. Aber obwohl man vermuten sollte, dass der Developer aus New York gut zu David Koch passt, hält sich die Liebe der Brüder zu ihm in Grenzen. Das liegt zum einen daran, dass Trump auch demokratische Positionen vertritt – oder eigentlich, dass man gar nicht so genau weiß, was er eigentlich zu welcher Tageszeit vertritt –, aber auch daran, dass er als unkontrollierbar gilt. Und Trump selber lässt keine Gelegenheit aus, zu betonen, dass er seines Geldes wegen nicht käuflich ist.

Ganz so pur ist Trump allerdings doch nicht: Inzwischen hat er eine Vereinbarung mit Lew Eisenberg, dem Wahlkampffinanzchef der Republikaner getroffen, gemeinsam Spenden zu sammeln. Der Vorteil für die GOP ist, dass sie damit Zugang zu den Daten von Trumps Unterstützern haben. Und davon haben sich bereits ein paar gefunden. Einer davon ist T. Boone Pickens, ein exzentrischer Ölmilliardär aus Texas und der Chairman von BP Capital Management, der inzwischen auch in alternative Energien wie Gas, Solar und Wind investiert. Pickens – den *Time Magazine* den »echten J.R. Ewing« nennt – war einer der wichtigsten Finanziers von George W. Bush. Der 87-Jährige ist mit der fünften Frau verheiratet; aber so weit kann es auch Trump noch bringen.

Auch Sheldon Adelson, der Casino-Baron aus Las Vegas, hat sich für Trump ausgesprochen. Adelson, ein Unterstützer von Israel und von Präsident Benjamin Netanyahu hofft, dass Trump das Abkommen mit dem Iran zerreißt, wie der Kandidat es angekündigt hat. Auch Adelsons Blätter *Israel Hayom* und das *Las Vegas Review-Journal* behandeln Trump ausgesprochen freundlich. Adelson ist wichtig für Trump, denn dessen Position, im Konflikt zwischen Israel und den Palästinenser neutral bleiben zu wollen, hat ihm Kritik von jüdischen Organisationen eingebracht.

Und die Kochs? Charles Koch sagte im April auf CNN, er denke darüber nach, möglicherweise Hillary Clinton im November zu unterstützen. Daraufhin spottete Andy Borowitz im *New Yorker*, dass die Koch-Brüder darüber nachdächten, ihren ersten

Demokraten zu kaufen.»Ein großer Schritt, nachdem sie Jahrzehnte darauf verwendet haben, eine Weltklasse-Kollektion von Republikanern zu erwerben«; bemerkte der Satiriker.

Für viele republikanische Wähler in Wisconsin hat Walker seine Schuldigkeit getan.»Ich fand es gut, dass er die Grundsteuern gesenkt hat, und bei den Gewerkschaften hängen mir zu viele Taugenichtse herum«, sagt Fletcher McGiveron, der mit seiner Frau in Middleton lebt, einer Suburb von Madison, und dort als Fleischer arbeitet.»Außerdem hat Walker nach jahrelanger Debatte nun endlich das Waffentragen erlaubt, das ist für mich wichtig. Aber sonst hat er nicht viel Ahnung.«

Die Koch-Brüder mag er allerdings noch weniger als Walker. »Ich habe mit hunderten von Mexikanern zusammengearbeitet, und 99 Prozent von denen sind okay. Aber wenn Immigranten in großen Zahlen kommen, vor allem illegale, dann drückt das einfach die Löhne.« In der Fleischverarbeitung sei das schon passiert, nun geschehe das gleiche bei den Dachdeckern und den Maurern. Und das, glaubt er, ist der geheime Plan der Kochs.»Die wollen mehr Immigration, weil das gut für die Industrie ist. Aber für uns ist es besser, wenn die Löhne steigen und es mehr Jobs gibt.«

Fletcher würde deshalb keinen Koch-Kandidaten wählen. Für ihn ist es am wichtigsten, die Grenze zu Mexiko zu schließen, nicht nur, um Immigration einzudämmen.»Eine offene Grenze ist gefährlich: Da kommen Drogen, Prostitution und Waffen, und früher oder später werden auch Terroristen kommen.« Fletcher liebäugelt mit Bernie Sanders, aber er wird wahrscheinlich doch für Donald Trump stimmen, schon wegen der Mauer zu Mexiko, aber auch, weil er an seinem Gewehr hängt.»Hillary steht für Waffenkontrolle«, sagt er.»Und bei Trump finde ich es gut, dass er ideologisch nicht festgelegt ist und dass er die Hände von der Social Security lässt.« Eigentlich, sagt er, sei Trump ein Eisenhower-Republikaner. Oder ein altmodischer Demokrat.

8) BLACK AND WHITE:
Die lange amerikanische Geschichte des Rassismus

Von der Schlacht am Lookout Mountain in Chattanooga, Tennessee, spricht man im Süden noch heute. Die Armee der Union, der Nordstaaten, lagerte im Herbst 1863 in Chattanooga, 40 000 Soldaten hatten sich in die Kleinstadt am Tennessee River zurückgezogen. Sie wollten sich von einer der schwersten Niederlagen im Bürgerkrieg erholen, die Schlacht am Chickamauga, dem »Fluss des Todes«, wo tausende von Toten zurückgeblieben waren. Die Konföderierten jedoch, die Südstaatenarmee, belagerten Chattanooga. Sie schnitten der Union den Nachschub ab und postierten 1200 Soldaten auf dem Lookout Mountain, einem Hochplateau, das einen weiten Blick bis nach Georgia bietet.

Aber nun schickte Ulysses S. Grant, der Befehlshaber der Union, Verstärkung über den Tennessee River. Am 24. November 1863, frühmorgens um drei, stürmten mehr als 10 000 Unionssoldaten den Lookout Mountain. Die Verteidiger wurden überrascht, weil die Hänge so steil waren, dass sie die hochkletternden Yankees, die Feinde, nicht bemerkten. Die Schlacht dauerte den ganzen Tag, Tausende starben; endlich eroberte die Nordarmee den Berg. Die Union schaffte es kurz darauf auch, die Belagerung von Chattanooga zu brechen. Von nun an kontrollierten die Yankees den Tennessee River und den Zugverkehr nach Nashville und Memphis, Tennessee, Atlanta, Georgia, sowie Bridgeport, Alabama. Nicht einmal anderthalb Jahre später sollte der Süden die Waffen strecken und sich ergeben.

Tennessee liegt zwischen den Staaten des Old South, die zu den ursprünglichen dreizehn Kolonien gehörten, und dem Deep South mit den Baumwollplantagen, in denen die Mehrheit der

Sklaven lebte, vor allem Mississippi und Alabama. Die Hauptstadt ist Nashville, die Musikstadt. Memphis, die Stadt von Elvis Presley, befindet sich an der südwestlichen Spitze am Mississippi. In Tennessee ist es warm im Sommer, die feuchte Hitze des Südens. Der ganze Staat hat etwas kleinstädtisch-uramerikanisches, wie Springfield in der TV-Serie *Die Simpsons*.

Heute fährt eine schwindelerregend steile Zahnradbahn den Lookout Mountain hoch. Ganz oben liegt der Point Park mit einem Denkmal der Schlacht und gleich daneben das Battles-for-Chattanooga-Museum. Hier wird die Schlacht in einem saalgroßen Diorama nachgestellt. Zum Museum gehört ein Souvenirshop mit Postkarten, Silberlöffeln, indianischen Pfeilspitzen sowie Büchern. In denen steht, wie der Bürgerkrieg für den Süden hätte gewonnen werden können, was die Lehrer den Schulkindern im Geschichtsunterricht leider nicht über den Bürgerkrieg beibringen und warum der Süden letztlich doch irgendwie im Recht war. In einem Regal stapeln sich T-Shirts mit der amerikanischen Flagge, aber auch mit der Südstaatenflagge (einem rechteckigen blauen Kreuz mit weißen Sternen auf rotem Grund), sowie die Klapperschlangenflagge der Tea Party und andere Tea-Party-Motive. Ja, die kaufen die Leute gerne, sagt die Frau hinter dem Tresen, die selbst für amerikanische Verhältnisse erstaunlich schadhafte Zähne hat. Sie lächelt. Ob die Tea Party hier viele Anhänger habe? »Absolutely«.

Vom »Marsch durch Georgia« zu segregierten Blutbanken

In Whitwell, ein Dorf, das vielleicht 35 Meilen von Chattanooga entfernt ist, spielt das Civil War Dinner Theatre, in einer früheren Kirche aus der »guten alten Zeit« vor dem Bürgerkrieg, weißgekalkt. Das Theater bietet eine südliche Version des Bürgerkriegs dar, genauer gesagt, dozieren zwei kostümierte Menschen über den Krieg, das Ehepaar Steve und Allison Gipson.

Sie stellen Geschwister dar. Sie unterstützt den Süden, er den Norden. Das Stück basiert auf Tagebüchern und anderen Aufzeichnungen aus dieser Zeit, die Steve Gipson ausgewertet hat. Dazu wird ein authentisches Dinner serviert, Hühnchen, Kartoffelbrei und Apfelkuchen, Rezepte aus dem Kochbuch von Varina Davis, der Frau des Südstaatenpräsidenten Jefferson Davis, die Kellnerinnen tragen historische Kostüme. Der hohe, helle Raum ist mit Schülern gefüllt. Das Theaterstück ist, darauf wird eigens hingewiesen, für christliche Zuschauer geeignet.

Steve Gipson ist ein hochgewachsener, kräftiger Mann mit einem Vollbart, und die Geschichte, die er erzählt, ist wahrhaft alternativ. Im Amerikanischen Bürgerkrieg, sagt er, sei es nicht um die Sklaverei gegangen, denn der Norden habe wenige Jahre zuvor noch selbst Sklaven gehalten. Nach dem Verbot der Sklaverei habe der Norden seine Sklaven nicht etwa freigelassen, sondern in den Süden verkauft. In Wirklichkeit sei es um *States' Rights* gegangen, die Rechte der Bundesstaaten, die Abraham Lincoln verletzt habe.»Lincoln hat beide Seiten angelogen«, meint Gipson. Dabei habe es in den USA immer schon Sezessionsbestrebungen einzelner Staaten gegeben. Die Bundesstaaten seien der Union freiwillig beigetreten und sie könnten auch wieder austreten, wenn sie das wollten.

Der eigentliche Grund für den Einmarsch des Nordens in den Süden seien die Staatsfinanzen gewesen. Damals habe es keine Einkommenssteuern gegeben, sagt Gipson, sondern nur Ein- und Ausfuhrzölle. Und der Süden, mit seiner blühenden Wirtschaft und seinen vielen Häfen (wo Sklaven importiert und Baumwolle exportiert wurden), habe siebzig Prozent der Staatseinnahmen erwirtschaftet, die nach Washington gegangen seien. Dies sei mit dem Austritt der Südstaaten weggefallen.»Im Prinzip war das ein Wirtschaftskrieg«, sagt Gipson. Und auch dem Süden sei es um die Erhaltung seiner Wirtschaftskraft gegangen.»Ein Sklave war damals viel wert, um die 2000 Dollar, das wären heute gut 20 000 Dollar«, sagt Gipson.»Die Aufhebung der Sklaverei, das war eine Enteignung im Milliardenwert, das konnten sich die Plantagenbesitzer nicht gefallen lassen.«

Glaubt er ernsthaft, dass Schwarze auf Dauer Sklaven, also »Besitz« hätten bleiben können? »Natürlich nicht«, sagt er. Aber die Lage sei damals nicht so eindeutig gewesen. »Einige Schwarze und auch Indianer haben sogar selber Sklaven gehalten.« Und die Beziehungen zwischen Schwarz und Weiß seien im Süden viel besser, viel familiärer gewesen, als das heute dargestellt werde. »Es gab auch Schwarze, die für die Armee der Konföderierten gekämpft haben, weil sie ihre Heimat verteidigen wollten.« Er klingt nun wie eine Südstaatenversion von Michele Bachmann. Das eigentliche Problem seien sowieso die irischen Einwanderer gewesen, fährt Gipson fort. »Die Iren, die vor der Kartoffelfäule geflohen waren, waren bereit, für sehr wenig Geld zu arbeiten.« Aber die Iren wollten nicht im heißen Süden leben, die blieben im Norden. »Plötzlich war es für den Norden billiger, Iren anzustellen, als für den Süden, Sklaven zu kaufen, das brachte die ganze Wirtschaft durcheinander.« Als letzter Kämpfer im Bürgerkrieg habe sich übrigens Stand Watie ergeben, ein Häuptling der Cherokee und Brigadegeneral der Konföderiertenarmee.

Die Schulkinder hängen gebannt an Gipsons Lippen. Er lächelt eines der Mädchen an, eine vielleicht zwölfjährige Schwarze mit sehr langen krausen Haaren. »Du bist Halbindianerin, Chickasaw, ursprünglich aus Mississippi, stimmt's?«, fragt er. »Das sehe ich an deinen Wangenknochen.« Seine eigenen Kinder, erklärt er mir später, werde er selbst erziehen und sie nicht in staatlichen, unchristlichen Schulen verderben lassen. Solange er das noch dürfe. Im Übrigen – er klingt immer mehr wie ein Tea Partier – sei auch ObamaCare illegal, davon stehe nämlich nichts in der Verfassung. »Die Regierung darf uns nicht zwingen, eine Krankenversicherung abzuschließen.« Ich weise ihn darauf hin, dass in der Verfassung auch nichts von einer Begrenzung der Einwanderung steht, da wird er ungehalten. »Ja, aber die Verfassung kann durch Gesetze ergänzt werden. Wir sind ein Land der Gesetze.« Dann beschwert er sich über die Medien, die seien alle schwer links. »Die Einzigen, die ausgewogen berichten, sind Fox News.« Von anderen Sendern würden die Konservativen immer verzerrt dargestellt: »Beispielsweise waren es die Dixiecrats, die

Demokraten des Südens, die nach dem Zweiten Weltkrieg mit der Konföderiertenfahne auf dem Pickup herumgefahren sind«, sagt Steve Gipson. »Und nun tun die Liberalen so, als sei diese Fahne ein Symbol der Republikaner.«

Steve Gipson ist mit seinen Ansichten nicht alleine. Der Bürgerkrieg wird im Süden weiter ausgetragen, in Büchern, in Zeitungen, und im Fernsehen. Noch immer schreiben Südstaatler die Geschichte um, und viele sind den Yankees noch gram. Auch die Tea Party ist zu einem guten Teil eine »Anti-Yankee«-Bewegung. Kein Wunder: In keinem Krieg sind so viele Amerikaner umgekommen wie während des Bürgerkriegs. Von damals rund dreißig Millionen Amerikanern starben 625 000 Soldaten sowie eine unbekannte Zahl an Zivilisten, letztere in den Südstaaten. Die Unionsarmee unter General William Tecumseh Sherman zerstörte Atlanta, Richmond, Columbia und andere Städte bis auf die Grundmauern. Beim »Marsch durch Georgia« schlugen Unionssoldaten eine Schneise der Verwüstung, brannten jedes Dorf und jedes Feld nieder, stahlen Pferde und rissen Bahngleise aus der Erde. Unionssoldaten vergewaltigten Frauen und sperrten Kinder ein. Allerdings ging es auf Seiten der Südstaatler nicht zivilisierter zu: Sie begangen ebenfalls Massaker – auch unter Zivilisten in grenznahen Staaten, die entlaufene Sklaven versteckt hatten.

In einigen Punkten hat Gipson recht: Der Norden hielt selbst lange Zeit Sklaven und ließ entlaufene Sklaven auch nach dem Verbot der Sklaverei in den Süden deportieren. Das betraf vor allem New York, das mit dem Sklavenhandel reich geworden war und das gegen den Bürgerkrieg gestimmt hatte. Hier hatte mehr als 200 Jahre Sklaverei geherrscht, zeitweise bestand ein Viertel der New Yorker Bevölkerung aus schwarzen Haussklaven. Sklaven bauten das erste New Yorker Rathaus und das Fort am Battery Park, wo heute die Fähre zur Freiheitsstatue ablegt, auch den Befestigungswall gegen die Indianer entlang der heutigen Wall Street. New Yorker Zeitungen druckten Anzeigen für Sklavenauktionen, im Hafen von New York lagen Schiffe, deren menschliche Fracht in den Süden geschafft wurde, und der

Sklavenhandel wurde von New Yorker Banken finanziert. Dem Norden, der nach der Industrialisierung keine Verwendung für Sklaven mehr hatte, ging es auch darum, die verhassten Briten von der preiswerten Baumwolle der Südstaaten abzuschneiden. Immerhin hatte der Kongress gerade erst, 1854 beschlossen, es den neuen Territorien im Westen – Kansas, Nebraska, Utah, Arizona, New Mexico – freizustellen, Sklaven zu halten. Die Beziehung zwischen den Schwarzen und den Weißen und die Sklaverei hat die Geschichte von ganz Amerika beeinflusst und nicht nur die des Südens. Der Bürgerkrieg, und dann wieder die Bürgerrechtsbewegung rund hundert Jahre später haben das Parteiensystem der USA zweimal vollständig umgewälzt.

Die originären Demokraten und erst recht die Dixiecrats haben mit der Tea Party sehr viel mehr Ähnlichkeit als die ursprünglichen Republikaner unter Abraham Lincoln. Die Demokraten wurden um 1800 von zwei *Founding Fathers* gegründet: Thomas Jefferson und James Madison. Sie wollten damals schon »zurück zur Verfassung« (damals war es nach der Verfassung nicht nur erlaubt, Sklaven zu halten, sondern sogar, welche zu importieren, was 1808 verboten wurde, ein Jahr, nachdem die Briten es verboten hatten). Sie glaubten, dass Alexander Hamilton, ebenfalls ein Gründungsvater, von der Verfassung abgewichen sei. Hamilton, der Schatzmeister von George Washington, der seinerseits der kurzlebigen Federal Party angehörte, trat für einen starken Bundesstaat ein. Er gründete die erste Zentralbank der USA.

Ursprünglich hieß die Demokratische Partei »Democratic-Republican Party«; in »Democratic Party« wurde sie erst 1812 umbenannt. Das war das Jahr, in dem Madison, der inzwischen Präsident war, Großbritannien den Krieg erklärte. Die USA wollten eine britische Seeblockade auf dem Atlantik brechen, aber auch unterbinden, dass Kanada – eine britische Kolonie – entlaufene Slaven aufnahm und indianische Stämme gegen die USA unterstützte. Und so marschierten die USA in Kanada ein. Die Kanadier wehrten den Angriff zwar ab, aber die USA eroberten halb Ontario. So schafften sie es, die Gründung eines

Indianerstaats unter dem Shawnee-Häuptling Tecumseh zu verhindern. Derweil gelang es den Briten, Washington zu besetzen und das Weiße Haus niederzubrennen.

Nun wollten die Briten New Orleans erobern, sie sandten ihre Flotte in den Golf von Mexiko. Dies war die Stunde von Generalmajor Andrew Jackson. Jackson schlug die Briten 1815 in der berühmten Schlacht um New Orleans zurück. Danach verjagte er sie aus New York City und Washington. Erst mit Andrew Jackson wurden die Demokraten zu der Partei, wie man sie heute kennt: zur Interessenvertretung der neuen Einwanderermassen, die damals vor allem aus Irland, Schottland und Deutschland kamen.

Jacksons Eltern waren Scotch-Irish, protestantische Schotten, die über Nordirland nach Amerika gelangt waren. Schon als 13-Jähriger hatte im Unabhängigkeitskrieg gekämpft. Danach lebte er in Tennessee, in der Nähe von Nashville, wo er eine Plantage mit 44 Sklaven besaß; er war einer der Gründer von Memphis. Bald vertrat er auch Tennessee als Senator in Washington. 1828 wurde der Populist zum ersten demokratischen Präsidenten der USA gewählt. Jackson wurde von Bauern und Soldaten glühend verehrt, die ihn als ihren Mann gegen die Elite in Washington sahen. War Jackson in dieser Hinsicht also der erste Populist? Ein Musical in New York, *Bloody, Bloody Andrew Jackson*, lässt den General-Präsidenten und seine Anhänger in Tea-Party-Manier singen: »Take the country back!«

Immerhin: Jackson trat gegen die korrupte Washingtoner Elite an, er brachte – als einziger Präsident überhaupt – die Staatsschulden auf Null und er schaffte die Nationalbank der USA, die Hamilton gegründet hatte, wieder ab, da er glaubte, sie diene nur den Interessen einer Handvoll reicher Familien (das muss Ron Paul erst einmal nachmachen!). In der Folge brach allerdings eine längere Wirtschaftskrise aus. Erst 1864, nach Jacksons Tod, schuf Abraham Lincoln wieder eine Nationalbank.

Jacksons bitterstes Erbe aber ist der *Trail of Tears*, der Pfad der Tränen: Der Präsident vertrieb mit der Hilfe des Militärs fünf indianische Stämme aus Florida, Georgia, Alabama und Tennessee, um deren Land an die frisch angekommenen weißen Einwanderer zu verteilen, seine Wähler. Die Creek, die Seminole, die Choctaw, die Chickasaw und die Cherokee wurden ab 1830 vom Militär zusammengetrieben und erst einmal monatelang unter schrecklichen Bedingungen interniert. Bei einem folgenden Gewaltmarsch im bitterkalten Winter starb die Hälfte der Indianer. Jackson tat das mit dem Kongress im Rücken, der den *Indian Removal Act* verabschiedet hatte, aber entgegen einem Urteil des Supreme Court, den die Cherokee angerufen hatten.

Die Republican Party, die Grand Old Party (GOP), wurde 1854 von Sklavereigegnern gegründet. Sie war eine Abspaltung der Whigs, eine Partei, die sich gegen den »diktatorischen« Andrew Jackson gebildet hatte, sowie von »Free Soilers«, deren Ziel war, die Ausbreitung der Sklaverei in die Territories des neugewonnenen Wilden Westen zu verhindern, vor allem Kansas und Nebraska. Abraham Lincoln war der Parteichef der Whigs in Illinois; er wurde der erste republikanische Präsident. Schon zuvor hatte es die American-Republican Party gegeben, besser bekannt als »Know Nothings«. Dies war ein nativistischer Geheimbund, der nur protestantische Männer englischen Ursprungs aufnahm und der gegen die Immigration von Katholiken aus Deutschland und Irland kämpfte, durchaus auch mit Gewalt. Aber wenn sie gefragt wurden, was ihre Partei eigentlich so tue, sagten sie immer, »I know nothing«, ich weiß von nichts. Die GOP war zunächst eine Konkurrenz der Know Nothings, bis sich diese zerstritten, übrigens schon kurz nach ihrer Gründung. Der Anti-Sklaverei-Flügel der Know Nothings im Norden schloss sich der GOP an, während der Pro-Sklaverei-Flügel der Südstaaten zu den Demokraten überlief. Noch heute werden Tea Partier von Liberalen gerne mit Know Nothings verglichen (wobei die Insinuation natürlich ist, diese hätten von nichts eine Ahnung).

Nach dem verlorenen Bürgerkrieg wurde der Süden zum Armenhaus. Der Norden verordnete die *Reconstruction*. Yankees kamen in den Süden und bereicherten sich; nach ihren Tragetaschen, die aus Teppichen gemacht waren, nannte man sie *carpetbaggers* – im Süden wurde das Wort zu einem Synonym für »zugereiste Plünderer«. Bald wurde es auch im übertragenen Sinn gebraucht; *carpetbaggers* kauften billig Plantagen auf, andere sorgten dafür, dass die früheren Sklaven Posten in Rathäusern und Staatsregierungen bekamen (noch heute nennt man einen Politiker, der von außen kommt und sich ins gemachte Nest setzt einen *carpetbagger*. Derweil rotteten sich unzufriedene Weiße – Demokraten – im Ku-Klux-Klan zusammen. Zu den Männern mit den weißen Hauben, die Schwarze mit Gewalt, Mord und Totschlag einschüchterten, zählten viele konföderierte Veteranen. Rund 5000 Menschen wurden in den Folgejahren gelyncht, darunter mehr als 3500 Schwarze. In Margaret Mitchells Südstaatenepos *Von Winde Verweht*, das in Georgia spielt, sind alle Männer Klan-Mitglieder, auch der romantische Ashley.

Die Republikaner sahen sich fortan als Partei der Bildungselite der Ostküste, während die Demokraten als die Partei der verarmten Südstaatenfarmer galt. Noch lange nach dem Bürgerkrieg regierten die Republikaner in Washington. Aber ganz so eilig hatte es der Norden nicht, für gleiche Rechte zu sorgen. Selbst Lincoln – der 1865 ermordet wurde – unterstützte lieber eine Initiative, Sklaven nach Afrika zu schicken. 1870 verabschiedete zwar der Kongress den 15. Verfassungszusatz, der es verbot, Wähler aufgrund ihrer Hautfarbe zu diskriminieren. Aber die Südstaaten, wo die Demokraten nach und nach wieder an die Macht kamen, unterliefen dieses Gesetz. Sie verabschiedeten die Jim Crow Laws, wonach nur wählen durfte, wer lesen konnte, Steuern zahlte oder wessen Großvater schon gewählt hatte.

Das schloss viele Schwarze von der Wahl aus, und damit auch von dem Recht, als Politiker oder zum Sheriff gewählt zu werden oder als Geschworener in einer Jury zu sitzen. Gleichzeitig wurden überall Gesetze erlassen, welche die Rassentrennung in Schulen, Universitäten, Krankenhäusern, Restaurants, Bussen, Bahnen, bei der Eisenbahn und bei Greyhound, in öffentlichen Toiletten und sogar bei Trinkbrunnen vorschrieben. Schulen und Kliniken für Schwarze waren von minderer Qualität. Auch das Militär war segregiert, noch bis 1948. Im Zweiten Weltkrieg durften schwarze GIs keine Bluttransfusionen von weißen Soldaten bekommen, und umgekehrt. Ehen zwischen Schwarz und Weiß waren natürlich streng verboten, in vielen Staaten galt das auch für Ehen zwischen Weißen und Asiaten, Mulatten oder Indianern. Aber diese Gesetze beschränkten sich nicht auf den Süden: Auch in Nordstaaten wie Maine oder westlichen Territorien wie Arizona und Utah galten diese »Jim Crow Laws«.

Mit dem Bürgerkrieg hat sich Amerika aber auch religiös entzweit. Mit den Spannungen zwischen dem Süden und dem Norden begannen die im Süden verbreiteten Baptisten die Sklaverei zu verteidigen, während sich die Kirchen im Norden dagegen aussprachen. Das führte letztlich zu einer Trennung innerhalb der Evangelikalen: Im Süden spalteten sich um 1845 die »Southern Baptists« ab, eine damals rein weiße Kirche. Heute sind sie die zweitstärkste Konfession in den USA nach dem Katholizismus. Mit dieser neuen Kirche, zu der auch viele Katholiken und Anglikaner konvertierten, hatte der weiße Süden aber auch eine gemeinsame religiöse und kulturelle Identität gefunden. Viele Southern Baptists sind »Born Agains«, getaufte Christen, die als Erwachsene ein neuerliches Erweckungserlebnis hatten (oder, soweit es sich um Politiker handelt, wenigstens so tun). Fast alle sind konservativ, auch bibeltreue Christen sind darunter.

Aber auch im Norden änderte sich einiges. Es gab eine nichtprotestantische Masseneinwanderung von Italienern, Juden und Slawen, vor allem in die Großstädte des Nordens – New York, Chicago, Detroit –, und diese schlossen sich größtenteils den Demokraten an. Das führte letztlich dazu, dass die Demokraten des Nordens für viele Jahrzehnte eine ganz anderen Partei waren als die des Südens. Derweil gewannen die Republikaner viele Wähler in den ländlichen, protestantisch-pietistischen Staaten des Nordwestens, wo Skandinavier und deutsche Protestanten siedelten.

Neben diesen beiden großen gibt es auch kleinere Parteien wie die Progressiven; sie wurde gleich drei Mal gegründet: von Theodore Roosevelt, von Robert La Follette und 1948 von Henry Wallace, den Vizepräsidenten von Franklin D. Roosevelt. Viel Erfolg hatten sie nie. Es gibt auch die Sozialisten, die Libertären und die Conservative Party, die 2009 gegründet wurde und die, was sonst, zurück zur originären Verfassung will. Sie richtet sich an Wähler, denen die Republikaner »zu links« sind. Sowohl die Libertarians als auch die Conservative Party reklamieren die Anhänger der Tea Party für sich, aber beide haben in der Bewegung nicht so recht Fuß gefasst. Dazu kommt eine Unzahl von ganz kleinen Parteien für eingegrenzte Interessengruppen: Nazis, Grüne, Frauen, Vegetarier, Puertoricaner oder Afro-Amerikaner (die Black Panther); es gibt sogar Royalisten, die glauben, schon die Revolution gegen England sei ein Fehler gewesen. Die meisten dieser Parteien sind kurzlebig und ihre Politiker erreichen kaum ein oder zwei Prozent der Stimmen – wenn überhaupt. Ralph Nader, der 2000 für die Grünen antrat, brachte es auf 2,74 Prozent. Die einzigen Ausnahmen waren Ross Perot und Theodore Roosevelt. Roosevelt kandidierte 1912 für die Progressiven und landete auf dem zweiten Platz, aber er war immerhin zuvor Präsident gewesen. Ross Perot, ein Libertärer, gewann 1992 knapp zwanzig Prozent der Stimmen, bekam aber keinen einzigen Wahlmann des Electoral College. Denn die USA haben zwar nicht de jure, aber doch de facto ein Zwei-Parteien-System. Nur die Senatoren und Abgeordnete, die mehr als fünfzig Prozent aller Stimmen in ihrem Wahlkreis bekommen, dürfen nach Washington. Das heißt, Unabhängige haben es schwer. Das heißt aber auch, wer wirklich eine Chance haben will, muss als Kandidat einer der beiden großen Parteien antreten, auch wenn er aus Sicht des Partei-Establishments ein Paradiesvogel ist. Das gilt für Bernie Sanders, aber auch für Donald Trump.

»Alle sollen vor uns zittern«:
Die Christliche Rechte

Südlich von Chattanooga, im angrenzenden Bundesstaat Georgia liegt Rome. Im Bürgerkrieg war die Kleinstadt von Unionssoldaten besetzt. Auch General Sherman kreuzte Rome auf seinem Marsch durch Georgia: Seine Soldaten schleiften das Fort, zerstörten die Krankenhäuser, demontierten die Bahnlinien und setzten die Stadt in Brand, bevor sie nach Atlanta weiterzogen, und diese Stadt bis auf die Grundmauern niederbrannten.

Von den Schrecken des Bürgerkriegs ist heute wenig zu sehen. Am Riverbend Market Place von Rome erstreckt sich eine dieser Malls mit endlosen Parkplätzen und immergleichen Geschäften, darunter eine Filiale von Barnes&Noble, der inzwischen einzigen Buchhandelskette der USA. Hier liest Mike Huckabee, der frühere Gouverneur von Arkansas, Pfarrer der Southern Baptist, Gelegenheits-Countrymusiker und Moderator auf Fox News. Huckabee hatte sich 2008 um die Nominierung für die Republikaner beworben, aber gegen John McCain verloren. 2012 flirtete er längerer Zeit mit einer Kandidatur, und für 2016 versuchte er es tatsächlich, musste aber nach ein paar Monaten aufgeben.

Huckabees Heimatstaat Arkansas liegt westlich des Mississippi, im Bible Belt. Arkansas ist eine Bastion der Southern Baptists. Im Bürgerkrieg kämpfte Arkansas für den Süden, aber richtig zur Sache ging es hier erst in der Zeit der *Reconstruction*. Radical Republicans, eine Fraktion der Republikaner, wollten damals gleiche Rechte für Schwarze durchsetzen, aber der Ku-Klux-Klan hielt dagegen, ebenfalls mit Gewalt.

1954 gelangte Arkansas in die nationalen Schlagzeilen. Der Supreme Court hatte die Staatsregierung verpflichtet, neun schwarze Schüler in eine weiße Schule in der Hauptstadt Little Rock aufzunehmen. Gouverneur Orval Faubus, ein Demokrat, weigerte sich. Mehr noch, er ließ die Nationalgarde auffahren, um das zu verhindern. Daraufhin schickte Präsident Dwight D. Eisenhower – ein Republikaner – tausend Soldaten der 101st Airborne, der Luftlandedivision, um die schwarzen Schüler zu eskortieren. Der Gouverneur gab nach, ließ danach die Schule aber einfach schließen. Aber letztlich setzte sich die *desegregation*, die Aufhebung der Rassentrennung, auch in Arkansas durch

Huckabees Buch heißt *A Simple Government – Twelve Things We Really Need from Washington (and a Trillion That We Don't!)*; zwölf Dinge, die wir wirklich von Washington brauchen (und eine Billion, die wir nicht brauchen). Es geht hauptsächlich darum, wie wichtig die Familie und das Christentum seien und wie unnütz die Regierung. Er kritisiert auch Obama.»Obama liegt falsch, wenn er sagt, dass keiner vor Amerika Angst haben soll. Im Gegenteil, alle sollen vor uns zittern. Wir brauchen ein starkes Militär. Das ist wichtig für unsere Außenpolitik.« Hunderte von Menschen warten zwischen den Bücherregalen von Barnes & Noble, manche seit Stunden. Alle, wirklich alle, sind weiß, obwohl ein Drittel der Einwohner schwarz ist. Ich frage einen Lokalreporter, ob es in Rome keine Afro-Amerikaner gebe. Er grinst.»Nicht hier.« Huckabee signiert jedes einzelne Buch und er spricht mit jedem in der Schlange ein paar Worte oder macht einen Scherz. Gerne posiert er auch für ein Handyfoto – am liebsten, wenn Kinder oder Rollstuhlfahrer mit ihm ins Bild wollen. Ganz am Schluss findet das Personal von Barnes&Noble doch noch einen Afro-Amerikaner in einer Ecke des Ladens, dem der Ex-Gouverneur die Hand schüttelt, für die Kameras.

Eine blondlockige Frau, über sechzig, die in der Schlange wartet, hat eine Schleife in den Farben der amerikanischen Flagge ans Revers gesteckt:»Die trage ich seit 9-11«, sagt sie. Sie wolle, dass Obama, der keinen Finger rühre, aus dem Weißen Haus geworfen werde, und dass ein Mann ins Weiße Haus einziehe, der die Wirtschaft ankurbelt. Eine Frau neben ihr, jünger, aber genauso bieder gekleidet, hofft gleichfalls, dass Huckabee kandidiert – und gewinnt.»Ich finde ihn gut, weil er ehrlich und authentisch ist und für konservative Familienwerte steht, und weil er in Washington etwas für uns tun wird«, sagt sie.

Es sind diese Leute, die heute Trump wählen. In den Vorwahlen sowohl in Georgia als auch in Tennessee erreichte Trump knapp 40 Prozent der Wahlstimmen, unter damals noch fünf Kandidaten (Huckabee war zu diesem Zeitpunkt bereits ausgestiegen), und fast doppelt so viel wie Ted Cruz. Dabei dachte Cruz, der – anders als Trump – ein Southern Baptist ist, er sei der Wunschkandidat des Südens. Dass Trump hier den Wahlsieg davontrug, ist um so erstaunlicher, weil er ein Yankee wie aus dem Bilderbuch ist: ein zwei Mal geschiedener, schnell redender, aus der Hüfte schießender, international agierender Geschäftsmann, der für einen starken Staat eintritt und der es geschafft hat, aus Konkursen, bei denen andere Leute viel Geld verloren haben, gestärkt hervorzugehen – ein *carpetbagger* eben.

In den fünfziger und sechziger Jahren geschah die zweite große Umwälzung im Parteienspektrum der USA. Und die wurzelt im Zweiten Weltkrieg, durch den sich die Lage der Afro-Amerikaner beträchtlich verbessert hat: Als die Industrie auf Hochtouren lief, bekamen viele von ihnen gutbezahlte Jobs in den Rüstungsfabriken des Nordens, und nach dem Krieg kehrten schwarze Soldaten als hochdekorierte Veteranen zurück. Aber danach kam es zu einem Rollback; sie wurden wieder diskriminiert. Der so genannte *G.I. Bill,* ein Gesetz, das dafür sorgte, dass heimgekehrte Soldaten Jobs und Immobilienkredite bekamen, galt für Schwarze nur sehr eingeschränkt. Der Ku-Klux-Klan, der nun eine neue Blüte erlebte, lynchte sogar schwarze Veteranen, von denen vermutet wurde, sie hätten in Europa mit weißen Frauen geschlafen. Ein besonders schreckliches Verbrechen geschah in Mississippi: Hier wurde der vierzehn-jährige Emmett Till, ein schwarzer Junge aus Chicago, von Klan-Männern gefoltert und erschlagen, weil er einer weißen Frau hinterhergepfiffen hatte.

Aber Schwarze ließen sich das nicht länger gefallen. Damals entstand das Civil Rights Movement, eine Bewegung von Bürgerrechtler und Organisationen wie die National Association for the Advancement of Colored People (NAACP), angeführt von schwarzen Pfarrern. Der bekannteste war Martin Luther King Jr. Sie wurden von liberalen Weißen aus dem Norden unterstützt. Der Protest kam am 1. Dezember 1955 ins Rollen, als Rosa Parks, eine Aktivistin aus Montgomery, Alabama, sich weigerte, ihren Platz im Bus für eine weiße Frau zu räumen. Parks wurde verhaftet. Darauf bestreikten alle Schwarzen die Busse und King rief zu Sitzblockaden auf. Die Polizei hetzte Hunde auf die Streikenden, und eine Welle des Protestes erschütterte über Jahre das ganze Land, vor allem den Süden. Nicht nur die Polizei wurde gewalttätig: Um den Widerstand der Schwarzen zu brechen, brachten Weiße, darunter viele Klan-Mitglieder, schwarze Führer um oder warfen Brandbomben in schwarze Kirchen.

Im August 1963 marschierte King nach Washington, wo er am Lincoln Memorial seine berühmte ›I have a Dream‹-Rede vor Hunderttausenden hielt. Er forderte Gleichberechtigung für Schwarze. Wenige Wochen später warfen Klan-Mitglieder kurz vor dem Gottesdienst eine Bombe in eine Baptistenkirche in Birmingham, Alabama. Vier schwarze Mädchen verbrannten. Es war ein Verbrechen, an das heute noch erinnert wird. Alabama war, neben Mississippi, das größte »Schlachtfeld« der Bürgerrechtsbewegung. Beide Staaten gehören zum Deep South, wo Schwarze in manchen Städten die Mehrheit hatten.

Der Gouverneur von Alabama war damals George Wallace. ein Demokrat, der im Zweiten Weltkrieg Luftwaffenpilot gewesen war. Er sollte den Staat (mit Unterbrechungen) bis 1987 regieren. Wallace, ein entschiedener Befürworter der Rassentrennung, hielt bei seiner Amtseinführung eine Rede, an die sich jeder Amerikaner erinnert: »Im Namen des großartigsten Volkes, das jemals auf der Erde gewandelt ist, werfe ich der Tyrannei den Fehdehandschuh vor die Füße und sage: Segregation heute, Segregation morgen, Segregation für immer!« Bei diesen Worten stand er auf den Stufen des State Capitol in Montgomery, dort, wo Jefferson Davis, der erste und einzige Präsident der Konföderierten, 102 Jahre zuvor vereidigt worden war.

Wallace stellte sich selbst vor das Tor der University of Alabama und vor Schulen, um schwarzen Kindern den Eintritt zu verwehren, bis er von Federal Marshalls abgeführt wurde. Er hielt Martin Luther King für einen Kommunisten und den frisch gewählten Präsidenten John F. Kennedy für einen Verräter. Kennedy, der erste irische Katholik im Weißen Haus, unterstützte die Bürgerrechtsbewegung. Er hatte sogar vor, Kennedy als Präsidentschaftskandidat herauszufordern, für die Demokraten natürlich. Aber dazu kam es nicht. Kurz nach dem Brandanschlag von Birmingham wurde Kennedy in Dallas erschossen. Das Land stand unter Schock, und die Rassisten der Südstaaten, die Kennedy bekämpft hatten, wurden vorübergehend etwas stiller.

Ein dreiviertel Jahr später, im Juli 1964, wurde der Civil Rights Act verabschiedet, der die Rassentrennung aufhob und es verbot, Schwarze als Wähler zu diskriminieren. Es war ein harter Kampf: Achtzehn demokratische und ein republikanischer Senator hatten 54 Tage lang gegen das Gesetz »filibustert« – was hieß, sie hielten ununterbrochen Reden, um eine Abstimmung zu verhindern. Am heftigsten kämpfte Strom Thurmond dagegen, der sagte, die Aufhebung der Rassentrennung verstoße gegen die Verfassung der USA. Thurmond war damals demokratischer Senator aus Colorado, später wurde er Republikaner. Nach seinem Tod im Jahr 2003 stellte sich übrigens heraus, dass er eine uneheliche Tochter mit dem schwarzen Dienstmädchen seiner Eltern hatte. Aber letztlich konnte Kennedys Nachfolger Lyndon B. Johnson den Civil Rights Act unterzeichnen.

In dieser Zeit wandelten sich die Demokraten. Viele Dixiecrats, die für die Rassentrennung kämpften, liefen zu den Republikanern über – damit wurden die Demokraten zu der liberalen großstädtischen Partei, als die sie heute bekannt ist. Aber auch die Republikaner änderten ihren Kurs: Sie sahen die Umwälzung bei den Demokraten als Chance, im Süden Wähler zu gewinnen. 1964, als Johnson zur Wiederwahl kandidierte, stellte die GOP einen Gegenkandidaten auf, der für die Rassentrennung eintrat und der, so hoffte man, im Süden Stimmen sammeln konnte: Barry Goldwater aus Arizona. Goldwater führte einen Wahlkampf gegen den Civil Rights Act; nicht unbedingt, weil er Rassist war – in Arizona gab es damals ohnehin kaum Schwarze –, sondern weil er glaubte, dass Washington damit die *States' Rights*, die Rechte der Staaten aushebeln würde. So brachte er erstmals seit dem Bürgerkrieg die Südstaaten in das Lager der Republikaner.

Aber Präsident wurde Goldwater nicht, denn Johnson manövrierte ihn aus: Johnson stellte Goldwater in der TV-Werbekampagne, die im Norden ausgestrahlt wurde, als Ku-Klux-Klan-Anhänger dar, während er ihn in der Wahlwerbung im Süden als Wendehals porträtierte, der sich erst für, dann gegen die Desegregation gestellt habe. Obwohl Goldwater von führenden Konservativen unterstützt wurde, gelang Johnson ein Erdrutschsieg.

Die Kämpfe um die Rassentrennung waren damit aber noch lange nicht zu Ende. Viele weiße Politiker in den Südstaaten weigerten sich, den Civil Rights Act umzusetzen, der Widerstand der Schwarzen wurde gewalttätig und mischte sich mit den Protesten gegen den Vietnamkrieg. In den sechziger Jahren brannten Städte wie Newark und Detroit oder Watts, das schwarze Ghetto von Los Angeles, auch schwarze Viertel in New York City. Radikalere Gruppen wie die Black Panther und die Nation of Islam versuchten, die politische Macht an sich zu reißen. Letztere hatte einen Führer, der so bekannt war wie Martin Luther King: Malcolm X. Er wurde 1965 erschossen – manche vermuten, von Aktivisten der Nation of Islam, von den eigenen Leuten also, denen er nicht radikal genug war. Drei Jahre später wurde King in Memphis ermordet, nun brachen Aufstände in mehr als hundert Städten aus, darunter Chicago, Baltimore und Washington. Sie dauerten tagelang an. Kurz darauf fiel auch Robert F. Kennedy einem Attentat zum Opfer – er war die Hoffnung vieler Demokraten gewesen.

Auch George Wallace war einer derer, die die Demokraten verließen. Er kandidierte 1968 als Präsident für die American Independent Party, eine neue rechte Partei, die eigens für ihn gegründet wurde und die sich später in mehrere kleine Parteien zersplitterte. Das blieb erfolglos. Aber nach einer extrem rassistischen Kampagne wurde er als Gouverneur von Alabama wiedergewählt. Vier Jahre später versuchte er nochmals, die Nominierung für das Präsidentenamt zu erlangen – diesmal wieder für die Demokraten. Aber seine Kampagne war jäh beendet, als ihn ein Attentäter niederschoss. Wallace landete im Rollstuhl. Später wurde er »wiedergeborener« Christ und entschuldigte sich bei schwarzen Gemeindeführern für seinen Rassismus.

Präsident wurde Richard Nixon, ein Republikaner. Er trat 1974 vorzeitig zurück, weil die Presse den Watergate-Skandal aufgedeckt hatte; Nixon-Helfer steckten hinter einen Einbruch in ein Büro der Demokraten im Watergate-Hotel. Den richtigen konservativen Rollback sollte Amerika aber erst 1981 erleben, als wieder ein Republikaner ins Weiße Haus einzog: Ronald Reagan. Reagan ist noch heute der Held der Republikaner. Dass hat eine gewisse Ironie. »Reagan hat sich in libertärer Rhetorik geübt, aber tatsächlich hat er einen starken Staat, *big government* praktiziert«, sagt Jake Shannon, ein libertärer Radiomoderator und Politiker aus Utah. Reagan habe nicht nur die Steuern erhöht, unter ihm seien auch die Militärausgaben gestiegen und die staatliche Schuldendecke wurde angehoben – letztere sogar siebzehn Mal. »Außerdem hat Reagan den kostspieligen ›Krieg gegen Drogen‹ geführt, der überhaupt erst die Probleme mit den Schmugglern an der Grenze geschaffen hat«, sagt Shannon. Aber Reagans siegreicher Kampf gegen die *welfare queens* aus dem schwarzen Ghetto von Chicago reichte aus, um ihn zum Idol der konservativen Weißen zu machen; für die Republikaner ist er noch heute ein Held. Es war die von Lee Atwater entwickelte »Southern Strategie«, im Bewusstsein der Wähler Afro-Amerikaner, Sozialhilfe und Bandenkriminalität zu verknüpfen, die die Reagan-Republikaner an die Macht brachte.

Die Central Park Five
Ein Verbrechen erschüttert New York

Es war nicht nur der Süden, wo diese Konflikte tobten, auch in New York spielten die Spannungen zwischen schwarz und weiß eine große Rolle. New York erlangte in den siebziger und achtziger Jahren einen Ruf als Verbrechensmetropole, von dem es sich bis heute noch nicht ganz erholt hat. Damals waren Wohnungseinbrüche und Autodiebstähle an der Tagesordnung, Besucher wurden gewarnt, abends nicht mit der U-Bahn zu fahren. Am Times Square machten sich Pornoläden und Kleinkriminelle breit, in der South Bronx und Harlem brannten verlassene Häuser. Die Stadt zog die Polizei und die Feuerwehr aus diesen Vierteln ab, in der Hoffnung, dass irgendwann alles abgerissen würde und die Problemmieter verschwinden. Spektakuläre Kriminalfälle wie der Mord an Kitty Genovese machten Schlagzeilen, auch der von Trisha Meile, eine weiße Joggerin, die 1989 im Central Park überfallen, vergewaltigt und fast umgebracht wurde. Für diese Tat wurden fünf Teenager verhaftet, vier schwarz, einer hispanisch, der jüngste davon erst vierzehn.

Das Verbrechen geschah in den letzten Monaten des demokratischen Bürgermeisters Ed Koch, dessen zwölfjährige Amtszeit von Korruption und Skandalen begleitet war. Im ersten Jahr seines (schwarzen) Nachfolger David Dinkins erlebte New York mehr als 2000 Mordfälle, die meisten in der Geschichte der Stadt, viele davon unter dem Einfluss der Ghettodroge Crack, deren Gebrauch damals den Höhepunkt erreichte (heute sind es weniger als 500 Tötungsdelikte im Jahr). Unter Dinkins gab es auch bürgerkriegsähnliche Straßenkämpfe zwischen Afro-Amerikanern und orthodoxen Juden in Crown Heights, einem Stadtteil von Brooklyn. 1991 hatte dort die Autokolonne eines chassidischen Rabbis ein schwarzes Kind überfahren und getötet. In den folgenden, tagelangen Krawallen, als Crown Heights brannte, wurde ein jüdischer Student aus Rache von Schwarzen erstochen.

Dies ist das New York, von dem Donald Trump geprägt wurde. Der Immobilienentwickler, der 1974 vom Justizministerium verklagt wurde, weil er nicht an Afro-Amerikaner vermietete (wozu er nach dem Fair Housing Act verpflichtet war), forderte, die fünf Teenager, die »Central Park Five«, exekutieren zu lassen. Dazu schaltete er kurz nach der Verhaftung und noch vor dem Prozess, während die Joggerin noch im Koma lag, ganzseitige Anzeigen in der *New York Times* und anderen New Yorker Zeitungen, für 85 000 Dollar. »Bringt die Todesstrafe zurück. Bringt die Polizei zurück«, hieß es darin in Großbuchstaben. Die fünf wurden verhört, von der Polizei eingeschüchtert und letztlich zu langen Haftstrafen verurteilt. »Trumps Anzeigen waren die Initialzündung; daraufhin glaubten alle, wir seien es wirklich gewesen, und wir seien schuldig«, sagte Yusef Saalam später, einer der fünf Verurteilten, der damals fünfzehn war. »Wenn das in den fünfziger Jahren passiert wäre, hätten die Weißen uns und unsere Familien gelyncht.«

Trump schaltete die Anzeigen nicht nur aus Überzeugung: Er dachte damals darüber nach, gegen Koch als Bürgermeister zu kandidieren. Letztlich würde er aber den Law-und-Order-Republikaner Rudy Giuliani unterstützen, als Teil des Finanzteams für die Wahlkampagne, die Giuliani ins Rathaus brachten. Erst

Jahrzehnte später, als es verlässliche DNA-Analysen gab, stellte sich heraus, dass die fünf Teenager, die damals verurteilt worden waren, nicht die Schuldigen waren – es war ein anderer Täter. Während Koch (ein bisschen) Reue zeigte, glaubt Trump noch heute, er war im Recht, denn die Verurteilten seien sowieso keine Engel gewesen. Und so denkt er noch heute. Im November 2015 re-tweetete er eine frei erfundene Kriminalstatistik, wonach 81 Prozent aller Weißen in den USA von Schwarzen getötet werden, während nur zwei Prozent der Schwarzen von Weißen getötet würden. »Die Statistik ist ein Universum oder zwei von der Wirklichkeit entfernt«, sagt der Journalist Wayne Barrett.

Die Downtown von Birmingham heute ist ein bisschen alte Pracht, mit Art-Déco-Bauten wie der Alabama Jazz Hall of Fame, modernen Hochhäusern, aber auch abgewrackten, halbleeren Blocks. Sonntagnachmittag sitzen hier ein paar junge schwarze Männer herum; kein einziger Weißer. An einem kleinen Park wurde 1992 das Birmingham Civil Rights Institute eröffnet, das Museum der Bürgerrechtsbewegung. Im Park erinnert ein Denkmal an diese Zeit; in der Mitte der Fußweg, rechts und links zwei Betonmauern, aus denen drei geifernde Polizeihunde aus Stahl und Beton hervorbrechen. Man spürt sofort den Schrecken, den die Hunde damals verbreitet haben müssen. Beim Civil Rights Institute arbeitet Washington Booker, ein dunkelhäutiger Mann mit geflochtenen Haaren, dem man das Alter nicht ansieht. Als der Kampf gegen die Rassentrennung anfing, war er vierzehn. »Der Süden war damals extrem segregiert«, sagt er. »Es gab nur schwarz oder weiß, keine Mexikaner, keine Asiaten, keine Mulatten.« Nach der Bombe auf die Baptist Church, als die vier Mädchen starben, sei Birmingham explodiert. »Wir haben alle weißen Geschäfte – und alle Geschäfte in den schwarzen Vierteln gehörten Weißen – geplündert und niedergebrannt. Es war ein richtiger Aufstand. Die Polizei setzte Hunde ein und schlug Kinder zusammen. Wir haben Steine geworfen und als wir sahen, wie schwarze Bürgerrechtler freiwillig ins Gefängnis gingen, dachten wir, die sind verrückt. Aber dann mobilisierten die

Bürgerrechtler die Schulkinder, und bald waren alle Gefängnisse voll mit schwarzen Kindern.« Verglichen damit sei es heute viel besser, wenn auch noch nicht perfekt. »Bis in die sechziger Jahre gab es für Schwarze keine Notaufnahme, und es konnte passieren, dass wir vor dem Krankenhaus verblutet sind«, sagt Booker. Heute gebe es immerhin Krankenhäuser für Schwarze, auch wenn die für Weiße besser seien. Und auch in den Schulen sei die Rassentrennung aufgehoben. »Aber de facto sind die Schulen noch getrennt: Weiße Kinder gehen in private Schulen in den Suburbs, schwarze Kinder in öffentliche Schulen in der Stadt.« In den siebziger Jahren wurde *busing* versucht, da wurden schwarze Kinder in weiße Schulen gefahren, aber das sei eingeschlafen, als die Weißen in Privatschulen auswichen. »Deshalb fördern die Republikaner heute die Privatschulen, und die öffentlichen Schulen verkommen.«

Bis heute ist die Kluft in Amerika zwischen Schwarz und Weiß nicht ganz verschwunden. Mit der Wahl von Barack Obama hat der Rassismus erneut sein hässliches Haupt erhoben. Es gab Demonstrationen der Tea Party, bei denen schwarze Politiker bespuckt wurden, Plakate, die Obama als »Buschneger« zeigten, sowie verbale Ausfälle von Tea-Party-Politikern. So hat Mark Williams, der Pressesprecher des Tea-Party-Express-PAC, der National Association for the Advancement of Colored People (NAACP) vorgeworfen, dass sie heute mit der Instrumentalisierung von Rassenproblemen mehr Geld verdiene als damals beim Sklavenhandel geflossen sei. Er schickte einen fiktiven Brief an Abraham Lincoln hinterher, den er mit »Ben Jealous« unterschrieb, den Namen des Präsidenten der NAACP. Darin hieß es: »Lieber Herr Lincoln, wir Farbigen haben beschlossen, dass wir dieses ganze Emanzipations-Dings nicht baumwollen. Freiheit heißt für uns, dass wir tatsächlich arbeiten, selber denken und die Konsequenzen dafür tragen müssen, anstatt Geld von der Wohlfahrt zu bekommen. Das kann man von uns Farbigen nicht verlangen – und wir fordern, dass es aufhört.« Für Mark Williams sind derartige Affronts nichts Ungewöhnliches: Er hat von Obama und seinem demokratischen Vorgänger Jimmy Carter als »Nazis« gesprochen, Carter eine »Schwuchtel« genannt und Obama einen »Rassisten« und einen »indonesischen Moslem, der sich vom Wohlfahrtsgauner zum Gesalbten gewandelt hat«. Zuletzt verglich er Obama mit Stalin und dem kambodschanischen Diktator Pol Pot. Aber erst mit dem Brief war das Fass übergelaufen. Williams musste als Pressesprecher zurücktreten.

Ähnlich beleidigend wurde Marilyn Davenport, eine Aktivistin aus Orange County, einem konservativen weißen Landkreis südlich von Los Angeles, wo auch Orly Taitz politisch aktiv ist, die »Königin der Birther«. Davenport verschickte eine E-Mail an andere Republikaner, mit einem Foto von Obama als Schimpansenbaby und dem Kommentar: »Jetzt wissen wir, warum es keine Geburtsurkunde gibt.« Als das Foto an die Öffentlichkeit gelangte, entschuldigte sie sich. Sie habe es schlicht amüsant gefunden; dass Obama schwarz sei, sei ihr gar nicht bewusst gewesen.

Auch Anthony Senecal, Donald Trumps langjähriger Butler – der noch heute Touren in Trumps Clubhaus Mar-a-Lago gibt – wurde gegenüber den Obamas in extrem rassistischer Weise ausfällig, auf seiner privaten Facebook-Seite, von der er offenbar glaubte, sie sei geheim. Der Präsident sei eine »Null«, ein »Prick« (so etwas ähnliches wie ein Arschloch), der als feindlicher Agent schon in seiner ersten Legislaturperiode hätte erschossen werden sollen, schrieb der 84-Jährige, der auch zu einer »zweiten amerikanischen Revolution« aufrief. Nun aber, wo Donald Trump komme, zittere die »so genannte Elite«. Denn Trump werde mit diesen Politikern aufräumen, die nichts anderes seien als Hundekacke im Vorgarten. Der Butler, der von vielen seiner Facebook-Freunde angefeuert wurde, nannte Obama in verschiedenen Posts auch »verrottet«, »dreckiger Bastard«, »Sack mit Kamelkot«, »Muzzie« (ein Schimpfwort für Muslim), »Nigger« und »kenianischer Betrüger«, den man aus der »Weißen Moschee« zerren und aufhängen solle, zusammen mit seiner Frau Michelle, die Senecal »Sasquatch« nennt. Das ist ein anderes Wort für Bigfoot, jenes mythische affenartige Riesenwesen. Barack und Michelle seien zwei der ekelhaftesten Individuen auf diesem Planeten. Und natürlich will Senecal auch die anderen üblichen Verdächtigen hängen lassen, allen voran George Soros und die Rothschilds. Und auch die »lügende Hure« Hillary sollte im Knast sitzen. Dass Seneca ein »Birther« ist, versteht sich von selbst. Nachdem es in den USA verboten ist, zu drohen, den Präsidenten zu ermorden, ermittelt nun das FBI. Trump, natürlich, wusste von nichts und kann sich an den Mann kaum erinnern.

Manche dieser Leute sind schlicht Rassisten. Andere verärgert es, dass staatliche Sozialausgaben Afro-Amerikanern zugute kommen sollen. Fox-News-Moderator John Stossel brachte die libertäre Meinung auf den Punkt, als er sagte, früher sei es doch viel gerechter zugegangen, als die koreanischen Immigrantenorganisationen für die Wohlfahrt der Koreaner gesorgt hätten, die irischen für die Iren, und die polnischen für die polnischen Immigranten, anstatt dies dem Bundesstaat zu überlassen. Für manche Tea Partier ist bereits das Verbot einer Diskriminierung verkehrt. Zu diesen zählt Rand Paul, einer der Präsidentschaftskandidaten von 2016. Er sagte einmal, die Rassentrennung im Süden wäre besser mithilfe des freien Marktes abgeschafft worden als durch die Gesetze der Bundesregierung.

Manche Weiße drehen den Spieß einfach um und beschuldigen Afro-Amerikaner, Rassisten zu sein. Dazu zählt Glenn Beck, der den Präsidenten einen Rassisten nannte. Obama hasse sogar seine weiße Großmutter, sagte er auf Fox News. Der rechte Radiotalker Rush Limbaugh beschuldigte Obama, der wolle weiße Amerikaner nötigen, Reparationen an die Nachkommen der schwarzen Sklaven zu zahlen, als Rache für die Sklaverei. »Wenn die davon reden, dass sie ihr Land wieder zurückhaben wollen«, meint *New York Times*-Kolumnist Frank Rich, »dann sprechen sie in Wirklichkeit über die Privilegien der Weißen.« Das war zuletzt zu spüren, als sich im Sommer 2015 die Bewegung »Black Lives Matter« (etwa, das Leben von Schwarzen ist wichtig) bildete, nachdem Polizisten in mehreren Städten der USA schwarze Teenager erschossen hatten. Viele Weiße sahen das als Abwertung an, als ob ihre Leben nicht zählten.

Kristallelefanten im »Big Easy«
Der Aufmarsch der Kandidaten

Von Birmingham aus fährt der Greyhound nach New Orleans, Louisiana. Wer diesen Bus nimmt, zählt zu den Ärmsten der Armen. Die meisten Passagiere haben Übergewicht und schlechte Zähne, viele sind schwarz, aber sie sind alle höflich und bemühen sich, ruhig zu sein. Nur zwei schwarze Frauen mit einem lange schreienden Baby zanken sich, aber auch das ganz leise. Alle sehen ziemlich abgekämpft aus. Eine junge Frau erzählt mir, sie vertreibe Spielzeug und ziehe deshalb durchs Land. Ein Musikpromoter sucht für seine Bands Auftrittsmöglichkeiten. Beide hassen den Greyhound. Nicht nur sei das mühselig, manchmal fielen die Busse auch aus oder blieben am Wegesrand liegen. Der Bus macht in Montgomery eine halbstündige Pause, in einem Imbiss gibt es fettiges Essen. Als sich ein Mann etwas seltsam benimmt, ruft die Kassiererin sofort nach der Security. Ich bekomme langsam das Gefühl, Teil eines Gefangenentransports zu sein, der in den nächsten Knast fährt. Am frühen Morgen rollt der Bus an der Union Station in New Orleans ein.

Louisiana gehört ebenfalls zum Deep South, aber aufgrund seiner langen Geschichte unter den Franzosen und den Spaniern ist es anders als alle anderen Staaten. In dem Ölstaat, der für Korruption berüchtigt ist, gab es in den dreißiger Jahren eine populistische Bewegung unter dem demokratischen Gouverneur dem damaligen Gouverneur Huey Long. Der begnadete Redner, der links von Franklin Roosevelt stand, hatte das Motto von Bernie Sanders, »Share Our Wealth«, teilt den Wohlstand. Er wollte die Reichen exponentiell besteuern, um jedem Bürger ein garantiertes Grundeinkommen zu zahlen. Eigentlich ist das eine No-Go-Zone für die Tea Party, aber Rand Paul hält Huey Long für ein Vorbild. Long, der sich mit dem anti-semitischen Pfarrer Father Coughlin zusammentat, wurde 1935 erschossen.

New Orleans ist weniger segregiert als anderen Städte des Südens. Hier leben Schwarz und Weiß in denselben Vierteln.

Nicholas Lemann von der Columbia School of Journalism, der aus New Orleans stammt, weiß auch warum: Das liegt vor allem daran, dass die weißen Hausbesitzer früher ihre schwarzen Sklaven in ihrer Nähe haben wollten. Trotzdem: In New Orleans gibt es eine gemeinsame Kultur, Weiße begeistern sich für Jazz und Blues, der in Clubs gespielt wird, und auch die Schwarzen feiern den *Mardi Gras*, den Faschingsdienstag mit seinen Umzügen und Bällen. Auch die kreolische Küche eint Schwarz und Weiß. In New Orleans ist es legal, Alkohol auf der Straße zu trinken, an der Bourbon Street im French Quarter liegen Nachtclubs wie »Rick's Cabaret«, wo halbnackte junge Mädchen vor der Tür eine Zigarettenpause machen (der Stripclub gehörte einst Jack Ruby, dem Mörder von Lee Harvey Oswald). Mit »Storyville« hatte die Stadt eines der berühmtesten Rotlichtviertel Amerikas. Und mit David Vitter hat sie einen republikanischen Politiker, der mit einer Prostituierten erwischt wurde, dazu »Na, und?« sagte und trotzdem wiedergewählt wurde – er kandidierte als Garant einer »positiven, konservativen« Veränderung.

In New Orleans fand im Juli 2011, in der glühenden, feuchten Hitze des Sommers, die Leadership Conference der Republikaner statt. In den eisigen Hallen des Hilton Hotels, das wie ein klimatisiertes Raumschiff in der lebensfrohen Stadt wirkt, haben die üblichen Verdächtigen ihre Stände aufgebaut. Die Heritage Foundation, die Liberty University (die größte christliche Universität der Welt, gegründet von dem Über-Evangelikalen Jerry Falwell), und eine Anti-Abtreibungsgruppe, die Buttons mit Babyfüßchen verteilt. FreedomWorks verschenkt bunte Mappen, in denen erklärt wird, wie man in den *Social Media* die Botschaft verbreiten kann, dass Mitt Romney des Teufels ist. Romney, der letztlich der Kandidat wird, ist vielen Republikanern zu liberal, außerdem ist er Mormone. Es gibt T-Shirts, auf denen »Fox News Fan« und »Capitalism« im Schriftzug von Coca-Cola steht, auch welche mit Marx, Lenin und Obama (zusammen). Ich könnte einen Ohrring aus rot-weiß-blauen Kristallen in Form eines Elefanten kaufen, das Symbol der GOP, die Klapperschlangenfahne, oder auch Ronald Reagan als Ölgemälde, für zwei Riesen. Im Nebenraum findet eine *straw poll* statt, eine informelle Abstimmung. Die Delegierten sehen Schlange, um ihre Stimme abzugeben.

Ein junger Mann trägt ein Ron Paul-T-Shirt und mehrere Ron-Paul-Buttons, auf seinem Rücken prangen Ron-Paul-Aufkleber. Er sieht aus wie eine wandelnde Litfaßsäule. Für wen wird er stimmen? Er grinst. »Ich denke noch darüber nach.« Hinter mir unterhalten sich zwei Frauen. Die eine findet Paul gar nicht so schlecht. Die andere schüttelt den Kopf. »He has the chance of a Chinaman«, sagt sie, die Chancen eines Chinesen. Tatsächlich gewinnt Ron Paul die *straw poll,* aber das nützt ihm nichts.

An einem Tisch signiert Rick Perry, der Gouverneur von Texas, sein Buch. Es heißt *Fed Up! Our Fight to Save America from Washington* (Wir haben es satt! Unser Kampf, um Amerika vor Washington zu schützen). Der Titel ist eine Reminiszenz an die Federal Reserve, aber auch an das Federal Government. Das Vorwort hat Newt Gingrich geschrieben und Rush Limbaugh findet, jeder amerikanische Bürger sollte es lesen. Perry sagt, dass es mehr Freiheit durch mehr *States' Rights* geben müsse. »Die Gründungsväter wollten Dezentralisierung, deshalb müssen die Feds in Washington den Staaten mehr Rechte geben!«. In New Orleans hätten die Bürger bewiesen, dass sie besser mit einer Katastrophe wie dem Hurrikan Katrina fertigwerden können als die Regierung (was daran lag, dass die Bush-Regierung komplett versagt hat). Aber Obama glaube tatsächlich, die Regierung könne das besser, und das bedrohe unsere Freiheit! Als ein paar Jahr später Texas von sintflutartigen Regenfällen überschwemmt wurde, forderte Perry natürlich die Hilfe der Bundesregierung

Perry will alles, was nicht der Verfassung entspreche, abschaffen: Social Security – die Rente –, die Börsenaufsicht SEC und die Gesetze gegen Kinderarbeit. Amerika, sagt Perry, sei bereits in den dreißiger Jahren, im New Deal, entgleist. Damals hätten ein »arroganter Präsident Roosevelt, ein dreister Kongress und ein gefügiger Supreme Court« dafür gesorgt, dass die Regierung Mindestlöhne einführte, die Gewerkschaften schützte, die Wall Street regulierte und die Renten garantierte. Dabei sei die Social Security ein »Ponzi scheme«, ein Pyramidensystem, das abgeschafft gehöre, oder wenigstens in die Hände der Staaten. Das ist eine Botschaft, die viele Politiker der Tea Party verbreiten. Aber erst Donald Trump wird damit Erfolg haben. Trump abr will nicht die Rente oder die Krankenkasse kürzen, er will dafür sorgen, dass Mexikaner und andere Fremde keine Leistungen mehr in Anspruch nehmen. Das ist das, was das Volk wirklich will.

Im Saal hat derweil der Redemarathon begonnen. Ted Cruz, Senator aus Texas erzählt, wie er als Generalstaatsanwalt für die Bürger gekämpft habe, gegen den Widerstand von Obama, den »radikalen Präsidenten«, den es in einem »epischen Kampf« zu besiegen gelte – Cruz kämpfte für das Recht, Waffen zu tragen, für die *States' Rights* und für religiöse Freiheit. So habe er es verteidigt, dass eine Statue mit den Zehn Geboten vor dem Capitol in Washington stehen dürfe. Die Tea Party, sagt Cruz, werde dafür sorgen, dass die Republikaner die Wahl gewinnen.

Es sprechen noch andere Anwärter auf das Weiße Haus; Gary Johnson, der libertäre Ex-Gouverneur aus New Mexico und sein Amtskollege Jon Huntsman aus Utah, beides moderate Republikaner, die keine Chancen haben (Johnson kandidiert inzwischen für die Libertären). Auch der ehemalige Gouverneur von Louisiana, Buddy Roemer, früherer Demokrat, verschreckt seine Zuhörer eher. Die Konzerne, wettert Roemer, hätten noch nie so viel Profit gemacht, General Electric zahle keine Steuern, die Wall Street stecke Billionen an Steuergeldern ein – alleine Goldman Sachs verdiene sich eine goldene Nase! –, und die Pharmariesen zahlten Millionen an die Regierung, um die Gesundheitsreform zu verwässern. Er hört sich an wie Bernie Sanders. Nur eine einsame Deligierte aus der Hauptstadt Baton Rouge klatscht Beifall und fragt ihn dann: »Warum verkaufen wir Waffen an den Mittleren Osten, um »unser Öl zu verteidigen ... äh, deren Öl«.

Draußen, auf dem Flur, wo Newt Gingrich mit einigen schon etwas älteren Verehrerinnen schäkert (im Saal hat er die gleiche Tirade gegen Roosevelts New Deal gehalten wie Perry) sammelt ein Verein Unterschriften. Er nennt sich »Pro Marriage«, ist aber gegen die Schwulenehe. Ich frage die beiden eher dicklichen weißen Männer, ob sie auch dagegen wären, wenn ein schwarzer Mann eine weiße Frau heiratet, und sie versichern mir, nein, nein, das sei schon seit 1967 in Louisiana legal. Konservative leisten sich zwar immer wieder Ausrutscher, aber die Parteiführung scheut das Label des Rassismus wie der Tour-de-France-Fahrer die Urinprobe. Deshalb fördern sie gerne »Vorzeige-Schwarze«. Einer davon kandidiert sogar als Präsident: Herman Cain.

Herman Cain stammt aus Atlanta, Georgia. Der Baptisten-Pfarrer, der im Vorstand der Federal Reserve Bank von Kansas war und auch eine Radioshow hatte, ist heute Kommentator bei Fox News. Lange Zeit war er Geschäftsführer von Godfather's Pizza (in Reminiszenz an den Mafiafilm) und davor Manager für Coca Cola und Burger King. Nebenbei bekämpfte er als Lobbyist die Gesundheitsreform von Bill Clinton. Kurz, Cain ist ein erfolgreicher Afro-Amerikaner, mit dem sich die Republikaner gerne schmücken, so wie das postfaschistische Österreich mit dem jüdischen Sozialdemokraten Bruno Kreisky. Cain gibt dem Affen Zucker. »Die Liberalen, die Mainstream Medien, die nennen euch Rassisten?«, donnerte er von der Bühne herab. »Was glaubt ihr, was die mich erst nennen?« Der ganze Saal lachte befreit auf.

Cain predigt wie ein Pfarrer in einer schwarzen Baptistenkirche. Er setzt immer noch einen drauf. Er ist nicht nur gegen die Schwulenehe er ruft, Homosexualität sei eine Sünde und Schwule kämen in die Hölle. Er will nicht nur die Scharia verbieten, er würde auch niemals einem Moslem in seiner Regierung einen Job geben und er will den Bau von Moscheen verhindern. Er hält nicht nur die übliche Pro-Israel-Rede, er sagt, Israel sei der einzige Freund, den Amerika in der Welt habe. »Und ich schwöre euch, wer Israel angreift, der greift auch die USA an.«

Aber am meisten Beifall bekommt er, wenn er über den American Exceptionalism spricht, darüber, dass Amerikaner die großartigsten Menschen der Welt seien. Er spricht von Amerika, der »Shining City on the Hill«, der leuchtenden Stadt auf dem Hügel. »Wir Amerikaner haben es satt, dass sich unser Präsident überall entschuldigt. Ich werde mich niemals entschuldigen. Meine Mutter hat mir beigebracht, dass Amerika das großartigste Land der Welt ist. Und wenn ihr die richtige Person ins Weiße Haus wählt, mich, dann wird der American Exceptionalism wieder gelten.« Dann fügt Cain noch hinzu: »Die Vereinigten Staaten werden nicht die Vereinigten Staaten von Europa werden, solange wir am Ruder sind.« Nun steht das Volk auf und Beifall bricht los. Cain versank im Wahlkampf wie eine Bleiente, aber die Republikaner boten für 2016 einen Cain 2.0 auf: Ben Carson. Carson startete mit viel Vorschusslorbeeren: Er war ein gefeierter Gehirnchirurg, bekannt und beliebt bei den christlichen Rechten. Er hat christliche Bücher geschrieben, die in den Megachurches verkauft wurden. Und am Anfang hatte der Mann mit der sanften Stimme auch viele Sympathien. Dann aber sagte er Dinge, die viele nicht nur an seine politischen Ausrichtung, sondern nachgerade an seinem Verstand zweifeln ließen: ObamaCare sei das schlimmste, was Amerika passiert ist seit den Zeiten der Sklaverei; Moslems dürften nicht Präsident der USA werden; die Juden hätten den Holocaust verhindern können, wenn sie bewaffnet gewesen wären; die Big Bang Theorie und die globale Erwärmung seien Mythen; die US-Army dürfe alles tun, ohne eines Kriegsverbrechens bezichtigt zu werden; Männer würden im Gefängnis von selber schwul, und die alten Ägypter hätten die Pyramiden gebaut, um darin Weizen zu lagern.

Trump, der Carson noch Anfang des Jahres für eine Schlaftablette gehalten hat, »schlimmer als Jeb Bush«, beauftragt nun den Gehirndoktor, Vorschläge für seinen Vizepräsidenten zu machen. Zu den Personalien, die Carson in den Manege geworfen hat, gehört Sarah Palin. Dass Trump die nicht nahm, sollte allerdings keine Überraschung sein, denn Carsons Funktion ist, Trump bei Evangelikalen beliebter zu machen, und nicht, Ratschläge zu geben, die der künftige Präsident tatsächlich befolgen will.

Als einer der letzten Redner in New Orleans gibt Haley Barbour, der Gouverneur von Mississippi die Parteilinie vor. Barbour, der mit dem Singsang der Südstaaten spricht, war Wahlhelfer von Ronald Reagan und Chairman des Republican National Committee; heute steht er der Republican Governors Association vor. Er ist also Partei-Urgestein. »Unter Obama ist es das erste Mal, dass Leute Angst haben, dass ihre Kinder und Enkelkinder in einem anderen Land leben werden als sie«, warnt er. Wirklich? Das erste Mal? Barbour stammt aus Yazoo, Mississippi, wo in den fünfziger Jahren der rassistische White Citizens' Council herrschte und Polizisten schwarze Studenten verprügelten. Das Amerika, in dem Barbours Kinder leben, hat Obama zum Präsidenten.

Barbour beschwört die Einheit der Republikaner. Die Tea Partier sollen die Partei bloß nicht verlassen. »Das Allerwichtigste ist, zu gewinnen!«, ruft er. Man müsse sich in dem Kandidaten nicht zu hundert Prozent wiederfinden, entscheidend sei, dass dieser Obama schlagen kann. Die Tea Party dürfe nicht die gleichen Fehler machen wie Ross Perot und George Wallace. Sie solle keine dritte Partei bilden, sie müsse ihre Ziele innerhalb der Republican Party durchsetzen. Denn wenn sich die Stimmen splitten würden, das würde das nur den Linken nutzen. »Obama betet, dass aus der Tea Party eine dritte Partei wird.«

Es ist dieser Geist, aus dem fünf Jahre später die Kandidatur von Trump geboren wird. Und daher kommt es auch, dass sich die Partei überraschend schnell hinter einem Kandidaten aufreiht, den sie gerade noch bekämpft hat: Die Einheit der Party um jeden Preis, damit sie im Kongress an der Macht festhalten kann. Dass Trump Schwarze und Immigranten, Frauen und Parteifreunde vor dem Kopf stößt, darf keine Rolle mehr spielen.

9) Vorwärts in die Vergangenheit

Bibeln und Gewehre: Texas will ins Weiße Haus

Das Gelände des Reliant Stadium in Houston, Texas, ist eines der größten seiner Art, wie eigentlich alles in Texas größer ist als irgendwo sonst. Alleine das Stadium fasst 70 000 Menschen, das Astrodome daneben noch einmal 50 000; davor liegt der größte Parkplatz der USA. Hier wurde erstmals Astroturf ausgerollt, dieses künstliche Rollgras, das zum Synonym für die Tea Party wurde. Der Footballclub der Houston Texans spielt hier, auch *WrestleMania*, die Rolling Stones und Metallica traten im Stadium auf. Im Frühjahr findet hier die »Houston Livestock Show and Rodeo« statt, die größte Viehschau der Welt. Hunderte von Kühen, Schafen und Pferden stehen in den Hallen, bestaunt von Kindern und Ranchern. An den Ständen gibt es Lederjacken und Indianerschmuck. Bloß Indianer sind keine zu sehen.

Am Abend galoppieren Cowboys aus Texas, Nebraska und Wyoming durch die Manege, zur Volksbelustigung. Sie schwingen das Lasso, fangen bockende Pferde ein und ringen Stiere nieder. Cowgirls treten zum *barrel racing* an, wo sie Vollblüter schnell und scharf um Fässer reiten. Danach wird eine Schar Kälber zusammengetrieben, die erschreckt durch die Manege sprinten. Alle sind Profis, auch die Pferde, die auf die Sekunde genau so lange bocken, wie der Auftritt dauert. Zwischendurch rollt ein Rodeoclown herein, der uns bespaßt. Draußen drehen sich Riesenräder; Imbissstände verkaufen *mountains of fries,* Berge von Pommes Frites, »Outlaw Burgers«, gegrillte Truthahnbeine von der Größe eines Kinderschenkels und den größten Hot Dog der Welt, zu Preisen, die ebenfalls rekordwürdig sind.

Houston ist eine moderne Großstadt, mit Hochhäusern,

Highways und dem Kontrollzentrum der NASA, oder – wie es offiziell heißt – dem Lyndon B. Johnson Space Center, benannt nach dem aus Texas stammenden demokratischen Präsidenten, so groß wie eine Kleinstadt. Aber Texas hat auch eine andere Seite. Im Reliant Stadium treffen sich am 6. August 2011 mehr als 30 000 Christen zu »The Response«, einen Tag des Betens und des Fastens für eine »Nation in der Krise«. Rick Perry hat dazu eingeladen, der Gouverneur. Schon frühmorgens strömen Familien auf das Gelände, mit Bibeln bewaffnet und mit iPhones, mit denen sich Kerzenschein simulieren lässt. Christliche Rockbands spielen und Johnny Fernandez singt *Hear us from Heaven*. Anheizer ist Luis Cataldo vom International House of Prayer in Kansas City, Missouri, einer Kirche, die dem New Apostolic Movement nahesteht. Deren Anhänger glauben, dass Gott ihnen Prophezeiungen über Erdbeben oder Terrorattacken zukommen lasse. Deshalb meinen sie, durch Beten Unglücke verhindern zu können. So behauptete ein Pfarrer der Neuapostolen einmal, dass ihre Gebete den Rinderwahnsinn in Deutschland beendet hätten. Manche glauben gar, dass Freimaurer – oder auch Mormonen – der Hexerei fähig seien oder dass Demokraten von vier Dämonen besessen seien, einer davon heiße Jezebel. Auch einer der Redner gehört dem New Apostolic Movement an: Mike Bickle. Er hat ein paar Wochen zuvor die populäre schwarze TV-Entertainerin Oprah Winfrey eine »Vorbotin des Antichristen« genannt.

Die Gläubigen stehen dicht an dicht in der Manege, wo sonst die Cowboys reiten und die Pferde ausschlagen, während vor dem Stadion Männer das Schofar blasen, das traditionelle jüdische Horn. Die meisten sind leger gekleidet, in Jeans und T-Shirts, oft in Stars-and-Stripes. Manche tanzen, oder singen oder heben die Hände. Nicht alle sind weiß, aber viele. Pfarrer streifen herum und halten die Besucher zum Beten an. Der Event ist ökumenisch, aber die Mehrheit sind Evangelikale oder Southern Baptists. Alles wird auf riesigen Bildschirmen simultan übertragen, nicht nur im Stadion, sondern in mehr als tausend Kirchen in ganz Texas. Für Perry ist es eine unbezahlbare Reklame.

Um 10:27 Uhr erscheint der Superstar: Rick Perry; auf der gigantischen Leinwand immens vergrößert. Stehende Ovationen. »Das Einzige, was wir mehr lieben als unser Land, ist Christus«, ruft er. Dann zitiert er aus der Bibel, das Buch Joel: »Kehrt um zu mir von ganzem Herzen, mit Fasten, Weinen und Klagen.« Er sieht »Angst in den Märkten und in den Hallen der Regierung«, und er betet für Obama, für alle Gouverneure, das Militär, die Generäle und noch eigens für ein paar GIs in Afghanistan, die erst ein paar Tage zuvor gefallen sind. »Unsere Nation hat vergessen, wer uns erschaffen hat und wer uns beschützt!«

Gouverneur Sam Brownback aus Kansas ist ebenfalls hier, während Rick Scott aus Florida Videogrüße sendet. Auch Pastor John Hagee tritt auf, dessen Cornerstone Church in San Antonio liegt. Sie ist eine der *megachurches*, in die Zehntausende passen. Hagee, der Amerika eine »jüdisch-christliche Nation unter Gott« nennt, betet für die »Führer in Washington« und darum, dass die »Wolke aus Chaos und Konfusion«, die Washington verdunkelt habe, verfliege. Er betet auch für Perry, der den Mut habe zu beten, »so wie Abraham Lincoln in den dunkelsten Zeiten des Bürgerkrieges« (allerdings auf der anderen Seite).

Hagee ist ein christlicher Zionist, dessen Kirche viel Geld für Israel spendet. Er hat auch einmal gesagt, Gott habe Hitler gesandt, um die Juden zu zwingen, nach Israel zurückzukehren. Die Southern Baptist, die auf die Befürworter der Rassentrennung zurückgehen, sind die eifrigsten Unterstützer von Israel. Das liegt daran, dass sie die Bibel wörtlich nehmen, vielleicht aber auch – so vermutet Walter Russell Mead vom Council on Foreign Relations –, weil sie in den Israelis ihre Großväter wiedererkennen, die gegen die Indianer gekämpft haben. Umgekehrt solidarisieren sich viele Indianerstämme mit den Palästinensern.

Pfarrer Hagee hat sich im Wahlkampf von 2016 auf die Seite von Donald Trump geschlagen, was erstaunlich ist, denn nicht nur ist Ted Cruz der Über-Evangelikale, er ist in Texas aufgewachsen und sitzt für den Staat im Senat. »Ich werde für den Kandidaten stimmen, der das Militär der USA wieder stark machen wird«, sagte Hagee. »Ich werde für die Partei stimmen, die Amerikas Immigrantenproblem löst, ich werde für die Partei stimmen, die Jobs aus China zurückbringt … und ich werde nicht für die Partei stimmen, die in den letzten sieben Jahren Israel betrogen hat.« Und: »Gott wird dich verantwortlich machen, wenn du nicht für Trump stimmst«, fügte Hagee hinzu, der so Dietrich Bonhoeffer paraphrasiert, den von den Nazis ermordeten Widerstandspfarrer (wobei Hagee ihn mit Martin Niemöller verwechselt). Aber mit den Nazis hat es der Texaner. Er sagte einmal, Gott habe Hitler geschickt, um die Juden zu bestrafen.

Warum hat Trump bei den religiösen Rechten so viel Erfolg? Giles Fraser im britischen *Guardian* hat dafür eine Erklärung: Amerikaner seien nicht christlich im herkömmlichen Sinn, dass sie an Gott oder an Jesus glaubten. Sie glauben an Amerika. »Amerika ist zu seiner eigenen Religion geworden, seiner eigenen Kirche und seinem eigenen Gott«, meint Fraser. In Amerika habe die Flagge das Kreuz ersetzt. Theoretisch mögen zwar Staat und Kirche getrennt sein, aber wenn der Staat selber angebetet wird, dann habe die Kirche kapituliert. Deshalb sei auch der einzige Atheismus in Amerika der, der den amerikanischen Traum in Frage stelle, die Vergötterung des Siegers. »Und Trump ist dessen Hohepriester, für den die Evangelikalen stimmen.«

Es kann aber auch sein, dass die tatsächliche Erklärung für die neue Liebe zwischen Trump und den Evangelikalen sehr viel prosaischer ist. Trump hat sich vor dem Parteitag vom Juli 2016 mit mehreren Evangelikalenführern, darunter auch Jerry Fallwell Jr., getroffen und er hat denen versprochen, er werde mit Unterstützung der Republikaner ein Gesetz widerrufen, das der damalige Senator und spätere Präsident Lyndon B. Johnson 1954 durchgesetzt hat. Dieses Gesetz verbietet es gemeinnützigen Organisationen, darunter auch den Kirchen, sich während einer Wahl für einen bestimmten Kandidaten direkt oder indirekt politisch zu engagieren, etwa dadurch, dass ein Pfarrer Wahlvorschläge von der Kanzel abgibt. Dieses »Johnson Amendment« war den Evangelikalen schon lange ein Dorn im Auge; Es schränke die Redefreiheit ein, beklagten sie. Natürlich könnten die Kirchen auch Steuern zahlen, aber das wollen sie nicht.

Christliche Lobbys
und apokalyptische Visionen

Während Perry spricht, gibt es vor dem Stadion Proteste, von schwulen Aktivisten und Mitgliedern der Bürgerrechtsorganisation ACLU (American Civil Liberties Union), deren Cessna mit dem Banner »Gouverneur: Halte die Trennung zwischen Staat und Kirche aufrecht« über dem Gelände kreist. Die Veranstaltung wird von der American Family Association, AFA, mit einer Million Dollar finanziert. Die AFA setzt sich gegen Abtreibung, Pornographie und Schwulenrechte und gegen Sex überhaupt ein; diesen Kampf führt sie über das Radio, das Internet, das Fernsehen (sogar mit Auftritten bei einem verhassten Sender wie CNN) und auf DVDs, die sie verteilt. Das Southern Poverty Law Center in Alabama hat die AFA als *hate group* aufgelistet. Sie ist selbst für eine konservative christliche Organisation extrem. Die AFA hat gefordert, strafrechtlich gegen einen schwulen Abgeordneten aus Arizona vorzugehen, sie hat behauptet, die Verfassungsrichterin Elena Kagan sei lesbisch und sie hat zum Boykott von Pepsi, McDonalds, Ford und Disney aufgerufen, weil die schwulenfreundlich seien. Ihr kalifornischer Direktor Scott Lively behauptet in seinem Buch *Pink Swastika*, Rosa Hakenkreuz, Hitler sei schwul gewesen und die NSDAP sei in einer Schwulenbar in München gegründet worden. Die AFA hat gegen einen Auftritt von Hindus protestiert – in der Verfassung stehe, Amerika sei eine Nation unter Gott, nicht unter mehreren Göttern – und gegen Moslems. Bei den Tea Party Rallys am Tax Day 2009, wo auch Perry auftrat, war die AFA einer der Sponsoren.

Perry soll dem extremen Flügel der New Apostolic Reformation nahestehen. Im Juni 2009, so berichtete der Reporter Forrest Wilder, sei Perry von zweien ihrer Pfarrer besucht worden, die mit ihm gebetet hätten. Seitdem sei der Gouverneur »ihr Gefäß«. Eines von deren beliebtesten Bibelstücken sei das alttestamentliche Buch Joel. Darin geht es um eine Dürre im alten Israel, verursacht durch eine »rebellische Nation«, die bereuen müsse. Deswegen zitiert Perry im Reliant Stadium auch daraus.Perry sagte auch, falls Notenbankchef Ben Bernanke in der Budgetkrise auf die Idee komme, frisches Geld zu drucken, wäre er ein Verräter, schob allerdings ein »beinahe« hinterher. Wenn sich Bernanke hier blicken lassen würde, würden die Texaner ihn »ziemlich hässlich« behandeln. Das letzte Mal hatten Politiker in Texas solche Drohungen ausgesprochen, als John F. Kennedy nach Dallas reiste. Das brachte Perry vorsichtige Kritik von Abraham Foxman von der Anti-Defamation League ein (Bernanke ist Jude).

Perry ist tatsächlich der Cowboy, der George W. Bush sein will. Er verbreitete, er habe beim Joggen einen Kojoten erschossen – selbst in der Trainingshose ist er bewaffnet. Bush wurde in Connecticut geboren, Perry stammt von einer Ranch im menschenleeren Westen von Texas, wo es nur ein Plumpsklo gab. Während Bush in Yale studierte, belegte Perry Tierzucht an der ländlichen A & M University. Danach ging er zur Airforce und flog – anders als George W. Bush – tatsächlich Einsätze. Anders als Bush verschwand er nicht von der Bildfläche, als die Armee Drogentests einführte. Bush ging in den Aufsichtsrat der Ölfirma Harken Energy, deren Aktien er rechtzeitig verkaufte, als er erfuhr, dass die Firma Verluste machen würde. Perry kehrte zur Farm seines Vaters zurück. 1984 wurde er Abgeordneter für Texas, als Demokrat, wie sein Vater, sein Großvater und sein Ururgroßvater D.H. Hamilton, ein Soldat der Konföderierten. Er war Wahlkampfchef von Al Gore in Texas. 1990 wechselte er zur GOP, wurde Landwirtschaftsminister, dann Stellvertreter von George W. Bush, dann Gouverneur. Perry und Bush sind beide »Born Again«-Christians. Und beide haben wenig Skrupel. Als Ross Perot gegen Bushs Vater kandidierte, sagte er, ein CIA-Agent habe ihm erzählt, das Bush-Team werde seinen Computer hacken (Bush war CIA-Direktor).

Auch Ted Cruz kommt aus Texas. Er wuchs in Houston auf; er studierte Jura in Princeton und fing als Anwalt in Washington an – er arbeitete in dem juristischen Team, das versuchte, Bill Clinton abzusetzen. Bekannt wurde er 1999 als Wahlkampfhelfer von Bush und treibende Kraft in der Schwadron von Anwälten, das eine Nachzählung bei der umstrittenen Wahl in Florida verhinderte, wo Bushs Bruder Jeb Gouverneur war. Dann kämpfte er beim Generalstaatsanwalt von Texas für Waffen- und gegen Schwulenrechte. 2013 ging er nach Washington zurück, als Senator der Tea Party, der sich vom »republikanischen Establishment« distanzierte. Cruz steht den fundamentalistischen Dominionisten nahe. Er will Amerika zu einer christlichen Nation machen, oder vielmehr, er glaubt, Amerika sei immer eine christliche Nation gewesen.

Und so ist es kein Wunder, dass Rick Perry – der mit seiner Bewerbung als Präsidentschaftskandidat zweimal Schiffbruch erlitt – Cruz im Wahlkampf von 2016 unterstützte, aber auch für Jeb Bush freundliche Worte fand. Als aber beide aufgeben mussten – der einer früher, der andere später –, wechselte Perry als einer der ersten Republikaner in das Trump-Lager. Das ist erstaunlich, weil Perry sich gegen den Grenzwall zu Mexiko ausgesprochen hat. Er nannte auch Trump den »Krebs der konservativen Bewegung«. Aber die Karriere geht eben doch vor, Glauben hin oder her.

Als Ronald Reagan an die Macht kam, wechselte nicht nur Perry die Partei. Viele Pfarrer der Southern Baptists, die während der Präsidentschaft von Carter demokratisch gewesen waren, liefen zur GOP über. Die alte Garde der Evangelikalen wurde damals von Billy Graham vertreten, dem einflussreichsten christlichen Führer der USA, der sich parteipolitisch aber nie festlegte. Graham war zwar als Demokrat registriert, unterstützte aber auch republikanische Präsidenten, jedoch nicht die GOP als Party. Zwölf Präsidenten suchten seinen Rat, darunter auch Obama.

Das änderte sich mit Jerry Falwell, der wie Graham TV-Evangelist aus dem Süden war und einer Kirche in Lynchburg, Virginia, vorstand. Falwells Aufstiegs begann in den sechziger Jahren, als er sich gegen die Bürgerrechtsbewegung wandte. In seiner TV-Show interviewte er Segregationisten wie George Wallace, er unterstützte das Apartheid-Regime in Südafrika und er lehnte schwarze Pfarrer wie Desmond Tutu und Martin Luther King ab. Zeit seines Lebens stand er der John-Birch-Society nahe, die vor der »Schattenregierung« und der *New World Order* warnte. Nach dem Anschlag auf das World Trade Center erklärte er,

New York habe das Attentat verdient, weil dort so viele Schwule, Feministinnen und Heiden lebten. 1979 gründete Falwell zusammen mit Morton Blackwell die Moral Majority, eine der wichtigsten christlichen Lobbys. Die trat gegen Abtreibung und Homosexualität ein, für eine starke Landesverteidigung und für Israel. Trotzdem unterliefen Falwell gelegentlich Ausrutscher. So sagte er einmal, ein Jude sei imstande, nebenbei so viel Geld zu verdienen wie ein Christ, der sich anstrenge. Falwell war immer mehr Politiker als Pfarrer. Er wollte, so wie später die Tea Party, die Republikaner unterwandern, um politisch genehme Abgeordnete und Senatoren in Ämter bugsieren. Er schaffte es, zwei Drittel der weißen Evangelikalen im Süden, die zuvor lange den Demokraten nahegestanden hatten, von Ronald Reagan zu überzeugen. Später kämpfte Falwell gegen Bill Clinton. Damals war er Vorstand von Citizens for Honest Government, dem auch *NewsMax*-Chefredakteur Chris Ruddy angehörte. Die Organisation streute Gerüchte, Clinton sei in den Kokainhandel verwickelt. Aus diesem Dunstkreis stammt auch die apokalyptische Romanserie *Left Behind* des Evangelikalen Tim LaHaye, wo der Antichrist die Macht in den USA an sich reißt – eines der einflussreichsten Bücher in der Szene.

Zehn Jahre später trat die nächste Generation der Religiösen Rechten an, deren Führer Ralph Reed war. Reed war ein Machtpolitiker, der sich das Pfaffenmäntelchen nur umhängte. Als zwanzigjähriger Student war er nach Washington gezogen, um für das College Republican National Committee zu arbeiten. Dort verbündete er sich mit zwei republikanischen Lobbyisten, Jack Abramoff und Grover Norquist; eigentlich ein schräges Paar: Abramoff ist ein orthodoxer Jude, der Steuergelder für seine Klienten lockermachte, vor allen Indianer, die Casinos betrieben. Norquist ist Agnostiker, der sich dem Steuersparen verschrieben hat. Alle drei sollten mit Reagan und Newt Gingrich aufsteigen. Reed hatte sein Erweckungserlebnis allerdings erst zwei Jahre später, im September 1983, nachts in einem Pub. Er besuchte am nächsten Tag eine Kirche und ward ein »wiedergeborener Christ«.

Reeds Durchbruch kam 1989, als er von Pat Robertson angeheuert wurde, dem Gründer der Christian Coalition. Robertson ist, wie alle bekannten Gesichter der Religiösen Rechten, ein Tele-Evangelist und ein Republikaner, der aus einer Familie von Dixiecrats stammt. Robertson hat das Christian Broadcasting Network gegründet, ein Fernsehsender, wo er selber auftritt. Er hat den Bestseller *The New World Order* geschrieben, wo er gegen Freimaurer, Illuminati und internationale Banker wettert. Aus der Politik hat er sich 1988 zurückgezogen, nachdem er als Präsidentschaftskandidat gegen George Bush sen. unterlegen war. Bald Robertson übertrug dem wesentlich jüngeren Reed die Leitung der Christian Coalition.

Anders als Falwell, holte Reed auch Katholiken und schwarze Pfarrer in die Organisation. 1997 machte er den Schritt vom Lobbyisten zum Politiker, als er als Gouverneur von Georgia kandierte. Aber er scheiterte an negativen Schlagzeilen über den Filz, in den er sich verwickelt hatte. Sein langjähriger Weggefährte Abramoff war wegen Betrugs verurteilt worden: Er hatte Lobbygelder von Indianerstämmen, die einander wegen ihrer Casinos bekriegten, an Reed weitergeleitet, der seinerseits im Wahlkampf Glücksspiel als »unchristlich« gebrandmarkt hatte. Nicht Reeds einzige Heuchelei: Mit Wahlkampfspenden vom Flugzeugbauer Boeing finanzierte er eine christliche Grassroots-Bewegung, die forderte, freien Handel mit China zuzulassen – im Interesse von Boeing.

Nach diesen Skandalen vermochten es Falwell, Robertson und Reed selbst vereint nicht, den aus Arkansas stammenden Clinton, der den reuigen Predigerton der Southern Baptists trifft, die Mehrheit der christlichen Wähler abzunehmen. Clinton wurde sogar wiedergewählt. Der erste republikanische Präsident, der die Demokraten in Segment der Southern Baptists abhängte, war George W. Bush. Diesen Erfolg würden die Evangelikalen gerne bei allen kommenden Wahlen wiederholen. Dazu aber brauchen sie eine starke Lobby in Washington.

Die wurde 2009, nach dem Wahlsieg von Barack Obama und mit dem Aufkommen der Tea Party gegründet; eine christliche Dachorganisation, die sich für Familienwerte und Landesverteidigung einsetzt und die Republikaner unterstützt, insbesondere, wenn sie der Tea Party nahestehen. Ihr Name ist Faith and Freedom Coalition und ihr Mantra lautet: Amerika ist das großartigste Land der Welt. Ihr Gründer und Chairman ist – der wieder-wiedergeborene Ralph Reed.

Aber trotz allem Getrommels hat die Religiöse Rechte mit den Republikanern, die sie bisher unterstützt hat, wenig Glück gehabt. Die meisten davon verpufften nach einem funkelnden, aber kurzem Aufstieg wie Sternschnuppen am Winterhimmel: Rick Santorum und Michele Bachmann verschwanden in der Versenkung, Mike Huckabee konnte sich nie entscheiden; auch Sarah Palin, Ben Carson, Rick Perry und nicht einmal Ted Cruz kamen der Nominierung nahe. Für 2016 werden die christlichen Rechten wohl in den sauren Apfel beißen müssen, der Trump heißt.

Verschwörer in Texas von Waco bis Dallas

Texas hat drei Großstädte, wo mehr als die Hälfte der 25 Millionen Texaner wohnen: Houston, Dallas und San Antonio. Die drei bilden das Texas Triangle, ein Dreieck in der Tiefebene, mit Dallas-Fort Worth im Norden, Houston im Südosten und San Antonio im Südwesten. Fort Worth ist eine alte Cowboystadt mit Viehauftrieben für Touristen, während Dallas eine moderne Hochhaus-Metropole ist. Die größte Attraktion ist das School Book Depository, ein Ziegelbau, von dessen 6. Stock aus John F. Kennedy erschossen wurde. Nahebei befand sich lange das Conspiracy Museum. Dort erfuhr man, dass das Zentrum der Weltverschwörung in – wo sonst – New York liege und zwar an der 345 East 46th Street (dort residierten das American Jewish Committee, die Anti-Defamation League, die Trilateral Commission und die Friedrich-Ebert-Stiftung). Der geheime Weltherrscher sei – nicht überraschend – David Rockefeller.

Aus Dallas stammt auch »Amerikas führenden Verschwörungstheoretiker«, wie das New York Magazin schreibt: Alex

Jones. Jones, der sich selber als Libertärer, Paleokonservativer, Christ und Kämpfer gegen *Big Brother* und die *New World Order* beschreibt, glaubt, dass Bush hinter dem Anschlag von 9-11 steckt und dass die NASA die Mondlandung gefakt hat. Er ist der Produzent der kritischen 9-11-Dokumentation *Loose Change*. Ron Paul, aber auch Donald Trump sind in seiner Show »Info Wars«, die aus der Hauptstadt Austin sendet, schon aufgetreten. Letzterer wurde durch Roger Stone vermittelt, Trumps inoffiziellen Berater mit dem Nixon-Tattoo auf dem Rücken. Vor den Toren der Stadt liegt auch die Ranch des berühmtesten, wenngleich fiktiven Sohnes von Dallas: J.R. Ewing, Ölbaron aus der TV-Serie *Dallas*, gespielt von dem leider verstorbenen Larry Hagman.

Von Dallas aus führt die Interstate 45 nach Houston, während die I-35 nach San Antonio verläuft. Neben der I-35 zockelt auf ausgeleierten Bahngleisen der Texas Eagle, der aus Chicago kommt. Die I-35 passiert Waco. Hier haben im Februar 1993 FBI-Agenten sieben Wochen lang die Sekte der Davidianer belagert, deren Führer David Koresh sich einen Harem von zwölf- bis vierzehn-jährigen Mädchen hielt. Nach einer Schießerei stürmte das FBI auf Befehl von Clinton das Gelände mit CS-Gas, Panzern und Granatenwerfern. Feuer brach aus, 76 Sektenmitglieder verbrannten, darunter zwanzig Kinder, zwei schwangere Frauen und Koresh. Das ist in das Gedächtnis von Texas eingebrannt. Nicht weit von Waco liegt Crawford mit der Ranch von George W. Bush. Weiter südlich befindet sich das liberale Austin, mit dem prächtigen Texas State Capitol im Stil der italienischen Renaissance, wo heute Greg Abbott regiert, ebenfalls Republikaner.

Die nächste Stadt ist New Braunfels, die Gründung eines deutschen Adeligen aus Mainz, wo es einen *historic district* mit vielen alten Häuschen, einer »Wursthalle«, einer »Musikhalle«, einer »Schlitterbahn« und einer traditionellen Gastwirtschaft gibt sowie sehr viel Kunstgewerbe. New Braunfels liegt kurz vor San Antonio, der ältesten Stadt von Texas, hundert Meilen vor der Grenze zu Mexiko. Am 2. März, dem Texas Independence Day, wird hier die »Schlacht um das Alamo« gefeiert, die 1836 stattfand. Das Alamo ist eine 300 Jahre alte, weiß gekalkte, ehemalige Mission mitten in San Antonio, die im Krieg zwischen Texas und Mexiko als Fort diente; heute befindet sich hier ein Museum. Vor dem Museum steht eine kleine Bühne, Schauspieler in historischen Kostümen reden auf Spanisch und Englisch und spielen mexikanische Volksmusik. Es ist heiß. Neben mir sitzt ein bulliger Mann mit einem T-Shirt, auf dem steht: »My kid died for your freedom«, mein Kind starb für deine Freiheit.

Texas gehörte in diesem Krieg noch zu Mexiko, so wie Kalifornien und das riesige Land dazwischen. Mexiko war ursprünglich eine spanische Kolonie, aber 1821 rebellierten die Mexikaner unter General Antonio López de Santa Anna gegen Spanien, und gewannen. Die Spanier hatten die Amerikaner ermutigt, Texas zu besiedeln, um die Apachen zu bekämpfen. Aber nun war General Santa Anna Herrscher von Mexiko, und er stellte Forderungen an die Siedler: Sie sollten sich den Immigrationsgesetzen Mexikos unterwerfen, Spanisch lernen, katholisch werden und Steuern zahlen – also ungefähr das Gleiche, was die USA heute von ihren Immigranten verlangen. Außerdem verbot Mexiko die Sklaverei, die in den USA noch legal war. 1832 probten die Texians, wie sie damals hießen, den Aufstand. Das war unter Sam Houston, ein schottisch-irischer Einwanderer, der der erste Gouverneur von Texas war. Houston aber trat zurück, nachdem ihm seine Frau davongelaufen war. Er ging zu den Cherokee und heiratete eine Cherokee-Frau. Erst drei Jahre später kehrte er nach Texas zurück, wo er zum Oberbefehlshaber der Texians gewählt wurde.

Die Schlacht um das Alamo gilt als die Wende im Krieg: Hier hatten sich im März 1836 hundert texanische Soldaten verbarrikadiert, gegen den Befehl von Houston übrigens, der glaubte, das Alamo sei nicht zu halten. Und so war es auch: Mexikanische Soldaten unter Santa Anna stürmten das Alamo und metzelten fast alle Texians nieder, darunter Davy Crockett, einen Politiker, Waldläufer und Volkshelden. Über Crockett hat Hollywood mehr Filme gedreht als über die Titanic; er wurde unter anderem von John Wayne, Johnny Cash und Billy Bob Thornton dargestellt.

Nun schworen die Texians Rache unter dem Motto: »Remember the Alamo!« Sechs Wochen nach der Schlacht sammelte

Houston seine Armee zur Offensive. In der »Schlacht von San Jacinto«, an der Grenze von Louisiana, schlug Texas die Mexikaner. Santa Anna wurde gefangengenommen und gezwungen, Texas abzutreten. Erst ein Jahr später wurde er nach Mexiko zurückgeschickt. Sam Houston, der die Unabhängigkeitserklärung unterzeichnet hatte, wurde zum ersten Präsidenten der Republic of Texas gewählt. Houston hatte von Anfang an vor, Texas an die Vereinigten Staaten anzuschließen, er hatte jedoch starke innenpolitische Gegner, die lieber autonom bleiben und die Indianergebiete im Südwesten erobern wollten, Kalifornien annektieren und das Gebiet von Texas bis zum Pazifischen Ozean ausdehnen. Letztlich setzte sich Houston durch. Unter Präsident James Polk, einem Demokraten, wurde Texas 1845 der 28. Staat der USA. Aber noch heute fühlt sich Texas im Herzen unabhängig, alle paar Jahre wird dort darüber diskutiert, aus der Union wieder auszutreten. Mexiko sah den Anschluss natürlich als Affront, es brach die diplomatischen Beziehungen zu den USA ab. Aber Polk hatte ohnehin vor, den ganzen Westen zu erobern, nach der Doktrin des »Manifest Destiny«, wonach es die göttliche Bestimmung der USA sei, sich über den gesamten Kontinent bis zum Pazifischen Ozean auszudehnen, einer Philosophie, aus der sich der American Exceptionalism herleitet.

Polk sandte Trüppchen von Aufklärern und Soldaten in den Wilden Westen und nach Kalifornien; gleichzeitig drängte er Mexiko, alle Gebiete nördlich des Rio Grande abzutreten. Dafür wollte er 25 Millionen Dollar zahlen. Mexiko war damals politisch instabil, Regierungen wechselten einander ab; aber keine davon wollte Territorium aufgeben. 1846 griff die mexikanische Kavallerie einen Stoßtrupp der US-Army im Tal des Rio Grande an. Am 13. Mai erklärte Polk Mexiko den Krieg, wegen des »Angriffs auf amerikanischem Boden«, wie Polk sagte, obwohl es umstritten war, zu welchem der beiden Länder das Gebiet gehörte. Klar war, dass Polk die Provokation gesucht hatte.

Der Kongress hatte dem Mexikanisch-Amerikanischen Krieg zwar zugestimmt – der ja letztlich ein Angriffskrieg war, um das Territorium zu erweitern –, aber erst nach langen Debatten und Streitereien. Die Demokraten hofften, bei einem Sieg mehr Sklavenstaaten in der Union zu haben, was ihre Position gestärkt hätte. Die Whigs waren aus genau diesem Grund dagegen. Es dauerte nur zwei Monate, bis die US-Army in das damals noch mexikanische Kalifornien vorgestoßen war. Als sie zwei Jahre später, im Februar 1848, Mexico City erobert hatte, kapitulierte Mexiko und verlor nun mehr als die Hälfte seines Territoriums. Die USA gewannen dadurch alles Land westlich von Texas ausgenommen einige wenige Indianerterritorien, darunter das spätere Oklahoma. Damit setzte sich ein Treck von Siedlern in Planwagen nach Westen in Bewegung. Washington schloss nun mit den Südstaaten den Kompromiss von 1850: Texas gab ein großes Areal an die Bundesregierung ab, das Teile des heutigen New Mexico einschloss (mit der Ausnahme von El Paso), auch Teile von Colorado, Wyoming, Kansas und Arizona. In diesen Gebieten war Sklaverei nicht erlaubt – anders als in Texas, wo Sklaven dreißig Prozent der Bevölkerung ausmachten. Dafür erließ Washington Texas alle Schulden. Aber die Texians sollten sich nicht lange an der neuen Freiheit erfreuen: Nur elf Jahre später, 1861, nachdem Abraham Lincoln als Präsident gewählt worden war, erklärte Texas den Austritt aus der Union und schloss sich den Confederate States of America unter Jefferson Davis an. Sam Houston, der seine Loyalität zur Union wahrte, trat als Gouverneur zurück und Texas rüstete für den Bürgerkrieg auf.

Das Städtchen Madisonville liegt an der I-45, zwischen Dallas und Houston. Hier, am Lake Madisonville, stellt eine kleine Schar von Texanern eine Schlacht des Bürgerkriegs nach: den Kampf um El Camino Real, der Weg des Königs, einen alten Indianerpfad, der von Louisiana durch Texas bis nach Mexico City führt, besser bekannt als »Old San Antonio Road«. Die Schlacht um El Camino Real hat es allerdings nicht wirklich gegeben. Anders als im Old South spielen die Texaner eine fiktive Schlacht nach, nämlich: Was gewesen wäre, falls die Unionstruppen im Bürgerkrieg in Texas einmarschiert wären. Die Feds wären, da sind die Texaner sicher, zurückgeschlagen worden. Bei ihrem *re-enactment*, sagt »Major« Dyson Nickle, der die Schlacht leitet, gewinnen am Samstag die Yankees, am Sonntag, also im entscheidenden Kampf, wird natürlich Texas siegen.

Die *Re-enacter* haben ihr Lager direkt am See aufgeschlagen. Zelte stehen hier, Kinder rennen herum und Hunde, vom Schäferhund bis zum Dackel. Dyson hat sein Pferd mitgebracht: Midnight, ein großer schöner Rappe, der nur auf ihn hört. Trotzdem lässt er eines der Mädchen mal reiten. »Das Pferd muss wissen, wer der Boss ist«, ermahnt Dyson. Midnight wirft sie nach zehn Minuten ab. Für das *Civil War re-enactment* kleiden sich die Freizeitkämpfer in historische Uniformen. »Natürlich wird nicht scharf geschossen«, erklärt Dyson. Die Pistolen seien nur mit Pulver geladen, nicht mit Kugeln. »Und wir schießen in die Luft, weil auch ein Pulverschuss aus nächster Nähe Verbrennungen verursachen kann.« Einer der »Soldaten«, ein junger Mann, hat ein großes, scharfes Messer dabei, ebenfalls ein historisches Design. Ich darf es anfassen, aber bitte vorsichtig!

Dyson interessiert sich für Geschichte. In Texas, erzählt er, gab es während des Bürgerkriegs zwar keine Scharmützel, aber Texas hat Truppen nach Georgia und Tennessee geschickt, um gegen die Yankees zu kämpfen. »Dabei wollten die meisten einfachen Leute im Süden die Sezession gar nicht, das haben ihnen die Sklavenbesitzer eingeredet, vor allem die in South Carolina«, sagt er. Warum haben dann so viele mitgekämpft? »Weil den armen Weißen gesagt wurde, wenn die Sklaven frei werden, dann ziehen sie in das Häuschen neben euch ein.« Es habe übrigens damals einen reichen Texaner gegeben, der im Vertrauen auf den Sieg des Süden ein paar Dutzend Sklaven gekauft und sie nach Texas gebracht habe, weil er dachte, nach dem Krieg seien sie viel wert. »Das war natürlich eine Fehlkalkulation.«

Nach dem verlorenen Bürgerkrieg durchlebte Texas eine schwer anarchische Phase, in der Veteranen Dörfer überfielen und plünderten. 1870 wurde der Staat als einer der ersten wieder in die Union aufgenommen. Kurz darauf beschloss Texas die Segregation der öffentlichen Schulen und erließ eine *poll tax*, was hieß, nur wer Steuern zahlte, durfte wählen, im Klartext: Nicht die Schwarzen. Bis weit ins 20. Jahrhundert blieben die Demokraten, die Dixiecrats also, an der Macht.

Viele Texaner haben deutsche Vorfahren, und nach dem Zweiten Weltkrieg kam noch einmal ein Schub von Deutschen. »In vielen Kriegsgefangenenlagern gab es Deutsche, die arbeiteten hier auf den Farmen«, erzählt Dyson. »Wir dachten erst, das seien Monster, aber dann haben wir gemerkt, das sind nur junge Soldaten.« Ein paar von denen seien geflüchtet und hätten texanische Frauen geheiratet. »Ich kenne ein paar Familien, die wie aus dem Nichts erst 1946 aufgetaucht sind, mit Namen, die es vorher nicht gab.« Fast 80 000 deutsche Kriegsgefangene waren nach dem Zweiten Weltkrieg alleine in texanische Lager gebracht worden, mehr als 400 000 waren es insgesamt in den USA.

Inzwischen dämmert es. Ein paar Frauen kochen Abendbrot am offenen Feuer, danach wird das Geschirr in Holzbottichen abgewaschen. Es soll ja authentisch sein (oder zumindest fast: auch Männer waschen ab). Es gibt Rippchen, Brot, Kartoffeln und Suppe. Ich sitze neben einem von Dysons Freunden, der mir erzählt, dass seine größte Sorge die derzeitige Lage in Mexiko sei. »Dort herrschen Mord und Totschlag«, sagt er. »Es gibt Städte, die gänzlich von Drogenbaronen regiert werden, die entführen sogar kleine Kinder und hängen sie als Warnung auf.« Deshalb seien auch viele von der Immigration von Mexikanern ganz und gar nicht begeistert. Die geplante Mauer von Trump dürfte bei diesen Leuten garantiert auf große Zustimmung stoßen.

Dyson ist kein Tea Partier, aber er ist Republikaner, wenngleich kein überzeugter. »Ich wähle den Politiker, der am wenigsten Schaden anrichtet«, sagt er und fügt hinzu, das sei nicht Obama. Rick Perry findet er aber auch nicht so toll. »Der hat in seiner unendlichen Weisheit zugesicherte Bundesmittel für die Infrastruktur verfallen lassen«, sagt er. Dann steht Dyson auf, denn es kommen noch mehr Freunde, mit Pferden, die sie auf Anhänger geladen haben. »Jetzt, wo es mit der Wirtschaft so schlecht läuft, ist es für viele schwer, bei uns mitzumachen«, sagt Dyson. »Es gibt welche, die versetzen den Schmuck ihrer Frau, damit sie sich das Benzin leisten können.«

Wenn Jesus Christus
bei der Dissertation hilft

Die A & M University, Agricultural and Mechanical University, ist ein heller, großer Campus in College Station, einer Kleinstadt fast in der Mitte des Texas Triangle, am George Bush Drive (benannt nach Bush dem Älteren). Hier befinden sich auch das Barbara Bush Parent Center und die George Bush Presidential Library in einem vergleichsweise schlichten, aber formschönen Gebäude aus hellem Marmor. Zu den Förderern der Bücherei gehören die Herrscher von Kuwait und die Familie von Bandar bin Sultan bin Abdul-Aziz Al Saud, dem saudischen Botschafter in den USA. In einem Saal laufen Filme über das Leben von Bush. In einer Ausstellung über chinesische Kunst hängen Plakate, welche die »ewige Freundschaft mit China« preisen.

Die A&M wurde 1876 für die Söhne von Farmern und Ranchern eröffnet, die dort Viehzucht, Landwirtschaft und Militärwesen studierten. Seit den sechziger Jahren sind auch Schwarze und Frauen zugelassen, aber die A&M blieb konservativ. Über die Aggies, ihre Studenten, werden gerne Witze gemacht (»Warum tragen Aggies Schuluniformen aus Polyester? Weil es weit und breit keine jungfräuliche Schafwolle mehr gibt«). Auch Perry ist ein Aggie. 1968, während Schwarze um ihre Rechte kämpften und die Innenstädte brannten, war er Yell Leader an der Uni, eine Art männlicher Cheerleader bei Sportwettkämpfen. In den Semesterferien ging er Bibeln verkaufend von Tür zu Tür.

Ich wohne bei Patrick und David, ein Paar, die an der A&M lehren und im nahen Städtchen Bryan leben. An diesem Abend ist hier eine Gallery Night, wo Galerien in alten Lofts ausstellen und Wein ausschenken. Texas hat auch eine liberale, manchmal gar anarchische Tradition. Ann Richards, die Vorgängerin von Bush, war liberale Demokratin. Janis Joplin kommt aus Texas, der Musiker Woody Guthrie, der Sänger Kinky Friedman, der Journalist Dan Rather und die Kolumnistin Molly Ivins, die Bush den Spitznamen »Shrub« verpasste, Gebüsch. Houston hatte sogar die erste offen lesbisch lebende Bürgermeisterin, Annise Danette Parker.

David versucht, für mich einen Republikaner aufzutreiben, den ich interviewen könnte, aber hier im Szeneviertel findet er nur einen einzigen Libertären, der Brad heißt. Brad erklärt mir brav, er sei gegen die Demokraten, weil die für *big government* stünden. David meint nun, Bush habe den Regierungsapparat doch noch viel mehr aufgeblasen als Obama. Brad verzieht das Gesicht, als habe er Zahnschmerzen, und sagt, das habe ihm an Bush auch nicht gefallen. Wer sein Lieblingspräsident war, interessiert mich. »Bill Clinton.« Das sind mir schöne Republikaner. Dann schneit Andy herein, der aus Deutschland emigriert ist und an der A&M Biologie lehrt. »Wir haben hier viel Lebensqualität, ein schönes, großes Haus, aber die Religiösität geht mir auf den Keks«, sagt er. So gebe es Kollegen, die in ihren Dissertationen Jesus für seine Hilfe dankten. »Und einige A&M-Professoren akzeptieren die Evolutionstheorie nicht.« Sie verlangten, dass in den Lehrbüchern an der Uni und in Schulen die biblische Schöpfungsgeschichte als gleichwertig dargestellt werde. »Für einen Wissenschaftler ist das unmöglich.«

Aber nicht in Texas. Im September 2009 diskutierte das Board of Education im Capitol in Austin über neue Schulbücher. Vor der Tür demonstrierten waffentragende NRA-Mitglieder, drinnen setzten sich die Republikaner durch. Nun wird die nächste Generation von Schulbüchern den texanischen Kindern die Überlegenheit des Kapitalismus beibringen und die gloriose Rolle der Konföderation im Bürgerkrieg; dafür wird der Atheist Thomas Jefferson weggelassen. Der Sklavenhandel sollte sogar erst in »Atlantic Triangular Trade« umbenannt werden. Das geschah dann aber doch nicht. Texanische Schüler sollen aber nun die Kehrseite der Bürgerrechtsbewegung kennenlernen, wie die gewalttätigen Black Panther. Hingegen darf die positive Rolle des Kommunistenjägers Joe McCarthy nicht zu kurz kommen, zu würdigen ist aber auch die Reagan Revolution, die Heritage Foundation, die Moral Majority und, natürlich, die NRA. Was Texas tut, wirkt sich in ganz Amerika aus, denn Schulbuchverlage drucken nur Bücher, die ihnen große Staaten abnehmen. Das heißt, Oklahoma oder Nebraska kaufen texanische Schulbücher. Dabei steht Texas der *Washington Post* zufolge an letzter Stelle, was die Zahl der Erwachsenen mit Schulabschluss angeht. Am liebsten würden die Christlichen Rechten das Department of Education in Washington abschaffen, sie bevorzugen christliche Privatschulen. Dazu dienen *vouchers*, Gutscheine, mit denen begabte, aber finanziell schlecht gestellte Schüler auf private Schulen gehen können oder auch auf *charter schools*, Schulen, bei denen die Eltern den Lehrplan mitbestimmen können, die aber Geld kosten. De facto ist das eine verdeckte Segregation, denn auf diese Weise hält man arme und leistungsschwache Schüler von besseren Schulen fern. Und die sind meist schwarz.

Am nächsten Morgen besuche ich eine der Megachurches der Stadt die Central Baptist Church. Da Bryan klein ist, hat diese Megachurch nur 4000 Plätze. Der Pfarrer läuft in Jeans und T-Shirt auf einer Art Bühne auf und ab, ein Mikrofon in der Hand, und wird auf einen großen Bildschirm projiziert; er wirkt mehr wie ein Conferencier in Las Vegas, denn wie ein Mann Gottes. Seine Predigt ist streng konservativ: Er redet erst über das Militär – gut! – dann über Sex mit jungen Mädchen – nicht so gut! – und dann über Homosexualität – gar nicht gut, das sei eine Sünde, denn die verstoße gegen die Gebote Gottes. Man müsse aber Gott gehorchen, sonst ergehe es einem wie den alten Israeliten, die von Gott abgefallen und dafür bestraft worden seien. Eine Frau, die mich als »gefallene Seele« erkennt, ergreift während des Gottesdienstes meine Hand. Auf dem Rückweg höre ich im Radio einen der vielen christlichen Sender. Der Pfarrer schimpft über CNN und nennt es »Chicken Noodle Network«.

Weil die Kirche in Texas schon um zehn anfängt, bin ich vor dem Mittagessen wieder bei Patrick und David. David erzählt mir, dass er im Gemeinschaftsraum CNN nicht laufen lassen kann, weil seine Studenten den Sender für linksradikal halten. Wenn es nach denen ginge, würden sie Fox News gucken – aber das will er nicht. Und so schaltet er den Wirtschaftssender

Bloomberg TV an. »Das ist zwar langweilig, aber da werden sie wenigstens nicht indoktriniert.«
David findet, dass die Religiöse Rechte viel zu viel Einfluss habe. Rick Perry habe beispielsweise ein »Sonogramm-Gesetz« verabschiedet, wonach Frauen vor einer Abtreibung gezwungen würden, sich ein Ultraschallbild des Fötus anzusehen und sich dessen Herzschlag anzuhören. Dazu wird – ohne Betäubung – eine Sonde in die Vagina geschoben. Das soll auch bei Opfern von Vergewaltigung und Inzest gemacht werden. »Er will Frauen bestrafen«, sagt David. »Er ist einfach nur ein Sadist.« Schon zuvor hatte Perry die Abtreibungsgesetze verschärft und die Mittel für Planned Parenthood gestrichen. Denn Planned Parenthood, sagte der republikanische Abgeordnete Jon Kyl, verwende neunzig Prozent seiner Mittel, um Abtreibungen zu finanzieren. Als ihm vorgehalten wurde, dass dies weit übertrieben sei, meinte er, dies sei nicht als »faktisches Statement« gemeint gewesen. Konservative in Amerika leben in ihrer eigenen Realität.

Perry steht nicht allein, er wird von Politikern wie Rand Paul, Ron Paul und Michele Bachmann unterstützt, auch von Jim DeMint, Senator aus South Carolina, der für ein Verbot der Abtreibung ist, selbst wenn das Leben der Mutter in Gefahr ist. Inzwischen haben mehr als zwanzig Staaten – von Iowa bis Florida – Abtreibungen nach der zwanzigsten Woche verboten und eine obligatorische Beratung mit längeren Wartezeiten eingeführt. Für Frauen auf dem Land heißt das, sie müssen mehrmals in die nächste Großstadt fahren, womöglich Hunderte von Meilen.

In Alaska, Mississippi, Oklahoma, South Dakota und West Virginia müssen die Berater den Frauen erzählen, Abtreibung verursache Brustkrebs. In Oklahoma, North Dakota, Idaho, Missouri, Kentucky und Utah dürfen private Krankenversicherer keine Abtreibung mehr bezahlen. Und auch Scott Walker in Wisconsin lehnt Abtreibung kategorisch ab. Er will es außerdem Apothekern freistellen, ob sie die Pille verkaufen, und er will die Abgabe von Verhütungsmitteln an Minderjährige verbieten.

Doch der konservative Rollback der Tea Party beschränkt sich nicht nur auf Verhütung und Abtreibung. Mississippi hat Sexualerziehung in den Schulen eingeführt, die einzig auf Abstinenz setzt. In Georgia wird ein Gesetz debattiert, wonach nicht nur Abtreibungen, sondern auch Fehlgeburten, bei denen »menschliches Zutun« im Spiel gewesen sein könnte, mit dem Tod oder lebenslanger Haft bestraft werden sollen. Und selbst wenn Frauen Kinder bekommen, passt das manchen christlichen Politikern nicht: Mike Huckabee kritisierte die Schauspielerin Natalie Portman, weil sie mit dem Vater ihres Kindes nicht verheiratet ist.

Gegen die Schwulenehe ziehen die Tea Partier und die Religiösen Rechten genauso zu Felde, am liebsten wollen sie die bundesweit verbieten. Dazu soll ein Verfassungszusatz dienen, den auch Rick Perry unterschreiben will. Plötzlich spielen Versprechungen, für *States' Rights* einzutreten, keine Rolle mehr.

Dabei haben gerade Republikaner in dieser Hinsicht mit vielen Skandalen zu kämpfen: Da gab es Larry Craig, Senator aus Idaho, der auf einer Flughafentoilette beim »Füßeln« mit einem Zivilpolizisten erwischt wurde; den Evangelikalenführer Ted Haggard, der sich von einem Mann »massieren« ließ; Bob Allen, einen Abgeordneten aus Florida, der einem Zivilpolizisten im Park anbot, ihn gegen Entgelt oral zu befriedigen; sowie Mark Foley, der anzügliche SMS an junge männliche Büroboten im Kongress sandte. Und im Weißen Haus arbeitete unter Bush ein Reporter mit dem Pseudonym Jeff Gannon, der nie so recht nachweisen konnte, wo er veröffentlichte, aber gleichzeitig Callboy war.

Und erst im Frühjahr 2016 flog Dennis Hastert auf. Hastert war Sprecher des Repräsentantenhauses unter Bush gewesen; zuvor, als Clinton Präsident war, gehörte er zu den Republikanern, die Clinton wegen des Lewinsky-Skandal absetzen wollten. Nun stellte sich heraus, dass er als Trainer einer Ringermannschaft minderjährige Jungen sexuell belästigt hatte (er hatte den Kindern Schweigegeld gezahlt). Mittlerweile wurde er zu einer Gefängnisstrafe verurteilt. Auch bei den Demokraten gibt es natürlich Sexskandale, viele sogar, dort aber doch eher mit Frauen.

Auch die »Civil War re-enacter« in Madisonville sind nicht sonderlich beeindruckt von den Kreuzzügen ihres Gouverneurs. »Wieso verbringen unsere Politiker so viel Zeit damit, die

Schwulenehe zu bekämpfen?«, fragt Dyson spitz. »Wie viele Jobs schafft das eigentlich?« Dann muss er los, um gegen die Feds zu Felde zu ziehen. Ich ärgere mich später, dass ich ihn nicht gefragt habe, ob ich mal auf seinem Pferd Midnight reiten darf, aber wer weiß, ob ich in Texas überhaupt krankenversichert wäre.

Die Schlacht um die Vizepräsidentschaft

Perrys Regierungsbilanz ist gemischt. In seiner Zeit als Gouverneur in Texas seien mehr als eine Million neue Jobs entstanden, sagt er. Das liege daran, dass Texas wenig Bürokratie und geringe Steuern habe. Texas hat zwar tatsächlich geringe Gewerbesteuern und keine Einkommenssteuer. Aber die meisten dieser Jobs, schrieb die *Washington Post*, sind im öffentlichen Dienst – vor allem Lehrer, die Immigrantenkinder unterrichten – oder aber beim Militär, also ebenfalls staatlich. Texas hat viele Militärbasen. Während die Zahl der texanischen Jobs im öffentlichen Sektor um 6,4 Prozent stieg, ging sie im privaten Sektor um 0,6 Prozent zurück. Und von diesen Jobs sind viele im Mindestlohnsektor; hier liegt Texas (mit Mississippi) an erster Stelle. Ein Viertel aller Texaner ist nicht krankenversichert. Texas hat eine der höchsten Raten an Kinderarmut und Teenager-Schwangerschaften und es hat das ineffizienteste *food stamps program* (*food stamps* sind staatliche Essensmarken für Arme).

Perry pflegt, wie alle Gouverneure von Texas, eine große Nähe zum *Big Oil*. Die Ölindustrie hat allein 2006 Subventionen von 1,4 Milliarden Dollar erhalten, wie das Amt für Rechnungsprüfung ausrechnete. In seiner Zeit als Gouverneur hat Perry rund elf Millionen Dollar an Wahlkampfspenden von Ölbaronen eingenommen – dafür tut er ihnen den Gefallen und nennt den Klimawandel eine »komplett unbewiesene Theorie« mit gefälschten Beweisen, so ähnlich wie die Evolution. Wahrscheinlich sind da dieselben Fälscher am Werk, die heimlich Dinosaurierskelette im Grand Cañon vergraben haben (wie manche Evangelikale glauben).»Perry ist in der Tasche Hand der Konzerne und der Ölindustrie«, meint Leon Smith, der Chefredakteur des *Iconoclast* aus Crawford, der langjährigen Heimat von George W. Bush. Lange wurde spekuliert, wer Trumps Vizepräsident werden könnte, und Perry wurden gute Chancen eingeräumt. Einerseits, weil er Spender aus der Ölindustrie mitbringen könnte. Trump könnte aber ohnehin jemanden aus dem Südwesten gut gebrauchen, denn er stammt aus dem Nordosten der USA, wenngleich er einen Winterwohnsitz in Florida hat. Cruz wäre nicht in Frage gekommen, denn das persönliche Porzellan zwischen Trump und Cruz ist restlos zerschlagen – Cruz verweigerte dem Kandidaten auch auf dem Parteitag die Unterstützung. Und die Idee von Jeb Bush als Vize von Trump wäre vollends absurd.

Am liebsten wäre Trump John Kasich gewesen, der Gouverneur von Ohio. Ohio ist ein knapper, umstrittenener Staat mit vielen Wahlmännern im Electoral College, das Gremium, das mit Wahlmännern aus allen 50 Bundesstaaten besetzt ist und das letztlich den Präsidenten wählt. Und mit Kasich hätte Trump auch einen erfahrenen Politiker, Kongressabgeordneten und Gouverneur an seiner Seite gehabt, der in seiner Wahlkampfrhetorik ebenfalls an einfache Arbeiter appelliert. Trump hätte damit zudem einen Palmenzweig zum republikanischen Establishment ausgestreckt, das täglich gegen Trump skeptischer wird. Aber Kasich zeigte Trump auf dessen Annäherungsversuche hin die kalte Schulter. Er hielt nicht einmal eine Rede auf dem Parteitag vom Juli, auf dem Trump gekürt wurde, obwohl der in Cleveland stattfand, der Hauptstadt seines Staates Ohio.

Auch Chris Christie, der Noch-Gouverneur von New Jersey hatte sich Hoffnungen gemacht. Christie ist das Ostküstenäquivalent zum texanischen Cowboy. Er hat Regierungserfahrung, vor allem Erfahrung darin, die Gewerkschaften im öffentlichen Dienst zu bekämpfen. Aber Christies Beliebtheit in New Jersey hat schwer nachgelassen. Er hatte erst drei Milliarden Dollar an Bundesgeldern für einen dringend benötigten Eisenbahntunnel nach Manhattan verfallen lassen, dann ließ er die Zufahrt zur Hauptverkehrsader George-Washington-Brücke absperren, um sich an dem (demokratischen) Bürgermeister des dortigen Städtchens Fort Lee zu rächen. Andererseits könnte Christie ein paar finanzstarke Unterstützer mitbringen. Dazu gehören der *New York Times* zufolge Kenneth G. Langone, der Gründer der Baumarktkette Home Depot, der wie Christie Italo-Amerikaner ist und der schon den New Yorker Bürgermeister Rudy Giuliani unterstützt hat, mehrere Hedgefonds-Manager und auch Charles Schwab, Vorstand der gleichnamigen Investmentfirma, sowie – wer hätte das gedacht? – David H. Koch. Auch Christie wurde nicht Trumps Vize, aber er könnte durchaus noch Generalstaatsanwalt werden – wenngleich auch Giuliani auf den Posten schielt.

Letztlich überraschte Trump alle, als er Mike Pence als seinen Vize präsentierte, der – sehr konservative – Gouverneur von Indiana. Pence hat sich bisher vor allem einen Namen als radikaler Abtreibungsgegner gemacht. Das wiederum freut die stimmstarken Evangelikalen. Pence, ein früherer Kongressabgeordneter, ist auch ein Tea Partier der ersten Stunde; der das volle Programm der Rechtspopulisten unterstützt: Er ist gegen Immigration, auch dagegen, den Kindern von Immigranten einen Status als Amerikaner zu geben und gegen das *Birthright Citizenship*. Er will ObamaCare und die Schwulenehe abschaffen, will das US-Lager in Guantanamo Bay offenhalten, hat für den Irakkrieg gestimmt, hat kein Problem damit, dass Israel den Iran bombardiert, und er glaubt selbstredend nicht an globale Erwärmung oder Evolution.

Und Pence soll nicht nur der Vize sein: Trump hat vor, an Pence eine Reihe von Aufgaben zu delegieren, sowohl innenpolitisch als auch international. und wer weiß, vielleicht schneller, als mancher denkt. Denn die Kärrnerarbeit des Regierens, das ist klar, liegt Trump nicht. Da hilft auch kein Beten.

10) Nashörner an der Westküste
Der Niedergang der Grand Old Party

Palos Verdes liegt sehr malerisch hoch über dem tiefblauen Meer an der Küste von Kalifornien. Weißgetünchte Villen stehen entlang gewundener Straßen, mit Palmen, Agaven, Zitronenbäumen, Blütenranken und sattgrünen, bewässerten Rasen. Die alte spanische Gründung ist ein wohlhabender Vorort von Los Angeles, weit weg von den funkelnden Hochhäusern der Downtown. Hier wohnen – es ist Sommer 2011 – June und Robert Bacon, ein schon etwas älteres Ehepaar, die ihr ganzes Leben in Kalifornien verbracht haben, und die nun in Rente sind. Die Bacons sind besorgt über den Kurs, den Kalifornien und das ganze Land eingeschlagen hat. »Die Gewerbesteuern sind viel zu hoch«, sagt Robert Bacon. »Die Industrie wandert ab, es gibt kaum noch Luft- und Raumfahrtunternehmen oder Autobauer. Nissan war die letzte größere Fabrik, die wir hatten, und die sind wegen der Steuern nach Tennessee gegangen.« Ein pensionierter Richter und Schwippschwager, der bei den beiden zu Besuch ist, stimmt zu. »Und mit Brown wird es noch schlimmer«, knurrt er. »Brown wird garantiert die Steuern erhöhen.« Jerry Brown hat Arnold Schwarzenegger als Gouverneur von Kalifornien abgelöst. Der linke Demokrat war bereits von 1975 bis 1983 im Amt. Er hatte Kalifornien nach der Regentschaft von Ronald Reagan saniert, aber das möchten Konservative ungern wahrhaben.

Ich frage vorsichtig, ob Steuern denn nicht für die Infrastruktur notwendig seien. Auf diese Frage hat der Richter gerade noch gewartet. »Wir bräuchten all diese Ausgaben nicht, wenn wir nicht so viele illegale Immigranten hätten!«, sagt er. »Die kosten uns Milliarden an Steuergeldern, für Schulen, für Krankenhäuser und für Gefängnisse!« Die Bacons nicken. June Bacon hat für Browns konservative Gegenkandidatin gestimmt, Meg Whitman. »Die ist wenigstens eine gute Businessfrau.« Whitman, die frühere Ebay-Chefin, steht heute Hewlett Packard vor.

Der Richter macht sich vor allem Sorgen um die Kriminalität, obwohl die heute viel geringer ist als in den Siebzigern. »Als ich noch in Los Angeles gearbeitet habe, konnte man nicht vom Gerichtsgebäude zur U-Bahn laufen, ohne erschossen zu werden. Und das wird unter Brown wieder so werden.« Dann fügt er hinzu: »Aber Schwarzenegger war auch nicht viel besser. Der war ein echter RINO.« Ein *Republican In Name Only* also, kein echter Republikaner. Und die mag die Tea Party gar nicht.

Mythos Kalifornien
Goldrausch und Hollywood

Der Mythos des »Goldenen Staats« begann in Sacramento im Jahr 1848, als der Staat nach dem mexikanisch-amerikanischen Krieg an die USA fiel. Damals lag im Tal des Sacramento River die Farm von John Sutter, ein Immigrant aus der Schweiz. Hunderte von Landarbeitern, viele davon deutsche Immigranten, hüteten Sutters Kühe und Schafe auf Indianerland. Bald entstand ein Dorf mit einer Schmiede, einer Bäckerei, einer Apotheke, einer Weberei, einer Schreinerei und einer Waffenkammer.

Im Januar fand Sutters Vorarbeiter an der Sägemühle einen Goldnugget. Sutter bat ihn, das für sich zu behalten, aber der kleine Sohn seiner Köchin verriet das Geheimnis an ein paar durchreisende Männer. Das löste den *Gold Rush* aus, unsterblich gemacht durch Charlie Chaplins gleichnamigen Film. Glückssucher, erst zu Hunderten, dann Hunderttausende, zogen nach Kalifornien. Auf der Suche nach Gold gruben sie Sutters Felder um, vergifteten den Sacramento River mit säurehaltigen Abfällen vom Goldabbau und legten im Suff Feuer in den Wäldern. Von einst 300 000 kalifornischen Indianern überlebten weniger als 10 000. Auch Sutters Farm wurde zerstört; er zog wieder an die Ostküste.

Zur Hauptstadt wurde Sacramento 1854. Die nunmehr wohlhabenden Bürger ließen ein gewaltiges klassizistisches Kapitol mit Säulen und Figuren aus weißem Marmor errichten, gekrönt von einer Kuppel mit einer vergoldeten Spitze. Im Kapitol saß lange Schwarzenegger, nun regiert dort Jerry Brown.

Südlich von Sacramento liegt San Francisco mit seiner viktorianischen Altstadt, auf einer Halbinsel. Mit dem Goldrausch wurde die Stadt zur damals größten in Kalifornien, bis sie durch das Erdbeben von 1906 zerstört wurde. Heute sind hier erfolgreiche Startups wie Reddit, Dropbox, Mozilla, Uber, AirB&B oder Pinterest. In der TV-Serie *Star Trek* liegt hier das Hauptquartier der Sternenflotte, auf der anderen Seite der Golden Gate Bridge. Das Al-Gore-Fernsehen *Current* war in San Francisco, auch Wikimedia, die die Internet-Enzyklopädie Wikipedia herausgeben.

San Francisco symbolisiert alles, was die Tea Party an den kalifornischen Liberalen hasst. In den sechziger Jahren war im Stadtteil Haight-Ashbury das Herz der Hippie-Bewegung. An der Berkeley University tobte der Protest gegen den Vietnamkrieg so heftig, dass Reagan, damals Gouverneur, die Nationalgarde schickte. In den siebziger Jahren kämpften die Schwulen an der Castro Street um gleiche Rechte; mit Harvey Milk hatte San Francisco den ersten offen schwulen Stadtrat, dessen Lebensgeschichte verfilmt wurde, mit Sean Penn in der Hauptrolle (den die Tea Party noch weniger mag als Milk). 25 Jahre später gab es hier mit Gawin Newsom den ersten Bürgermeister, der schwule Paare auch ohne Rechtsgrundlage verheiratete. Auch Nancy Pelosi, die frühere Fraktionsvorsitzende der Demokraten und für Konservative ein rotes Tuch, hat ihren Wahlkreis in San Francisco.

1869 erreichte die erste Eisenbahn die Westküste; einen Bahnhof am Südende der Uferpromenade Embarcadero. Aber der ist lange abgerissen. Heute hält der Coast Starlight vor den Toren der Stadt. Aber das soll sich ändern. Die California High Speed Rail Authority lässt einen Hochgeschwindigkeitszug bauen, einen *bullet train*, nach dem Superman-Motto »Faster than a speeding bullet«. Der soll San Francisco und L.A., 600 Kilometer, in zweieinhalb Stunden verbinden. Schwarzenegger tat den ersten symbolischen Spatenstich an einem seiner letzten Amtstage. 43 Milliarden Dollar soll die Strecke kosten; Obama hat vier Milliarden Dollar davon zugesagt. Amerika-weit waren sogar 53 Milliarden Dollar für den Streckenausbau vorgesehen. Damit könnte man beinahe Donald Trumps Mauer zu Mexiko bauen. Der 2010 gewählte Kongress mit seiner republikanischen Mehrheit hat aber sein Veto eingelegt. Denn Republikaner sind gegen schnelle Züge. Als Sarah Palin im September 2011 in Iowa auftrat, rief sie einer begeisterten Menge zu: »Wir sind völlig pleite, aber Obama denkt, Solarziegel und echt schnelle Züge würden uns wie durch Zauber retten! Nun schreit er, fahrt alle mit dem *bullet train* in den Konkurs!« Mehrere republikanische Gouverneure haben Bundesgelder für den Bahnbau nicht angenommen, darunter John Kasich in Ohio und Scott Walker in Wisconsin.

Nun ist die Tea Party strukturell technikfeindlich. Ihre Politiker mögen auch die NASA nicht, Solarenergie, Windräder, und überhaupt all dieses neumodische Zeugs. Aber hinter dieser Kampagne steckt – schrieb die *National Review* – eine konzertierte Aktion der üblichen Verdächtigen: Das Cato Institute, die libertäre Reason Foundation und die Heritage Foundation, vereint in der American Dream Coalition. Diese Think Tanks veröffentlichen eine Flut von skeptischen Artikeln und Gutachten, und klärten Journalisten über die hohen Kosten und die Nutzlosigkeit von Zügen auf. In Florida setzte die American Dream Coalition zusammen mit der Tea-Party-nahen »No Tax For Tracks« durch, dass Gouverneur Rick Scott den Bau eines Schnellzugs stoppte.

Catos Experte in Sachen Hochgeschwindigkeitszug ist Wendell Cox, der auch für Heritage, das Goldwater Institute und die American Highway Users Alliance schreibt, einen Verband der Autobahnfans, der in den dreißiger Jahren von General Motors gegründet wurde. Cox moniert, dass man in Europa sehen könne, dass der laufende Betrieb nicht kostendeckend sei. Deshalb solle Washington diese Gelder besser in Straßen und Flughäfen stecken.

Natürlich sind Auto- und Flugverkehr auch nicht kostendeckend im Betrieb. In die Flugaufsicht und den Ausbau von Flughäfen fließt bereits jetzt das Gros der Subventionen; auch der Flugzeug-

bauer Boeing bekommt Milliardenzuschüsse. Und die Interstates kosten mehr als fünfzig Milliarden Dollar im Jahr. Präsident Dwight D. Eisenhower hatte sich die Idee als Oberbefehlshaber der US-Truppen von den Autobahnen abgeguckt.
Die Anti-Schnellzug-Koalition wird von unterschiedlichen Motiven geleitet. Die Libertären lehnen staatliche Infrastruktur grundsätzlich ab, weil sie glauben, so etwas funktioniere privatisiert besser. Republikaner alter Schule sind gegen die *bullet train*, weil sie ihre Wahlkämpfe mit den Spenden der Flugzeugbauer und der Luftfahrtindustrie bestreiten. Und für Rechtspopulisten sind Züge – deren Technik aus Deutschland, Frankreich und Japan kommt – unamerikanisch. Leuten, die einander alle halbe Stunde versichern müssen, das Amerika das großartigste Land der Welt ist, mögen keine Technik aus dem alten Europa.

Und alle eint, dass der ÖPNV in den USA als Transportmittel für Arme, Schwarze und Latinos gilt. Viele Weißen wissen gar nicht, wie man Bus fährt. Danach befragt, versichern sie felsenfest, dass es in ihrer Stadt keinerlei öffentlichen Nahverkehr gebe, auch wenn der Bus gerade auf der Straße an ihnen vorbeifährt.

Der Coast Starlight fährt nach Süden durch das Silicon Valley. Dort wird heute das »Gold« geschürft, das Kalifornien reich macht. Das Valley ist eine endlose Folge von Vororten und campusartigen Hightech-Fabriken, erschlossen durch den Highway 101. Hier sitzen IT-Konzerne und Computerbauer wie Apple, Yahoo, Google, Cisco und Ebay. Auch Hewlett Packard ist im Valley, in Palo Alto. Hier ist Meg Whitman Vorstandschefin. Die gescheiterte Bewerberin für das Gouverneursamt ist ein RINO. Auch Carly Fiorina kommt von HP, die Möchtegern-Vizepräsidentin von Ted Cruz, die bereit war, sich jeglicher Strömung innerhalb der GOP anzupassen (wenngleich ohne Erfolg). Silicon Valley mit seiner Solar- und Computerkultur ist ein deutlicher Kontrast zur Technikfeindlichkeit der Tea Party.

Der Zug zuckelt an der pittoresken Küste entlang durch St. Louis Obispo und Santa Barbara. Hier hat Reagan seine letzten Lebensjahre verbracht; in einer demokratischen Stadt, andererseits, auch Reagan wäre nach heutigem Standard ein RINO. Nach zwölf Stunden erreicht der Zug die Union Station in Los Angeles, die letzte große Bahnstation der USA, 1939 im Stil der klassischen Moderne errichtet, mit Art Deco-Elementen und einem Fußboden aus Terrakottafliesen, die an eine Navajo-Decke erinnern. Union Station liegt zwischen der Cineasten gut bekannten Downtown mit dem wolkenkratzerartigen Rathaus, den historischen Hotels, wo Wim Wenders drehte, dem Haus der *Los Angeles Times*, deren Besitzer, die Chandlers, zu den Oligarchen von L.A. gehörten, und dem alten spanischen Stadtkern, El Pueblo. El Pueblo war ursprünglich eine Mission, umgeben von Hütten, wo damals nur ein paar hundert Mexikaner lebten.

Los Angeles ist heute die größte Stadt Kaliforniens und die zweitgrößte der USA, aber dazu wurde sie erst nach 1913. Damals ließ der Ingenieur William Mulholland ein Aquädukt errichten, das Wasser aus dem San Fernando Valley in die Wüstenstadt brachte; eine Geschichte, die der Film *Chinatown* erzählt. Leider trocknete das Valley dadurch aus. Heute ist Los Angeles ein riesenhaftes Areal, halb so groß wie das Saarland, dessen unzählige Orte und Vororte wenig miteinander zu tun haben.

Die Downtown war lange eine No-Go-Area. Aber seit ein paar Jahren findet sie mit Kulturbauten wie der Walt Disney Konzerthalle und der Cathedral of Our Lady of the Angels zur alten Pracht zurück. Um die Downtown herum sind Little Tokyo, Little Armenia, Chinatown und Koreatown. Im Osten liegt Pasadena, bekannt durch die Serie *Big Bang Theory,* im Süden Venice Beach und Disneyland, aber auch Watts und South Central, wo schwarze, salvadorianische und mexikanische Gangs lange die Straßen beherrschten. Der letzte Aufstand war hier Anfang der Neunziger, als vier weiße Polizisten den schwarzen LKW-Fahrer Rodney King fast totschlugen. Die Polizisten wurden freigesprochen. In tagelangen Krawallen, die folgten, starben 53 Menschen.

Die Banden sind aber nicht der Grund, warum die Tea Party Kalifornien und ganz besonders L. A. nicht mag. Der liegt vielmehr im Westen der Stadt. Hier kam 1913, im selben Jahr, als Mulholland das San Fernando Valley austrocknete, ein Regisseur namens Cecil B. DeMille an. Er sollte im Auftrag der New Yorker Filmmogule Samuel Goldwyn und Jesse Lasky, der Gründer von Paramount, einen Drehort für den ersten Western suchen, *The Squaw Man*. Er wählte Hollywood, ein Vorort von L.A. Heute hat sich die Filmindustrie in der ganzen Stadt ausgebreitet, von Burbank, wo Disney, Warner und Universal drehen, bis Culver City, wo die Studios von Sony Pictures und 20th Century Fox liegen. Hollywood ist, so glauben Konservative, ein Sündenbabel und überdies eine Bastion der Liberalen. Denn von hier fließen nicht nur Parteispenden an die Demokraten. In vielen Filmen – von *Ice Age* über *Brokeback Mountain* bis zu *Avatar* – seien liberale oder anti-amerikanische Botschaften unterlegt.

Viele Filmstars wohnen im Westen der Stadt, in Bel Air, Beverly Hills oder Brentwood. Hier, in einer mediterranen Villa mit Pool und Tennisplatz, lebt der »Terminator«. Mittlerweile ohne seine Frau Maria Kennedy Shriver. Die packte die Koffer, als sie erfuhr, dass er mit der Haushälterin ein Kind hat. Aber nicht deshalb haben sich die Republikaner von ihm abgewandt. Arnold Schwarzenegger gilt als RINO par excellence. Schwarzenegger hat eine Demokratin der Kennedy-Familie geheiratet, er hat mit den Demokraten den Haushalt von Kalifornien beschlossen und die Steuern erhöht, er hat eine umweltfreundlichere Verkehrspolitik durchgesetzt und er hat die Schwulenehe nicht verhindert.

Mein Kampf auf dem Nachttisch und anti-semitische Tweets

Südlich von L.A. liegt die Hafenstadt San Diego, berühmt durch ihren Zoo und so nah an Mexiko, dass eine Straßenbahn über die Grenze fährt. Eigentlich ist die ganze südliche Küste eine einzige lang gestreckte Stadt, bis zur Baja California. In San Diego lebt ebenfalls ein berühmter RINO, Mitt Romney, im Vorort La Jolla, in einem kleinen Palast mit einem Aufzug für Autos. Sein Haupthaus steht in Massachusetts, wo er Gouverneur war. Romney ist Mormone, eine sehr amerikanische Religion.

Die Kirche Jesu Christi der Heiligen der Letzten Tage, wie sie offiziell heißt, wurde von Joseph Smith gegründet. Smith war im Traum der Engel Moroni erschienen, der ihm ein goldenes Buch zeigte. Nach jahrelanger Suche fand Smith das Buch auch, er übersetzte es; der Engel nahm es wieder an sich und verschwand spurlos. Das Buch der Mormonen lehrt, dass die Stämme Israels ins heutige Amerika gezogen sind; ihre vom Glauben abgefallenen Nachkommen seien die Indianer. Smith scharte zwölf Apostel um sich, darunter Parley Pratt, ein Ahne von Romney. Aber Pratt, ein Polygamist, wurde vom eigentlichen Ehemann einer seiner zwölf Frauen erschossen. Die Mormonen suchten erst in Missouri und dann in Illinois einen Ort für ihre neue Kirche. Aus beiden Staaten mussten sie flüchten, nachdem mehrere Mitglieder, auch Smith, von gehörnten Ehemännern gelyncht wurden.

Nun übernahm Brigham Young die Führung. Young geleitete die Gemeinde ins wilde Utah, am Fuß der Rocky Mountains. An einem Salzsee erbauten sie Salt Lake City, eine Perle in der Wüste. Aber 1848 kamen die Goldsucher, und der ganze Westen fiel an die USA. Washington war von einem autonomen Staat auf dem neuen Territorium nicht begeistert; Präsident James Buchanan sandte Truppen, unterwarf die Mormonen und Utah wurde 1896 ein Staat. Offiziell wurde die Polygamie aufgegeben, aber sie wurde noch lange praktiziert. Romneys Großvater flüchtete deshalb mit all seinen Frauen nach Mexiko. Ihrem Glauben, aber auch der Isolierung geschuldet, sind Mormonen eher konservativ. Sie erlaubten es erst 1978 Afro-Amerikanern, Priester zu werden. Utah, wo Donald Trump die Vorwahlen verlor, ist heute noch ein mormonischer Staat; hier war lange Jon Huntsman Gouverneur, ebenfalls ein RINO, der an Evolution und globale Erwärmung glaubt und der bei den Republikanern keine Chance hatte.

Mitt Romney ist ein Kind seiner Kirche: Diszipliniert, fleißig und konservativ. Der Multimillionär hat die Olympischen Winterspiele in Salt Lake City erfolgreich gemanagt und wurde mit Bain Capital zum Multimillionär; sein Vater war Vorstand von American Motors. Romney gehört zu einem informellen Zirkel, der sich #NeverTrump nennt, und zu dem (Sachstand Mai 2016)

George, George W. und Jeb Bush zählen, auch Lindsey Graham und Ron Paul – noch. #NeverTrump schrumpft schneller als das U-Boot in dem Film *Phantastische Reise*. Aber auch konservative Journalisten wie Erick Erickson, Bill Kristol, Max Boot und Glenn Beck zählen dazu. Auch mehrere prominente Parteispender wie der New Yorker Milliardär Paul Singer oder die Koch-Brüder wollen Trump nicht unterstützen (bisher). Romney könnte, hoffen manche NeverTrumper, den ungeliebten Kandidaten stoppen, indem er gegen ihn antritt, womöglich als Unabhängiger. Ob er das will und ob er überhaupt Chancen hätte, ist zweifelhaft. Schon 2008 und 2012 versuchte Romney, Präsident zu werden; aber er verlor. Er hatte die Tea Party gegen sich. Ihm wurde vorgeworfen, er hänge sein Mäntelchen nach dem Wind, um gewählt zu werden, bis dahin, dass der eigentlich moderate Republikaner forderte, die Zahl der Insassen in Guantanamo Bay zu verdoppeln. Und seine Kritiker haben nicht unrecht. Romney war für und gegen die Schwulenehe, auch für und gegen eine Gesundheitsvorsorge wie ObamaCare. Er hat behauptet, er sei immer Mitglied der NRA gewesen, während er der Waffenlobby erst beigetreten ist, als er Präsident werden wollte. Sein eigener Kampagnenmanager nannte ihn »Etch-A-Scetch«, nach der Schütteltafel, die immer neu beschrieben werden kann. Manche glauben, dass die Abneigung auch daran liegt, dass Romney als Mormone nicht als richtiger Christ gilt, vor allem nicht den Evangelikalen, die bei der GOP den Ton angeben.

Aber all das gilt auch für Trump. Er war nicht beim Militär, geschweige denn in Vietnam. Er geht wahrscheinlich überhaupt nicht in die Kirche und er ist ganz sicher kein Evangelikaler. Fast täglich ändert seine Meinung über die Schwulenehe, Gesundheitsvorsorge, Abtreibung, Steuern oder ob er seine Wahlkampagne selber finanziert oder nicht. Er rühmt sich der Unterstützung der NRA, hat sich 2012 aber hinter Obama eingereiht, als der Präsident Waffenkontrolle nach dem Attentat von Sandy Hook forderte, als ein Waffennarr Grundschulkinder erschoss. Er war jahrelang als Demokrat oder als Unabhängiger registriert. Romney wurde vorgeworfen, dass Bain Capital Arbeitsplätze nach

Übersee verschiebe. Aber auch Trump macht Geschäfte in Übersee. Er lässt sogar seine Trump-Krawatten in China anfertigen. Und trotzdem hat er es geschafft, die RINO-hassenden Rechtspopulisten innerhalb der Republikaner vollständig auf seine Seite zu bringen. Und nicht nur die: Nach einer Umfrage der *New York Times* vom Mai 2016 sagten acht von zehn Republikanern, die Parteiführung solle sich hinter Trump einreihen, selbst dann, wenn sie nicht mit allein einverstanden sei, was er vertritt

Aber Trump wirkt authentischer als Romney, weil seine Persona unverändert bleibt. Er ist ein Bulli. Allerdings ein Bulli der, anders als Romney, für den einfachen Mann eintritt (oder so tut). Er will braunhäutige Mexikaner draußen halten, die bereit sind, für weniger Geld zu arbeiten als weiße Amerikaner. Er ist gegen Globalisierung, offene Grenzen, Freihandel, und gegen Kriege, in denen amerikanische Soldaten sterben. Damit spricht er die Arbeiterklasse an. Und mit seinem Spruch: »Make Amerika great again« trifft er den Nerv der »Amerika-Über-Alles«-Fraktion.

Manche allerdings fühlen bei Trump an den Faschismus in Europa erinnert, darunter auch seine Ex-Frau Ivana, die behauptet, auf seinem Nachtisch sei *Mein Kampf* gelegen (er bestreitet das). Robert Kagan, ein Neokonservativer, der beim liberalen Think Tank Brookings Institute arbeitet, schrieb in der *Washington Post*: »So kommt der Faschismus nach Amerika, nicht mit Knobelbechern und Hitlergruß, sondern mit einem Fernsehgauner, unechten Milliardär und Egomanen wie aus dem Lehrbuch, der sich populärer Ressentiments bedient, während sich die gesamte Partei hinter ihm vereint, aus blinder Loyalität, oder aus Angst.« Trumps Unterstützer in der Partei wirkten wie die Opfer von Stalins Schauprozessen, fügte er hinzu. Und Bill Weld, der Gouverneur von Massachusetts, der mit Gary Johnson, der frühere Gouverneur von New Mexico, auf dem Ticket der Libertären kandidiert, hält Trumps Deportationspläne für faschistisch. Die erinnerten ihn an das »zersplitternde Glas in der Kristallnacht in den Ghettos von Warschau und Wien.«

Tatsächlich fand nicht nur die Kristallnacht in Berlin und München statt, auch Trump, selbstherrlich und autoritär, hat mehr Ähnlichkeit mit Mussolini, der Italien zum Römischen Imperiums 2.0 machen wollte. Aber dass sich *white supremacists* hinter Trump aufreihen, ist kein Zufall. Seine Ausfälle gegen Immigranten sind klassischer Rechtspopulismus. Und seine Abneigung gegen Pressefreiheit hat durchaus etwas faschistisches, Bedenklicher als Trump aber sind seine Anhänger, die bereits Journalisten auf Parteitagen Prügel angedroht haben. Die (jüdische) Journalistin Julia Ioffe verfasste ein Portrait seiner Frau Melania in *Gentlemen's Quarterly*, in dem sie schrieb, die mögliche First Lady wirke, als habe ein göttlicher Schönheitschirurg sie aus Trumps Rippe geschnitten (sie grub auch eine Geschichte über Melanias Vater aus, der einen unehelichen Sohn hatte). Daraufhin brach ein virtueller Volkssturm über sie herein; ihr Gesicht wurde per Photoshop auf den Körper eines KZ-Opfers montiert. Ähnlich ging es Jonathan Weisman von der *New York Times*, der den Artikel von Kagan retweetete und daraufhin als »verdammter Itzig« bedroht wurde und ebenfalls eine Flut von anti-semitischen Tweets bekam. Laut Weisman ist das kein Einzelfall. Kollegen wie Jake Tapper von CNN oder John Podhoretz von *Commentary* bekämen so etwas täglich. Sein Freund Bethany Mandel, ein orthodoxer Jude, der sich gegen Trump ausgesprochen habe, habe sich ein Gewehr gekauft, um sich gegen Neo-Nazis verteidigen zu können.»Trump ist vielleicht nicht Hitler«, warnte Adam Gopnik im *New Yorker*.»Aber auch Hitler war am Anfang nicht Hitler. Wenn Trump an die Macht käme, könnte es mit dem amerikanischen Experiment vorbei sein.«

Marine, mon amour: Die Tea Party und die europäischen Rechtspopulisten

Für amerikanische Konservative ist alles, was entfernt ausländisch wirkt, ein rotes Tuch. Beispielsweise Fußball. Während der Weltmeisterschaft in Deutschland, als alle feierten, schmollte die vereinte Prominenz von Tea Party und Neokonservativen.»Ich hasse Fußball, wahrscheinlich deshalb, weil der Rest der Welt es so sehr mag«, meinte Glenn Beck auf Fox News. Für Dan Gainor, ebenfalls Dauergast auf Fox News, ist die Ausbreitung von Fußball in den Grundschulen ein Menetekel, dass Amerika »immer brauner wird«, und er meint damit Einwanderer aus Mexiko oder den Philippinen. Und Marc Thiessen vom neokonservativen Think-Tank American Enterprise Institute steuerte bei, Fußball sei ein »sozialistischer Sport«, den nur arme Leute in Europa spielten, die sich kein teures Gerät leisten könnten.

Europa ist für konservative Amerikaner und insbesondere für die Anhänger der Tea Party ein Kontinent, in dem dekadente, undankbare Weltkriegsverlierer leben. Dass Obama dort beliebter ist als George W. Bush, erfüllt sie mit Misstrauen – dem Präsidenten gegenüber, aber auch den Europäern, die sie allesamt für Kommunisten und Sozialisten halten. Anders als in den dreißiger Jahren, als der rechte Flügel und die Großindustrie in Amerika von Hitlers Law-and-Order-Politik und seinen Antikommunismus schwärmten, lehnen Konservative heute auch die Nazis als »Sozialstaatler« ab. Rick Santorum, ein Präsidentschaftskandidat der Tea Party, erklärte wahrhaftig zum Jahrestag der amerikanischen Invasion der Normandie von 1944: Damals hätten 60 000 amerikanische Soldaten alles riskiert, um für die Freiheit zu kämpfen – auch die Freiheit, selbst für ihre Krankenversicherung sorgen zu dürfen (statt unter das Joch von Obama-Care gezwungen zu werden). Davon abgesehen, dass die US-Army damals nicht gegen die Barmer Ersatzkasse in den Krieg gezogen ist, sind (und waren) US-Soldaten selbstverständlich über die Armee staatlich krankenversichert.

Insbesondere die Franzosen sind immer wieder eine Zielscheibe amerikanischen Ärgers, seit sie sich für ihre Rettung im Zweiten Weltkrieg undankbar gezeigt und dem Irakkrieg verweigert haben. Die anti-französische Stimmung konnte sich gut mit der anti-deutschen Stimmung im Ersten Weltkrieg messen. So wie damals »Sauerkraut« in *liberty cabbage* umbenannt wurde, hieß es nun »Freedom fries« statt *french fries*. Französischer Rotwein wurde vor TV-Kameras in den Gully gekippt, und Witze über die *cheese-eating surrender monkeys* machten die Runde. Nach dem Motto: Wie viele Franzosen braucht es, um Paris zu verteidigen? Keine Ahnung, es wurde noch nie versucht.

Aber es gibt durchaus Europäer, die von amerikanischen Konservativen gemocht werden. Der Liebling der Neocons war lange Zeit Italiens Silvio Berlusconi; eigentlich erstaunlich für Leute, die Mussolini für einen Liberalen halten, denn Berlusconi steht immerhin links vom Duce. Befürworter der Rassentrennung wie der Council of Conservative Citizens, vor dem Südstaatler wie Haley Barbour auftreten, pflegen Kontakte zum Front National in Frankreich, zum rechtspopulistischen Vlaams Belang in Belgien und zur United Kingdom Independence Party, die ebenfalls gegen Immigration kämpft. Rechtspopulisten aus Finnland, Dänemark, Schweden, der Schweiz, Österreich und Deutschland, darunter Pegida, oder Autoren wie Thilo Sarrazin genießen bei der Tea Party Sympathien, auch in ihren Medien, insbesondere *Breitbart,* das sich zum inoffiziellen Pegida-Sprachrohr in den USA entwickelt hat. Und Donald Trump mag Wladimir Putin, der auch bei vielen Republikanern beliebt ist, weil er einen überzeugten Christen und, mehr noch, den starken Mann markiert.

Und das gilt auch umgekehrt: Putin soll hinter einen Cyberhack der Emails der Demokraten stecken, der ziemlichen Unfrieden in der Parteo stiftete, weil dabei klar wurde, wie sehr die Parteispitze und Hillary Clinton gegen Bernie Sanders intregiert hatten. Trump war indirekter Nutznießer, wenngleich eine Hand-in-Hand-Verbindung nicht nachgewiesen werden konnte.

Aber nicht nur das. Trump hatte im März 2016 einen neuen Chefstrategen engagiert; Paul Manafort. Der Anwalt kommt von der gleichen, nunmehr aufgelösten Kanzlei Black, Manafort, Stone & Kelly wie ein anderer langjähriger Trump-Berater, Roger Stone. Mit Stone ist Manafort seit den guten alten Zeiten von Roy Cohn und dem Studio 54 eng befreundet. Seine Karriere fing 1976 an, als er Gerald Ford als Präsidentschaftskandidat gegen Ronald Reagan durchsetzte; danach arbeitete er für Reagans *Southern Strategie,* schreibt Franklin Foer in *Slate.* »Manafort weiß, wie man bei einem Parteitag Delegierte einpeitscht und auf Linie bringt«. Foer beschreibt Manafort als einen der effektivsten Lobbyisten, wenngleich der nicht so flamboyant sei wie Stone, sondern eher zurückhaltend. Bei Trump sei er für die gesamte Kampagne zuständig, das Budget, die Platzierung von Anzeigen, und dafür, den Kandidaten von seinen flammenden Angriffen abzubringen und an den Teleprompter zu gewöhnen. In den letzten Jahrzehnten war Manafort darauf spezialisiert, Diktatoren von Somalia bis Nigeria in Washington als Freiheitskämpfer zu verkaufen. Einer seiner Klienten war Ferdinand Marcos, der Diktator der Philippinen, ein anderer Jonas Savimbi, ein in China trainierter Guerillero, der das marxistische Regime in Angola stürzen wollte, und den Washington mit Millionen von Dollar versorgt hat. Und in Ost-Europa beriet er Wiktor Janukowytsch, der sowjetgestützte Premierminister der Ukraine.

Mit Janukowytsch kam Manafort 2005 auf Vermittlung eines russischen Oligarchen namens Rinat Ahmetov in Kontakt. Janukowytsch hatte gerade die Wahl gegen den Kandidaten der »Orangen Revolution«, Wiktor Juschtschenko verloren, obgleich der mit Dioxin vergiftet wurde. Nun waren Putin und seine Leute in Panik. Manafort arbeitete die nächsten sieben Jahre daran, den Ruf des wegen Körperverletzung vorbestraften Kleptokraten in Washington aufzubessern – nicht einfach angesichts der russischen Annexion der Krim, die den geopolitischen Interessen der USA zuwiderlief. Er half Janukowytsch aber auch im ukrainischen Wahlkampf, indem er ihm gute Anzüge und telegene Gesten verschrieb, sowie eine Rhetorik, die Russen gegen Ukrainer in Stellung brachte; ähnlich, schreibt Foer, wie Reagans *Southern Strategy,* die Weiße gegen Schwarze ausspielte.

Manafort plante zudem, mit dem ukrainischen Gas-Tycoon Dmitry Firtash, einem Vertrauten von Putin und Janukowytsch, einen Wolkenkratzer in Manhattan zu bauen. Inzwischen wurde Janukowytsch gestürzt und setzte sich nach Moskau ab, aber Manafort verkaufte nun Trumps »Orange Revolution« an die Amerikaner. Und er schlug sich tapfer bis August 2016, bis Trump ihn ersetzte, weil seine russisch-ukrainischen Kontakte doch zu problematisch waren. Trumps neuer Wahlkampfchef ist der Vorstand von Breitbart Media, Stephen Bannon.

Trump ist nicht der einzige mit Sympathien zu autoritären Regimes in Osteuropa. Auch »Gonzo-Journalist« James O'Keefe hat Kontakte zu europäischen Rechtspopulisten geknüpft. Seine Website *Veritas* hat ein neues Aufsichtsratsmitglied, Matthew Tyrmand, einen polnisch-amerikanischen Investor, der dem *New Yorker* zufolge der neuen, rechtsnationalen Regierung in Polen nahesteht und sie (informell) berät. Tyrmand, der auch für *Breitbart* schreibt, ist ein ausgesprochener Gegner von George Soros; er glaubt, dass Soros und dessen Open Society Foundation die Proteste gegen die polnische Regierung finanziert (wie er auf der Webseite des Polonia Institute schrieb), um diese zu unterminieren. O'Keefe sammelt immer noch Material gegen seinen alten Erzfeind, wenngleich noch immer ohne Erfolg.

Aber der Liebling der amerikanischen Rechtspopulisten ist Geert Wilders, der Vorsitzende der Freiheitspartei in den Niederlanden, dessen pro-zionistischer, immigrationsfeindlicher Anti-Islamismus ihrer politischen Haltung am ehesten entspricht. Wilders wird von Tea Partiern gegen die *Political Correctness* verteidigt, die in Europa (und natürlich erst recht in Amerika) zu sehr gepflegt werde. Die Tea Party Patriots forderten, die Strafprozesse gegen Wilders, der vor einer Arabisierung Europas warnt, genau zu beobachten, damit dieser nicht seines Rechts auf Redefreiheit beraubt werde. Die Tea Party in Williams, Arizona, lobte Wilders für seinen Einsatz in den Niederlanden, das endlich die Idee einer multikulturellen Gesellschaft aufgegeben habe, welche ohnehin nicht funktioniere. Und *Breitbart* hat sich nachgerade zum Wilders-Hausblatt entwickelt. 2016 schaffte es Wilders sogar in die liberale *Daily Show* mit Trevor Noah, wo er als der »Donald Trump der Niederlande« vorgestellt wurde.

Als die Republikaner Mitte Juli 2016 auf dem Parteitag in Cleveland Trump zum Kandidaten kürten, war auch Wilders dabei. Er hat sich bereits lange vor der Konvention für Trump als Kandidaten der Republikaner ausgesprochen. »Ich hoffe, dass Donald Trump der nächste Präsident wird«, tweetere er schon im Dezember 2015. »Das wäre gut für Amerika, und gut für Europa.«

Wilders reist oft in die USA. Er hatte einen großen Auftritt am Jahrestag des Anschlags auf das World Trade Center, am 11. September 2010. Damals kämpfte die Tea Party gegen eine geplante Moschee und ein islamisches Kulturzentrum nahe Ground Zero. Zwar ist das Grundstück mehrere Blocks entfernt, aber die Rechtspopulisten stellten es so dar, als werde die Moschee auf den Grundrissen der Twin Towers gebaut. Dagegen zogen mehrere anti-islamische Blogs zu Felde, allen voran David Yerushalmi aus Brooklyn, aber auch das Blog *Jihadwatch* von Robert Spencer, und Pamela Gellers Blog *Atlas Shrugs* (in Anlehnung an den Roman von Ayn Rand). Geller schrieb früher für die *Daily News* und war die stellvertretende Herausgeberin des *New York Observer*. Nach einer Millionenscheidung hat sie zwei anti-islamische Vereine gegründet: »Stop the Islamization of America« und »American Freedom Defense Initiative«. Sie glaubt auch, Obama sei ein »Drittweltler«, der islamistischen Herren diene.

Die Moschee war zwar von den New Yorker Behörden genehmigt worden, auch von Bürgermeister Michael Bloomberg. Aber Geller und Spencer machten aus der »monster mosque« ein Drama, in das auch Politiker der Tea Party einstimmten: Sarah Palin tweetete an die »friedlichen New Yorker«, die Moschee am Ground Zero abzulehnen, »falls ihr glaubt, der katastrophale Schmerz sei zu frisch, zu real«. Der unvermeidliche Newt Gingrich sattelte noch eins drauf. Es dürfe keine Moschee am Ground Zero geben, solange in Saudi-Arabien keine Kirche oder Synagoge stehe.

In den folgenden Wochen pilgerten Tausende zum Bauplatz, um gegen die Moschee zu protestieren. Und auch Wilders erhob seine Stimme dagegen. Mit einem Megaphon stand er an der Baugrube und leitete einen Sprechchor, der »No mosque here«, keine Moschee hier, brüllte. Er war nicht der einzige Europäer. Die English Defense League war ebenfalls mit einem Dutzend Männern vertreten, die die King-George-Flagge trugen. Ursprünglich ein Emblem von Fußball-Hooligans, dient die Flagge heute den »England-den-Engländern«-Gruppierungen, die gegen die Einwanderung von Moslems und dunkelhäutigen Menschen aus den früheren Kolonien kämpfen. Pamela Geller hieß die English Defense League in New York willkommen. Eine seltsame Wendung für eine Bewegung, die ihre Wurzeln im Widerstand der freiheitsdurstenden Amerikaner gegen die Briten verortet.

Eine französische Populistin gewinnt ebenfalls die Herzen der amerikanischen Franzosenhasser: Marine Le Pen, die taffe, blonde Führerin der Front National und die Tochter des französischen Rechtsaußen Jean-Marie Le Pen, die sich gegen Einwanderung und gegen Sozialhilfe für Immigranten ausspricht. Anders als ihr Vater bemüht sich Marine Le Pen erfolgreich, anti-islamische französische Juden in die Partei zu holen. Le Pen sei »keine Sarah Palin«, sagt Jim DeMint, der erzkonservative Senator aus South Carolina, und er meint das als Lob. Sie stehe wirklich für «change you can believe in«, eine echte Veränderung, »sie ist eine richtige Lady, vor allem, wenn man sie mit dem Clownpaar Palin und Bachmann vergleicht«.

Dass diese Zuneigung auch fatal enden kann, hat sich beim schrecklichen Anschlag von Norwegen gezeigt, als Anders Behring Breivik, Blogger und Scharfschütze, im Sommer 2011 in Oslo und auf der Insel Utoya 77 Menschen tötete, darunter viele Kinder. Breivik sah seine Tat als Fanal gegen die Immigrationspolitik der in Norwegen regierenden Sozialdemokraten, die auf der Insel ein Ferienlager organisiert hatten, gegen die »multikulturellen Eliten« und den »kulturellen Marxismus« in Europa. Breivik wollte, wie er schrieb, eine »europäische Tea Party« schaffen. Und Breiviks bekanntester Tweet – »eine Person mit wirklichem Glauben hat die Stärke von Hunderttausenden, die nur Interesse haben« – ähnelt dem Sam-Adams-Spruch, den Tea Partier so gerne zitieren: »It does not require a majority to prevail, but rather an irate, tireless minority keen to set brush fires in people's minds.« – »Es ist keine Mehrheit nötig, sich durchzusetzen, besser ist eine zornige, nimmermüde Minderheit, die das Feuer in den Gedanken der Menschen entflammen will.«

Breivik war von den anti-islamischen Webseiten beeinflusst, die solchen Ideen eine Plattform bieten, darunter auch das Blog von Yerushalmi. In seinem 1500-Seiten-Manifest zitiert Breivik auch Spencers Webseite *Jihadwatch*, das anti-islamische Blog *Gates of Vienna*, sowie *Atlas Shrugs*. Und auch für die English

Defense League hatte Breivik warme Worte. Geller distanzierte sich nach dem Attentat von Breivik; schuld an der Gewalt aber seien die islamistischen *supremacists*, nicht er, schrieb sie. Die Krone setzte Glenn Beck auf, der ein paar Tage nach dem Massenmord sagte, dieses Jugendcamp in Norwegen erinnere ihn an die Hitlerjugend, weil dort Kinder indoktriniert würden. Wie es der Zufall will, betreibt auch Beck ein Sommercamp für Kinder, in Tampa, Florida. Dort werden Kinder erst veranlasst, still in einem kargen Raum zu sitzen, dieser Raum symbolisiert Europa. Dann nehmen sie an einen Hindernislauf teil, um in einem hell dekorierten Partyraum anzukommen, wo rot-weiß-blaues Konfetti geworfen wird: Willkommen in der Neuen Welt.

Die Tea Party mag den ganzen Mittleren Osten nicht sonderlich. Zwar sind ihre Anhänger skeptisch, was die Kriege im Irak, in Afghanistan und in Libyen anbelangt – dagegen haben sich Bachmann und andere Tea Partier explizit ausgesprochen –, aber ihnen geht es um Steuergelder und um amerikanische Soldaten. Empathie für die Menschen dort haben sie genauso wenig wie die Neokonservativen. Sie halten es für einen empörenden Verstoß gegen den *American Exceptionalism*, dass sich diese Länder gegen eine US-Besatzung wehren. Der Einzige, der sich aus Überzeugung gegen diese Kriege ausgesprochen hat, ist Ron Paul. Aber die Republikaner ziehen Moslemfeinde wie Trump vor.

Mit dem Aufkommen der Rechtspopulisten in Ungarn, Polen, Österreich und Deutschland in 2015 und 2016 haben sich die Fronten verschärft. Die Flüchtlingskrise wird in den USA mit Sorge betrachtet, nicht nur von Konservativen, sondern von der großen Mehrheit der Bevölkerung. Während Vorschläge, die Einwanderung aus Mexiko einzudämmen, innerhalb der USA kritisch diskutiert werden – letztlich handelt es sich ja um traditionelle Einwanderer aus einem Nachbarland – tritt praktisch niemand für die Aufnahme von Flüchtlingen aus Syrien, dem Irak, Libyen oder Nordafrika ein, weder Politiker, noch Zeitungen – die sich darauf beschränken, Ratschläge an Deutschland zu verteilen – und schon gar nicht einfache Amerikaner. Im Gegenteil; unter Obama hat der Kongress die Einreisebedingungen verschärft. Nun können Europäer mit muslimischen Wurzeln nicht mehr ohne weiteres visumfrei einreisen.

Obama hat angekündigt – wenngleich hauptsächlich, um die Europäer zu beruhigen –, dass die USA die Aufnahme von 10 000 Syrern prüfen werden. Das heißt aber noch lange nicht, dass diese tatsächlich eingelassen werden, geschweige denn bereits 2016. Damit befindet sich die Regierung durchaus im Einklang mit dem, was die Amerikaner wollen, auch die Demokraten und deren Wähler. Nicht einmal der Linksaußen Bernie Sanders fordert, Flüchtlinge aus dem Mittleren Osten aufzunehmen.

Dass die europäischen Rechtspopulisten auf einer Linie mit Trump liegen, ist auch amerikanischen Zeitungen aufgefallen. Die *Washington Post* verglich den österreichischen Präsidentschaftskandidaten Norbert Hofer mit Trump, der, analog zu Trump,»Österreich zuerst« fordere und sich als Kandidat gegen das Establishment positioniere, gegen Einwanderung, Freihandel und Globalisierung, der sich an die weiße Arbeiterklasse wende und dabei auch charmant sein könne. Die *Post* bemerkte auch anerkennend, dass Hofer Israel besucht habe. Das reicht in der Ära Trump offenbar schon aus, um koscher zu werden. Und auch die deutsche AfD findet in den USA viele Sympathien, diese zwar nicht in den Artikeln, wohl aber bei den Leserkommentaren.

Die Schlagzeilen aus Europa haben Trump im Wahlkampf geholfen, sowohl die Attentate von Paris auf *Charlie Hebdo* und das Bataclan-Theater als auch die Silvester-Übergriffe von Köln, über die in der *New York Times* und anderswo breit berichtet wurde. Wenn es vor der Wahl im November noch einen größeren Anschlag geben sollte, könnte das Trump in das Weiße Haus bringen. Und dann werden die Daumenschrauben noch ganz anders angezogen. Trump, der überhaupt keine moslemischen Flüchtlinge aufnehmen will findet, dass Merkel mit ihrer Politik der offenen Grenzen eine Bedrohung für Europa darstelle und »Deutschland ruiniere«, eine Einschätzung, die von vielen Republikanern geteilt wird, auch solchen, die lange Zeit viel Sympathien für Merkel hatten. Das brachte Trump wiederum Punkte von Pediga ein. Pediga-Sympathisanten in England trugen auf Demos Plakate, auf denen stand, »Trump is Right«, Trump hat recht. So bildet sich ein bedenkliches transatlantisches rechtspopulistisches Gebräu.

Trump im Weißen Haus – Die Zukunft Amerikas?

Die Tea Party begann als Protestbewegung gegen Milliardensubventionen für Banken, hohe Steuern und hohe Staatsschulden und in Sorge um eine schwierige Ökonomie. Der Name wird inzwischen nicht mehr so oft gebraucht, aber Rechtspopulisten, die mit dem Establishment unzufrieden sind, auch mit den Republikanern, gibt es mit Trump mehr denn je. Mittlerweile haben sie sich als Bewegung gegen hispanische Immigranten und *Affirmative Action,* die Förderung von ethnischen Minderheiten auf den Universitäten und dem Arbeitsmarkt etabliert, und überhaupt dagegen, dass Jobs an Ausländer oder ins Ausland gehen. Das empört ihre Sympathisanten mehr als die Tatsache, dass die reichsten 0,1 Prozent der Bevölkerung die halbe USA besitzen.

Ihr Kandidat ist Donald Trump, und er hat mehr Stimmen auf sich vereinigt als alle anderen zusammen, die unter dem Mantel der Tea Party 2012 angetreten sind, seien es Rick Perry, Michele Bachman, Ron Paul, Herman Cain oder Newt Gingrich. Seine Sympathisanten haben klargemacht, dass sich ihre wirtschaftliche Lage bessern muss. Und viele Beschwerden bestehen zu Recht: In den letzten paar Jahren ist zum ersten Mal in der Geschichte der USA die Lebenserwartung armer Weißer gesunken, und die Reallöhne sowieso. Manche Stadtteile wirken, als lägen sie in der Dritte Welt. Und das sind auch die, wo Afro-Amerikaner und Mexikaner leben. Bloß, das heißt nicht, dass die daran Schuld sind.

Die Rechtspopulisten haben es bereits geschafft, die Republikaner zu spalten. Einige langjährige republikanische Karrierepolitiker hatten sich der Tea Party angeschlossen oder zumindest so getan, um Wähler zu gewinnen, oder vielleicht auch bloß Käufer für ihr neuestes Buch oder ihre DVDs. Andere versuchten, Kompromisse in Washington mit den Demokraten zu finden, was ihre Wähler nicht belohnt haben. Nun versucht Trump, sie alle hinter sich zu vereinen. Und er könnte es schaffen.

Aber noch immer gibt es Republikaner, die fürchten, dieser Zirkus aus Populärrassisten, bibeltreuen Fundamentalisten, New-World-Order-Verschwörungstheoretiker und Fettnäpfchen suchenden Sprücheklopfern schade der Partei, und Amerika. Zu diesen zählt Grover Norquist, der Reagan-Ökonom und Verfechter niedriger Steuern, der heute mit einer Moslemin verheiratet ist. »Entweder sind wir eine Republikanische Partei, die für alle ethnischen Gruppen und Religionen offen ist oder aber wir gehen unter«, erkannte er. Insbesondere das Schwulenbashing der Religiösen Rechten will Norquist nicht mitmachen – aus grundsätzlichen, aber auch aus taktischen Erwägungen. Norquist gehört dem Beirat der Organisation »GOProud« an, einem Schwulenverband innerhalb der Republikaner, er wirbt schon des Längeren um die Stimmen konservativer Schwuler.

Andere Konservative warnen, dass Trump die Republikaner wegen seiner xenophoben Attitüde in die Sackgasse führen und langfristig hispanische Wähler verschrecken werde. Und diese Wähler werden immer mehr. Zu den Warnern zählt David Frum, der die Wendung »Axis of Evil« erfunden hat, und dessen »Frum Forum« heute Kritikern der Tea Party eine Plattform bietet. Aber der bekannteste Renegat ist Charles Johnson, der Betreiber des Blogs *Little Green Footballs*, das lange eine rechte Bastion war. Doch als Sumpfblüten wie Pamela Geller aufkamen, hat der bekennende Libertäre seine Haltung geändert. In einem Blog vom November 2009 erklärte er, dass er keine Verschwörungstheorien und keine Hassreden der Rechten mehr unterstützen wolle.

Auch Johnson lebt, wie viele Libertäre, in Los Angeles. Aber sein Umschwung wurde durch die europäischen Freunde der Tea Party bewirkt. Der Blogger erfuhr von einer Anti-Dschihad-Veranstaltung in Brüssel, zu der Geller und Spencer gefahren waren, und er entdeckte auf der Teilnehmerliste den belgischen Politiker Filip Dewinter. Dewinter ist Chef des rechtspopulistischen Vlaams Belang. Dessen Geschichte, stellte Johnson fest, reiche

»zurück bis zur falschen Seite im Zweiten Weltkrieg« (viele Flamen hatten damals die Nazis unterstützt; es gab ein flämisches Infanterie-Bataillon der Wehrmacht), zudem verbreite die Partei Hetzparolen und »opportunistische Bösartigkeiten«. Dewinter hatte auch gesagt, dass die multikulturelle Gesellschaft in Flandern zu einer »multikriminellen Gesellschaft« geführt habe. Der Kampf gegen den Islamofaschismus, sagte Johnson vor fünf Jahren zur *New York Times*, sollte es nicht notwendig machen, sich mit dem Faschismus des älteren Sorte zu identifizieren.

Heute ist Johnson noch entschiedener gegen die Rechtspopulisten. »Die begeistern sich für Trump, weil sie seine Botschaft von Nationalismus, Xenophobie, Wissenschaftsfeindlichkeit, Egomanie und Paranoia gut finden«, sagt er. Aber warum glauben die jemanden, der sich dauernd widerspricht und jedem das verspricht, was er hören will? »Die Rechten haben sich von der Realität losgelöst, die leben in ihrer eigenen Bubble, ihrer eigenen Blase«; sagt Johnson. »Die interessiert nur, dass sie einen starken Mann sehen. Dabei ist Trump wie ein Schurke aus einem Comicbuch«. Daran seien ultrakonservative Medien wie *Breitbart*, aber auch Fox News schuld, glaubt Johnson. »Die veröffentlichen Propaganda, Dinge, von denen sie selber wissen, dass sie falsch sind, um die Quoten hochzutreiben, und spielen sich dabei gegenseitig die Bälle zu.« Das Bedienen von Paranoia sei deren Businessplan. Und Trump spreche zu diesen Leuten. Die hätten nicht viel, und wollten wenigsten glauben, Amerika sei das Größte. So habe Trump diese »white supremacists« hoffähig gemacht.

Könnte Donald Trump ins Weiße Haus einziehen? Das hängt davon ab, ob er die Mehrzahl der Wahlmänner im Electoral College bekommt. Und das schafft er, wenn er Mehrheiten in knappen, aber bevölkerungsreichen Staaten mit vielen Wahlmännern erzielt: Florida, Ohio, Pennsylvania, Indiana. Und auch die Ereignisse in Amerika, aber auch in Europa spielen eine Rolle: Mit jeder Bombe, jedem Anschlag, jedem Messerstecher, jedem Amokläufer, jeder Schießerei in Paris oder London, München oder Würzburg steigen seine Umfragewerte.

Sollte Trump Präsident werden, könnte Amerika noch repressiver werden als unter George W. Bush. Die Rechtspopulisten reden viel von Freiheit, aber sie haben keine Probleme mit dem Kontrollstaat, der nach dem Patriot Act entstanden ist, mit drei Millionen Inhaftierten, die Hälfte davon schwarz, der Todesstrafe, bewachten Grenzen und einem Militär, das Drohnen auf Todesmissionen schickt. Ihr Freiheitsbegriff reduziert sich darauf, weniger Steuern zu zahlen und weniger Sozialleistungen zu finanzieren, vor allem für Afro-Amerikaner und Immigranten. Ihre Gegner sind Linke, Gewerkschaftler, Feministinnen und schwule Aktivisten. Und auch Trump hat keine Probleme damit, im Namen der Terrorismusbekämpfung den Polizeistaat zu fördern.

Und auch außenpolitisch markiert er den starken Mann. So will er das Abkommen mit den Iran aufkündigen und er fordert von anderen NATO-Ländern, auch Deutschland, mehr Geld für die Verteidigung auszugeben. Zuletzt erklärte er gar, dass die USA NATO-Mitglieder auch in Osteuropa nicht mehr verteidigen werden, die sich weigerten, genug Geld für die Rüstung auszugeben – was im Klartext heißt, sich an den US-geführten Kriegen im Mittleren Osten zu beteiligen. Eine düstere Aussicht.

Im Sommer 2016, fünf Jahre nach meinem ersten Besuch, steht June Bacon in Palos Verdes, an der malerischen Südküste von Kalifornien, wieder vor einer Präsidentschaftswahl (ihr Mann ist inzwischen verstorben). Und sie hat immer noch keine sonderlichen Sympathien für die Demokraten entwickelt. Sie will »auf gar keinen Fall« Hillary Clinton wählen. Wen aber dann? Bernie Sanders wird es sowieso nicht schaffen, der Kandidat der Demokraten zu werden, und sie mag den Sozialisten im Kongress ohnehin nicht besonders. Und auch von Donald Trump hält sie nicht viel. Wer weiß, vielleicht bleibt sie zur Wahl zu Hause? Und der pensionierte Richter, der weder die Demokraten, noch die RINOs mag? Der wählt, ganz klar, Trump. Damit die Immigranten draußen bleiben. Und Amerika wieder groß wird.

Die Politiker

Donald Trump / Gage Skidmore

Ted Cruz / Frank Fey

Chris Christie / US Predictions

Mike Pence / Gage Skidmore

Ron Paul / U.S. Congress

Sarah Palin / Gage Skidmore

Die Meinungsmacher

 Glenn Beck / Gage Skidmore

 Rupert Murdoch / Eva Rinaldi

 Andrew Breitbart / Gage Skidmore

 James O'Keefe / Gage Skidmore

 Chris Ruddy / Ruddy

 Rush Limbaugh / Limbaugh

Literatur

Bücher

Barrett, Wayne: Trump. The Greatest Show on Earth: The Deals, the Downfall, the Reinvention. Kindle, Regan Arts; April 2016
Beck, Glenn: Broke. The Plan to Restore Our Trust, Truth and Treasure. Threshold Editions; Oktober 2010
Blair, Gwenda: The Trumps. Three Generations of Builders and a Presidential Candidate. Simon & Schuster; October 2000
Blair, Gwenda: Donald Trump. Master Apprentice, Simon & Schuster; März 2005
Bunch, Will: The Backlash. Right-Wing Radicals, High-Def Hucksters, and Paranoid Politics in the Age of Obama. HarperCollins; August 2010
Crocker, H. W.: The Politically Incorrect Guide to the Civil War. Regnery Publishing; Oktober 2008
Farah, Joseph: The Tea Party Manifesto. A Vision for an American Rebirth. WND Books; Juli 2010
Fine, Sidney: Violence in the Model City. Michigan State University Press; Juli 2007
Goldberg, Jonah: Liberal Fascism. The Secret History of the American Left. Doubleday; Januar 2008
Goldberg, Michelle: Kingdom Coming. The Rise of Christian Nationalism. W. W. Norton & Co; Mai 2007
Hayek, Friedrich von: The Road to Serfdom. Routledge; 2007
Huckabee, Mike: A Simple Government. Twelve Things We Really Need from Washington (and a Trillion That We Don't!). Sentinel; Februar 2011
Johnston, Levi: Deer in the Headlights. My Life in Sarah Palin's Crosshairs. Touchstone; September 2011
Lemann, Nicholas: Redemption. The Last Battle of the Civil War. Farrar, Straus and Giroux; August 2007
Lepore, Jill: The Whites of Their Eyes. The Tea Party's Revolution and the Battle over American History. Princeton University Press; August 2011

Mayer, Jane: Dark Money. The Hidden History of the Billionaires Behind the Rise of the Radical Right. Doubleday; 2016.

McGinniss, Joe: The Rogue: Searching for the Real Sarah Palin. Crown; September 2011

O'Hara, John M. und Michelle Malkin: A New American Tea Party. The Counterrevolution Against Bailouts, Handouts, Reckless Spending, and More Taxes. Capstone; January 2010

O'Keefe, Eric: Who Rules America. The People Versus the Political Class. Citizen Government Foundation; January 1999

Painter, Nell Irving: The History of White People. W. W. Norton & Company; April 2011

Paul, Rand: The Tea Party Goes to Washington. Center Street; February 2011

Rand, Ayn: Atlas Shrugged. Plume; August 1999 (reprint)

Res, Barbara: All Alone on the 68th Floor. How One Woman Changed the Face of Construction. CreateSpace; Februar 2016

Roberts, David: Once They Moved Like The Wind. Cochise, Geronimo, And The Apache Wars. Touchstone; Juli 1994

Robertson, Pat: New World Order. Thomas Nelson; März 1992

Shannon, Jake: Tea-O-Conned. The Hijacking of Liberty in America. CreateSpace; August 2010

Skousen, W. Cleon: The Five Thousand Year Leap. 30 Year Anniversary Edition with Glenn Beck Foreword. American Documents / PowerThink Publishing; März 2009

Street, Paul und Anthony DiMaggio: Crashing the Tea Party:. Mass Media and the Campaign to Remake American Politics. Paradigm Publishers; Mai 2011

Suskind, Ron: Confidence Men. Wall Street, Washington, and the Education of a President. Harper; September 2011

Trump, Donald und Tony Schwartz: The Art of the Deal. Random House; November 1987

Wolff, Michael: The Man Who Owns the News. Inside the Secret World of Rupert Murdoch. Broadway; Mai 2010

Zernike, Kate: Boiling Mad. Inside Tea Party America. Times Books; September 2010

Artikel

Kapitel 1

Bagli, Charles V.: Real Estate Executive With Hand in Trump Projects Rose From Tangled Past. In: *The New York Times*, 17. 12. 2007

Barbaro, Michael und Megan Twohey: How Donald Trump Behaved With Women in Private. In: *The New York Times*, 16. 5. 2016

Cohen, Noam: Paul Revere, Sarah Palin, and Wikipedia. In: *The New York Times*, 27. 2. 2010

Fuller, Matt: At Secretive Meeting, Tech CEOs and Top Republicans Commiserate, Plot to Stop Trump. In: *Huffington Post*, 7. 9. 2016

Gourevitch, Philip: The State of Sarah Palin. In: *The New Yorker*, 22. 10. 2008

Mayer, Jane: The Insiders. How John McCain came to pick Sarah Palin. In: *The New Yorker*, 27. 10. 2008

Hertzberg, Hendrik: Trumpery. In: *The New Yorker*. 2. 5. 2011

Johnston, Levy: Me and Mrs. Palin. In: *Vanity Fair*, October 2009

Rich, Frank: The Axis of the Obsessed and Deranged. In: *The New York Times*, 6. 6. 2011

Schilling, Chelsea: Meet Blond Attorney Behind Obama Eligibility Lawsuits. In: *World Net Daily*, 12. 4. 2009

Schweitzer, Eva C.: Amerikas Berlusconi. In: *Die ZEIT*, 10. 9. 2015

Sherrill, Robert: King Cohn. In: *The Nation*, 12. 8. 2009

Taibbi, Matt: How America Made Donald Trump Unstoppable. In: *Rolling Stone Magazine*, 24. 2. 2016

Zernike, Kate: The Persistence of Conspiracy Theories. In: *The New York Times*, 30. 4. 2010

Kapitel 2

Anderson, G, R.: The Chosen One. In: *City Pages*, 4. 10. 2006

Barstow, David: Tea Party Lights Fuse for Rebellion on Right. In: *The New York Times*, 15. 2. 2010

Crowley, Michael: Neocons Declare War on Trump. In: *Politico*, 2. 3. 2016

Draper, Robert: Ted Cruz's Evangelical Gamble. In: *The New York Times Magazine*, 16. 1. 2016

Elliot, Andrea: The Man Behind the Anti-Shariah Movement. In: *The New York Times*, 30. 7. 2011

Fee, John: Ted Cruz's Campaign is Fueled by a Dominionist Vision for America. In: *Religious News Service*, 4. 2. 2016

Flegenheimer, Matt: Behind Ted Cruz's Campaign Manager, Scorched Earth and Election Victories. In: *The New York Times*, 23. 2. 2016
Fraser, Steve und Joshue B. Freeman: The Strange History of Tea Party Populism. In: *Salon*, 3. 5. 2010
Hoffman, Bill: Ben Carson: Trump Promised Me a Job. In: *NewsMax*. 14. 3. 2016
Lizza, Ryan: Leap of Faith. The Making of a Republican Front-Runner. In: *The New Yorker*, 15. 8. 2011
Martin, Jonathan und Matt Flegenheimer: Ted Cruz Counters Donald Trump With Targeted Approach in Iowa. In: *The New York Times*, 30. 1. 2016
Paglia, Camille: It's Not About Sexism. In: *Salon*, 5. 5. 2016
Taibbi, Matt: Michele Bachmann's Holy War. In: *Rolling Stone Magazine*, 22. 6. 2011

Kapitel 3
Barnard, Anne and Alan Feuer: Outraged, and Outrageous. In: *The New York Times*. 10. 10. 2010
Berger, Paul: Lawyer who Promotes Anti-Sharia Laws Publishes New Study on Islamic Extremis. In: *The Forward,* 12. 7. 2011
Dep, Sopan: Trump Proposes Ways to Make Mexico Pay for Immigrants. In: CBS News, 23. 7. 2015
Gjelten, Tim: The Unintended Consequences of a 50-Year-Old U.S. Immigration Bill. In: *The Washington Post,* 25. 9. 2015
Gonzales-Barrera, Ana: More Mexicans Leaving Than Coming to the U.S. *Pew Research Center*, 19. 11. 2015
Ho, James C.: Can Congress Repeal Birthright Citizenship? In: *The Los Angeles Times,* 10. 3. 2007
Knigge, Michael: What Donald Trump Learned from his German Grandpa Friedrich Drumpf. In: *Deutsche Welle*, 9. 9. 2015
Nintzel, Jim: Here's How Trump Will Make Mexico Pay for the Border Fence. In: *The Range. The Tucson Weekly's Daily Dispatch.* 17. 8. 2015
Preston, Julia: State Lawmakers Outline Plans to End Birthright Citizenship, Drawing Outcry. In: *The New York Times*, 5. 1. 2011

Kapitel 4
Caldwell, Christopher: The Antiwar, Anti-Abortion, Anti-Drug-Enforcement-Administration, Anti-Medicare Candidacy of Dr. Ron Paul. In: *The New York Times Magazine,* 22. 7. 2007
Walden, Andrew: The Ron Paul Campaign and its Neo-Nazi Supporters. In: *The American Thinker*, 14. 11. 2007

Kapitel 5
Carr, David: The Fading Power of Beck's Alarms. In: *The New York Times*, 6. 3. 2011
Dickinson, Tim: How Roger Ailes Built the Fox News Fear Factory. In: *Rolling Stone Magazine,* 25. 5. 2011
Gurley, George: Coultergeist. In: *New York Observer.* 26. 8. 2002
Israel, Josh: Meet The New Owner of Nevada's Largest Newspaper. In: *Thinkprogress*, 17. 12. 2015
Peters, Jeremy: The Right's Blogger Provocateur. In: *The New York Times,* 27. 6. 2011
Peters, Jeremy: A Compass for Conservative Politics. In: *The New York Times,* 10. 7. 2011
Rutenberg, Jim: With Another $1 Million Donation, Murdoch Expands His Political Sphere. In: *The New York Times,* 1. 10. 2010
Sherman, Gabriel: The Elephant in the Green Room. In: *New York Magazine*, 22. 5. 2011
Sherman, Gabriel: The Raging Septuagenarian. In: *New York Magazine*, 28. 2. 2010
Stelter, Brian. Glenn Beck's Attacks on George Soros Draw Heat. In: *The New York Times*, 11. 11. 2010
Voger, Kenneth. O'Keefe Crew's Conservative Training. In: *Politico,* 28. 1. 2010
Weiss, Philip: Watching Matt Drudge. In: *New York Magazine*, 24. 8. 2007
www.youtube.com/watch?v=Wq8jM8yaawg

Kapitel 6
Gingrich, Newt: A New Contract with America. In: *NewsMax*, 28. 1. 2010
Golden, Daniel: Countrywide's Many ›Friends‹. In: *Conde Nast Portfolio.* 2008-06-12
Horowitz, Jason: Grover Norquist, the Anti-Tax Enforcer Behind the Scenes of the Debt Debate. In: *The Washington Post*, 12.7.2011
Nocera, Joe: The Tea Party's War on America. In: *The New York Times*, 1. 8. 2011
Robbins, Liz: Day Is Met With Tea Parties. In: *The New York Times*, 15. 4. 2009
Seelye, Katherine Q.: Detroit Census Confirms a Desertion Like No Other. In: *The New York Times*, 22. 3. 2011
Sugrue, Thomas: A Dream Still Deferred. In. *The New York Times*, 26. 3. 2011
www.youtube.com/watch?v=zp-Jw-5Kx8k

Kapitel 7
Cassidy, John: The Ringleader. In: *The New Yorker*, 1. 8. 2005
Fang, Lee: MEMO: Health Insurance, Banking, Oil Industries Met With Koch, Chamber, Glenn Beck To Plot 2010 Election. In: *ThinkProgress*, 20. 10. 2010
Goldman, Andrew: The Billionaire's Party. In: *New York Magazine*, 25. 7. 2010
Graves, Lisa: ALEC Exposed: The Koch Connection. In: *The Nation*, 12. 7. 2011
Koch, Charles: Why Koch Industries Is Speaking Out. In: *The Wall Street Journal*, 1. 3. 2011
Koch Industries: Koch Industries Responds to New Yorker Claims. In: *NewsMax*, 26. 8. 2010
Mayer, Jane: Covert Operations. The Billionaire Brothers Who are Waging a War Against Obama. In: *The New Yorker*, 30. 8. 2010
Moore, Stephen: Private Enterprise. In: *The Wall Street Journal*, 6. 5. 2011
Nichols, John: Winter Soldiers Outshine Sunshine Patriots at Palin Rally. In: *Cap Times*, 19. 4. 2011
Salant, Jonathan D.: Koch Funneled $1.2 Million to Governors Battling Unions. In: *Bloomberg News*, 23. 2. 2011

Kapitel 8
Chafets, Zev: The Huckabee Factor. In: *The New York Times Magazine*, 12. 12. 2007
Corley, Cheryl: NAACP, Tea Party Volley Over Racism Claims. In: *NPR Radio*, 14. 7. 2010
Rich, Frank: The Rage is not About Health Care. In: *The New York Times*, 27. 3. 2010
www.youtube.com/watch?v=hLLDn7MjbF0

Kapitel 9
Carney, James: The Rise and Fall of Ralph Reed. In: *Time*, 23. 7. 2006
Confessore, Nicholas: Wealthy, Influential, Leaning Republican and Pushing a Christie Bid for President. In: *The New York Times*. 26. 11. 2011
Fletcher, Michael: Perry Criticizes Government While Texas Job Growth Benefits From It. In: *The Washington Post*, 20. 8. 2011
Fraser, Giles: Trump's Success Shows Many Americans Believe Only in America. In: *The Guardian*, 3. 3. 2016

Goldberg, Jeffrey: The Devil and Jerry Falwell. In: *Slate*, 15. 5. 2007

Meade, Walter Russell: The New Israel and the Old. In: Council on Foreign Relations, *Foreign Affairs*. August 2006.

Romm, Joe: Denier Rick Perry Takes $11 Million from Big Oil, Then Claims Climate Scientists ›Manipulated Data' For Money. In: *Think-Progress*, 17. 8. 2011

Root, Jay: Rick Perry. The Democrat Years. In: *Texas Tribune*, 14. 7. 2011

Wilder, Forrest: Rick Perry's Army of God. *Texas Observer*, 28. 11. 2009

Kapitel 10

Barnard, Anne and Alan Feuer: Outraged, and Outrageous. In: *The New York Times*, 8. 10. 2010

Faiola, Anthony: Austria's Right-Wing Populism Reflects Anti-Muslim Platform of Donald Trump. In: *The Washington Post*, 19. 5. 2016

Foer, Franklin: The Quiet American. In: *Slate*, 28. 4. 2016

Gopnik, Adam: The Dangerous Acceptance of Donald Trump. In: *The New Yorker*, 20. 5. 2016

Johnson, Charles: Oslo Terrorist Linked to EDL and European Branch of Pamela Geller's Hate Group. In: *Little Green Footballs*, 23. 7. 2011

Ioffe, Julia: Melania Trump on Her Rise, Her Family Secrets, and Her True Political Views: Nobody Will Ever Know. In: GQ, 27. 4. 2011

JTA: Beck Compares Norway Massacre Victims to Hitler Youth. In: *The Forward*, 25. 7. 2011

Kagan, Robert: This is How Fascism Comes to America. In: *The Washington Post*, 18. 5. 2016

Mayer, Jane: Sting of Myself. In: *The New Yorker*, 30. 5. 2016

Padget, Tim: U.S. Stimulus Puts Bullet Trains on the Fast Track. In: *Time Magazine*, 22. 6. 2009

Pareene, Alex: Indoctrinate Your Children at Tea Party Summer Camp. In: *Salon.com*, 14. 6. 2011

Shane, Scott: Killings in Norway Spotlight Anti-Muslim Thought in U.S. In: *The New York Times*, 24. 7. 2011

Wemple, Erik: New York Times Staffer Tweets out Op-Ed Critical of Trump, Faces Anti-Semitic Avalanche. In: *The Washington Post*, 19. 5. 2016

Interviews

Charles Bagli, Wayne Barrett, Wes Benedict, Washington Booker, Henry Cisneros, Brendan Fischer, William Hetzler, Charles Johnson, Erikka Knuti, Nicholas Lemann, David Patten, Ron Paul, Mark Potok, Chris Ruddy, Barbara Res, Jake Shannon, Roger Stone

REGISTER

Abramoff, Jack 156, 232-232
Adams, John Quincy 50
Adams, Samuel 103
Adelson, Sheldon 193
Ailes, Roger 124, 130-131, 143, 146, 147
Alinsky, Saul 65, 147-148, 172, 183
Allen, Bob 245
Allen, Woody 15
Al-Waleed bin Talal al-Saud 136
Anderson, John 43
Armey, Dick 65, 153-154, 165, 183
Arpaio, Joe 78-80, 83, 116
Assange, Julian 106
Atwater, Lee 155, 212, 261
Ayers, Bill 30

Bachmann, Marcus 51
Bachmann, Michele 50-56, 59, 61, 65, 72, 118, 125, 198, 234, 244, 264, 266
Baker, James III 261
Baldwin, Alec 170
Bandar bin Sultan bin Abdul-Aziz Al Saud 241
Barbour, Haley 223-224, 261
Barnes, Fred 133
Barney, Frank 107
Barr, Roseanne 170
Barrett, Wayne 36, 38-39, 41, 214
Bartlett, Bruce 183
Batista, Fulgencio 34
Beck, Glenn 66-67, 104, 125, 133-138, 146, 154, 171, 191, 217, 257, 259, 265
Bellamy, Frances 102
Benedict, Wes 64
Berger, Victor Luitpold 176
Berlusconi, Silvio 261
Bernanke, Ben 152, 230
Bezos, Jeff 122, 145
Bickle, Mike 226
Bing, David 161-162
Bismarck, Otto von 27
Black, Don 110, 112
Blackwell, Morton 22, 138, 232

Bloomberg, Michael 10, 40, 181, 264
Boehner, John 49, 155, 157, 165, 167
Bolton, John 22
Bonhoeffer, Dietrich 117, 228
Booker, Washington 214-215
Boot, Max 71, 257
Borowitz, Andy 63, 193
Bozell, Brent 135
Breitbart, Andrew 128, 138, 141-146, 174
Breivik, Anders Bebring 265
Brickley, Adam 21-22
Brook, Yaron 116
Brooks, David 70
Brown, Jerry 249-251
Brownback, Sam 227
Brzezinski, Zbigniew 25
Buchanan, James 256
Buchanan, Pat 109, 123-124, 128
Busch, Adolphus 87
Bush, George sen. 23, 62, 68, 72, 130, 230, 233, 241, 261,
Bush, George W. 23, 25, 33, 44, 54, 57-58, 62-63, 65-66, 118, 125-126, 131-132, 157, 159, 165-167, 169, 181-182, 189-190, 193, 220, 230, 233, 235, 241-242, 245, 247, 260, 270
Bush, Jeb 69, 99, 113, 179, 192, 223, 231, 246, 257
Bush, Prescott 100, 170
Butler, Smedley 189

Cain, Herman 222-223, 268
Calabrese, Frank 147
Cantor, Eric 171
Capone, Al 147
Carson, Ben 60-61, 69, 72, 223-224
Carson, Johnny 14
Carter, Graydon 16
Carter, Jimmy 25, 215-216, 231
Castellano, Paul 14
Castro, Fidel 34, 144
Cataldo, Luis 226
Cavanagh, Jerome 162

Chaplin, Charlie 250
Cheney, Dick 154, 167
Chertoff, Michael 71
Christenson, Zack 153
Christie, Chris 113, 247-248
Cisneros, Henry 160, 162-164
Clark, Ed 181
Clinton, Bill 22-23, 25, 28, 35, 41-44
68, 113, 117, 120, 124, 128, 130-131,
136, 142, 144-147, 152, 155-156, 160,
162, 165, 182, 222, 230, 232-233, 235,
242, 245
Clinton, Hillary 10, 14, 22-23, 27,
41-44, 59, 71, 98, 118, 127, 142, 147,
172, 193, 270
Clinton, Chelsea 126
Coale, John 20
Colbert, Steven 19
Cohen, Eliot 71
Cohn, Roy 35-37, 43, 90
Cole, Juan 27
Cole, Nat King 147
Conrad, Kent 146
Cook, Tim 45
Cooper, Anderson 124
Coors, Joseph 182
Coulter, Ann 27, 101, 122, 124, 126-127, 139
Cox, Edward 42
Cox, Jeff 122
Cox Wndell 252
Craig, Larry 234
Crockett, Davy 236
Cruz, Heidi 33, 176
Cruz, Rafael 60-61
Cruz, Ted 11-13, 26, 33-36, 42, 49, 55-63, 68-71, 80, 96, 98, 113, 132, 134-135, 143, 146, 157, 168-169, 193, 207, 223, 227, 230-231, 234,, 253
Cuomo, Mario 130

Daley, Richard J. 149
Daley, Richard M. 149, 151
Dana, Charles 148
Davenport, Marilyn 196
Davies, Joseph E. 119
Davis, Jefferson 103, 197, 209, 238, 280
Davis, William Rhodes 186

Debs, Eugene 176
DeLay, Tom 143, 155, 165, 280
DeMille, Cecil B. 255
DeMint, Jim 62, 244, 265
Deng Wendi 136
Dewhurst, David, 168
Dewinter, Filip 269-270
Dikkers, Scott 28
Dilling, Elizabeth 133
Dillinger, John 147
Dinkins, David 39, 213
Dobbs, Lou 133
Dodd, Christopher 143
Dole, Bob 261
Douhat, Ross 70, 145
Drudge, Matt 57, 124-125, 127-128,
131, 138, 141-142, 153, 276
Du Pont, Irenee 184.185
Du Pont, Lammot 184-185
Du Pont, Pierre 184-185
Duke, David 17, 26, 110, 112
Dulles, Allen Welsh 25, 27
Dulles, John Foster 25, 27

Edwards, John 128
Eidsmoe, John 55
Eisenberg, Lew 193
Eisenhower, Dwight D. 104, 134, 187,
194, 206, 253
Eisler, Hanns 91
Ellis, John Prescott 85, 89, 131
Emanuel, Rahm 149
Erickson, Erick 62, 70, 141, 143, 168
Ewing, J. R. 193, 235

Falwell, Jerry 18, 22, 59-60, 145, 165,
219, 228, 231-233
Farah, Joseph 124
Faubus, Orval 206
Feingold, Russ 173
Fey, Tina 46, 147, 174
Fink, Richard 182, 191
Fiorina, Carly 69, 193, 253
Fischer, Brendan 177-179, 188-189
Foley, Mark 245
Fonda, Jane 148
Forbes, Steven 179, 181-183
Ford, Gerald 25, 158-159, 229, 261

Foster, Vince 27, 125, 127, 143
Fox, Michael J. 126
Fox, Vincente 81
Foxman, Abraham 230
Franklin, Benjamin 27, 56, 151
Franklin, Foer 43, 261-262
Fraser, Gil 228
Freud, Matthew und Sigmund 134
Friedman, Milton, 241
Friedman, Kinky, 241
Frum, David 132, 269
Fukuyama, Francis 16, 50
Fuld, Richard 153

Gaffney, Frank J 98
Gainor, Dan 259
Gandhi, Mahatma 183
Garcia Marquez, Gabriel 91
Geller, Pamela 264-265, 269
Genovese, Kitty 14, 212
Gibson, Hutton 110
Gibson, Mel 61, 110
Giffords, Gabrielle 77
Gingrich, Newt 11, 58, 113, 116, 118, 132, 141, 154-157, 165-166, 169, 183, 190, 220-221, 232, 264, 268
Gipson, Allison 196
Gipson, Steve 196-199
Giuliani, Rudy 18, 42, 130, 164, 213, 248
Glickman, Tony 38, 72
Goebbels, Joseph 134
Goldberg, Michelle 55
Goldberg, Jonah 27
Goldberger, Paul 15
Goldman, Emma 88
Goldwater, Barry 12, 20, 25, 32, 49, 83, 97, 139, 187, 210, 252
Goldwyn, Samuel 255
Goodman, Benny 147
Gopnik, Adam 259
Gore, Al 62, 128, 131, 135, 169, 230, 251
Graham, Billy 59, 69-70, 91, 169, 231, 257
Grant, Ulysses S. 195
Greene, Graham 91
Greenspan, Alan 25, 107-108, 152

Hagee, John 227-228
Haggard, Ted 245
Hamilton, Alexander 56, 180, 200-201
Hamilton, D. H. 230
Hannity, Sean 133, 135, 138, 141, 154, 165
Hastert, Dennis 245
Hayden, Tom 148
Hayek, Friedrich von 11, 108-109, 190-191
Hecker, Ryan 164
Henry, Patrick 116
Hitler, Adolf 10, 27, 65, 81, 130, 165, 185-186, 227-229, 258-259
Hofer, Norbert 267
Hoffman, Abbie 141, 148
Hoover, Edgar J. 88, 91, 104, 165
Houston, Sam 236-238
Huckabee, Mike 60, 132, 206-207, 234, 245
Huntsman, Jon 221, 256

Imus, Don 121
Ioffe, Julia 259
Ivins, Molly 241

Jackson, Andrew 50, 101, 201-202
Jagger, Mick 37
Janukowytsch, Wictor 261-262
Jefferson, Thomas 56, 85, 101, 103, 151, 197, 200, 209, 238, 242
Johnson, Charles 269-270
Johnson, Lyndon B. 25, 83, 108, 162-163, 210, 226, 228
Johnson, Gary 221 257-258
Johnson, William 26
Johnston, Levi 24
Jolie, Angelina 25
Jones, Alex 145, 235
Joplin, Janis 241
Juschtschenko, Wiktor 261

Kagan, Elena 229
Kagan, Robert 71, 258-259
Kahn, Albert 158
Kasich, John 13, 35, 69, 113, 132, 168, 179, 247, 252

Keller, Bill 129
Kelly, Megyn 70, 143, 261
Kelly, Peter 43
Kennedy Onassis, Jacqueline 180
Kennedy Shriver, Maria 155
Kennedy, John F. 35, 70, 91, 108, 120, 134, 209-210, 230, 234
Kennedy, Robert F. 211
Kennedy, Ted 127
Kerry, John 128
Kibbe, Matt 183
King, Martin Luther 67, 115, 171, 183, 208-209, 211, 231
King, Peter 98
King, Rodney 254
Kissinger, Henry 25
Klein, Joel 136
Knuti, Erikka 126
Koch, Charles G. 11, 65, 102, 141, 153, 156, 174, 179-184, 188-194, 257
Koch, David H. 11, 65, 83, 102, 120, 141, 153, 156, 174, 179-184, 188-194, 248, 257
Koch, Ed 38-39, 42, 213-214 174-175
Koch, Fred 184-187
Koresh, David 235
Krauthammer, Charles 123
Kreisky, Bruno 222
Kremer, Amy 171
Kristol, Bill 22-23, 25, 46, 70-71, 122-123, 133, 146, 257
Kristol, Irving 22, 25, 167
Krugman, Paul 125, 135, 171
Kushner, Jared 18, 41-42
Kyl, Jon 244

La Follette, Robert, Jr. 173, 204, 176-177
La Follette, Robert, Sr. 173, 176-177
Landrieu, Mary 138
Langone, Kenneth G. 248
Lasky, Jesse 255
Lauder, Leonard 120
Lauder, Ronald 180
Le Pen, Jean-Marie 26, 264
Le Pen, Marine 11, 264-265
Lemann, Nicholas 113-115, 219
Lessing, Doris 91

Levi, Primo 24
Lewinsky, Monica 35, 124, 128, 131, 245
Lewis, Charles 179
Limbaugh, Rush 22, 27, 120, 124-126, 128, 130, 141, 162, 165, 171, 184, 217, 220
Lincoln, Abraham 67, 197, 200-203, 215, 227, 238
Lippmann, Walter 134
Lively, Scott 229
Long, Huey 12, 218, 221
Loughner, Jared Lee 77

MacLeod, Mary Anne 93
Madison, James 101, 200
Madoff, Bernie 117
Maher, Bill 135, 142
Malcolm X, 171, 211
Malone, John 181
Manafort, Paul 43, 45, 261-262
Maples, Marla 121
Martin,Jenny Beth 67, 102
Martinez, Susana 114
Marx, Karl 64, 66, 219
Mayer, Jane 23, 179, 182, 185-186, 190
McArthur, Douglas 134
McCain, John 21-24, 32, 34, 51, 57, 69, 83, 183, 206
McCarthy, Joe 37, 49, 83, 91, 177, 187, 242
McCloy, John 25
McConnell, Mitch 45
McCormick, Robert 149
McGiveron, Fletcher 194
McManus, John 188
McNamara, Robert 108
McVeigh, Timothy 28, 98, 126-127
Mead, Walter Russell 227
Meckler, Mark 67, 102-103, 172
Medved, Michael 110
Meile, Trisha 212
Meir, Golda 173
Mezvinsky, Marc 42
Mies van der Rohe, Ludwig 158
Milk, Harvey 251
Minelli, Lisa 37
Mises, Ludwig von 108, 180

Mitchell, Margaret 88
Mnuchin, Steven 17
Moore, Michael 161, 170
Morris, Dick 22-23, 117-118, 178
Mosey, Sue 160-161
Mozilo, Angelo 163
Mulholland, William 254
Murdoch, Keith 129
Murdoch, Rupert 124, 129-131, 133-136, 143, 146, 181
Murkowski, Frank 21
Mussolini, Benito 16, 27, 81, 185, 259, 261

Nader, Ralph 205
Nagin, Ray 137
Newsom, Gawin 251
Nichols, John 182
Nieto, Enrique Peña 81
Nixon, Richard 20, 37, 42-43, 108, 122-123, 130-131, 187, 211, 235
Norquist, Grover 156, 167, 169, 232, 269
Nuland, Victoria 71

O'Brien, Tim 40-41
O'Keefe, Eric 103, 191, 118
O'Keefe, James 137-143, 262
O'Reilly, Bill 27, 124, 132, 135, 138, 144, 171
Obama, Barack 9-10, 18, 24, 27, 30-32, 34, 36, 49-50, 53-54, 57, 63, 65-67, 70, 76, 78-80, 82, 95-98, 118, 120, 125-126, 132, 138, 142-143, 146, 150-151, 154, 157, 159, 167-168, 171, 175, 183-184, 188, 190-191, 207, 215-217, 219-221, 224, 227, 231, 233, 240, 242, 252, 257, 260, 264, 266
Obama, Michelle 30, 147, 216
Olbermann, Keith 135, 170
Ono, Yoko 170
Oswald, Lee Harvey 35, 219

Page, Larry 45, 84
Painter, Nell Irvin 85-88, 91
Palin, Sarah 11-12, 18-24, 28-29, 46, 51, 53, 57, 62, 77, 106, 112, 114, 117, 120, 133, 168, 174-175, 183, 223, 234, 248, 252, 264-265

Parker, Annise Danette 242
Parker, Jean 45
Parks, Rosa 115, 170, 208
Patten, David 122-123
Paul, Rand 244, 41, 52, 59, 62, 69-70, 106-107, 111, 168, 217-218, 244
Paul, Ron 12, 14-15, 20, 25, 43-45, 57, 62, 64-65, 68, 72, 101, 106-112, 114, 118, 125, 127, 135, 167-168, 171, 201, 218, 220, 235, 244, 257, 261, 266, 268
Pawlenty, Tim 112
Peale, Norman Vincent 121
Pearce, Russell 78-79, 83, 94-95, 114, 116
Pelosi, Nancy 251
Pence, Mike 9, 248
Perot, Ross 68, 205, 224, 230
Perry, Rick 69-70, 154, 220-221, 226-231, 234, 240-241, 244-248, 268
Petty, Tom 51, 53
Pfotenhauer, Nancy 183, 191
Pickens, T. Boone 193
Pierce, William Luther 26
Pipes, Daniel 98
Podhoretz, John 259
Pol Pot, 216
Polk, James 237
Portman, Natalie 245
Potok, Mark 27, 76-77
Pratt, Parley 256
Presley, Elvis 196

Quayle, Dan 23, 72

Rand, Ayn 11, 35, 41, 52, 59, 62, 69-70, 77, 83, 106-108, 111, 116-118, 135, 168, 217-218, 244, 264
Rather, Dan 25, 241, 265
Ray, Joseph 137
Reagan, Michael 122
Reagan, Ronald 11, 20, 22, 43, 60-61, 66-67, 83, 98, 102, 104, 109, 122, 126, 130-131, 139, 141, 152, 155-156, 167, 178, 181, 211-212, 219, 223, 231-232, 242, 249, 251, 253-254, 269
Reed, Ralph 89, 232-234
Res, Barbara 14-16, 35, 37-39

Revere, Paul 20
Rice, Condoleezza 25, 33, 118
Rich, Frank 28, 135, 217
Richards, Ann 241
Robertson, Pat 54, 59, 62-63, 232-233
Rockefeller, John D. 25
Rockefeller, David 17, 68, 130, 177, 180, 234
Rockwell, George Lincoln 26
Roebling, Johann August 87
Roemer, Buddy 221
Romney, George 162-163
Romney, Mitt 69-70, 113, 118, 159, 219, 255-258
Roosevelt, Franklin D. 27, 83, 87, 134, 149, 176, 185, 187, 205, 218, 220
Roosevelt, Theodore 87, 176, 204-205
Rosenbaum, Alisa Sinowjewna (Ayn Rand) 77, 83, 108, 118, 264
Rosenberg, Ethel and Julius 37
Rosenberg, M. J. 134
Rosenberg, Milt 153
Rove, Karl 45, 62, 139, 145, 156, 257
Royce, Ed 164
Rubenstein, Howard 136
Rubin, Robert 152
Rubio, Marco 16, 26, 60, 69, 95, 113, 168, 179, 192
Ruby, Jack 219
Ruddy, Chris 119-126, 139, 143, 146, 232
Rushdoony, R. J. 61
Ryan, Paul 45, 72, 164, 167
Ryun, Drew 192
Ryun, Ned 192

Saalam, Yusef 213
Sacco, Nicola 88
Salerno, Anthony 14
Sanders, Bernie 11, 70, 161, 172, 194, 205, 218, 221, 267, 271
San Francisco, Fray Garcia de 73
Santa Anna, Lopez de Antonio 236-237
Santelli, Rick 57, 67, 150-151, 153, 160, 164, 184
Santorum, Rick 60, 132, 234, 260
Sapir, Tamir 40

Sarandon, Susan 170
Sarrazin, Thilo 261
Sater, Felix 40
Saunders, Thomas A. 182
Scaife, Richard Mellon 124-125, 139, 153, 182
Schiff, Dorothy und Jacob 129
Schiller, Ronald 139-140
Schurz, Carl 87
Schwab, Charles 248
Schwarzenegger, Arnold 249-251, 255
Schwarzman, Steven 120
Schweikert, David 102, 116
Scorsese, Martin 45
Scott, Rick 227, 252
Scott, Walker 69, 174-175, 180, 192, 244
Seale, Bobby 148
Senecal, Anthony 30, 98, 216
Shannon, Jake 64, 212
Sherman, William Tecumseh 199, 205
Simpson, Paulette 22
Sinclair, Upton 147
Singer, Paul E. 257
Skousen, W. Cleon 104
Smith, Joseph 256
Smith, Leon 247
Soros, George 133-134, 139-140, 171, 177, 181, 217, 262
Spencer, Robert 263-264, 269
Spielberg, Steven 15
Spitzer, Eliot 135
Stalin, Joseph 69, 71, 119, 185-187, 216
Stein, Rob 101, 182
Steinhauser, Brendan 65, 171
Stephens, Bret 71
Stern, Andy 53, 126, 134
Steuben, Friedrich Wilhelm v. 87, 92
Stewart, Jon 18, 130, 170, 172
Stieglitz, Joseph 170
Stone, Roger 16, 29, 42-45, 54, 61, 130-131, 136, 145, 191, 235, 261
Stossel, John 133, 217
Strom, Kevin 26, 73, 89, 210
Studer, Shawn 123

Sugrue, Thomas 160
Sullivan, Brendan V. 52-53, 136
Sulzberger, Arthur 46
Susteren, Greta van 20
Sutter, John 250
Sutton, Steven 139
Swilling, Jack 100

Taibbi, Matt 16, 54, 61
Taitz, Orly 30-31, 216
Tapper, Jake 259
Taylor, Jared 26
Thiessen, Marc 260
Thompson, Arthur 188
Thompson, Hunter S. 137
Thomson, Robert James 136
Thurmond, Strom 210
Tripp, Linda 128
Truman, Harry S. 187
Trump, Barron 14
Trump, Donald 9-19, 22, 26-28, 31-33, 35-46, 49-50, 52, 54, 56, 59, 67-72, 80-82, 90-93, 96, 98, 101-102, 109-110, 112-113, 118-121, 124, 126, 131-132, 136, 143-146, 148-150, 154, 157, 166, 169, 181, 188, 193-194, 205, 207, 213-214, 216-217, 221, 223-224, 227-228, 231, 234-235, 240, 246-248, 256-259, 261-263, 266-271
Trump, Donald Jr. 40
Trump, Ivana geb. Zelníčková, 18, 36, 40, 258
Trump, Ivanka 13, 40, 42
Trump, Melania 9, 13-14, 18-19, 41, 92, 119-120, 144, 258-259
Turner, Ted 26, 130
Tutu, Desmond 231
Tyrmand, Matthew 262

Vallone, Peter, 40
Vanzetti, Bartolomeo, 88
Venable, Peggy, 184
Vitter, David, 219

Walker, Scott 69, 174-175, 177-180, 188, 192, 194, 244, 252
Wallace, George 12, 23, 49, 209, 211, 224, 231
Wallace, Henry 204
Walling, Dayne 161-162
Warburg, Paul 25
Washington, George 11, 54, 56, 65, 101, 200
Watie, Stand 198
Watts, Thomas H. 26, 211, 254
Webber, Andrew Lloyd 14
Weiner, 142
Weisman, Jonathan 259
Weiss, Hymie 147
Welch, Robert 187
Weld, Bill 258
Welles, Robert 173
Wenders, Wim 254
West, Cornell 170
Whitman, Meg 250, 253
Wilder, Forrest 147, 229
Wilders, Geert 11, 263-264
Williams, Mark 215-216, 263
Willis, Bruce 14, 149
Wilson, Woodrow 25
Wintour, Anna 17
Woolsey, James 97-98
Wright, Frank Lloyd 158

Yerushalmi, David 97-98, 263, 265
Young, Brigham 256

Zakaria, Fareed 25
Zernike, Kate 65-66

Bücher von Eva C. Schweitzer

www.ingramcontent.com/pod-product-compliance
Lightning Source LLC
LaVergne TN
LVHW011930070526
838202LV00054B/4563